001 gb Foto: kk

REISE KNOW-HOW im Internet

Aktuelle Reisetipps und Neuigkeiten
Ergänzungen nach Redaktionsschluss
Büchershop und Sonderangebote
Weiterführende Links zu über 100 Ländern

www.reise-know-how.de
info@reise-know-how.de

Wir freuen uns über Anregung und Kritik.

Außerdem in dieser Reihe:

KulturSchock Ägypten
KulturSchock Brasilien
KulturSchock China
KulturSchock Indien
KulturSchock Iran
KulturSchock Islam
KulturSchock Japan
KulturSchock Marokko
KulturSchock Mexiko
KulturSchock Pakistan
KulturSchock Russland
KulturSchock Spanien
KulturSchock Thailand
KulturSchock Türkei
KulturSchock Vietnam

Kirstin Kabasci
KulturSchock Golfemirate und Oman

„Über das Ganze hatte der unbekümmerte
Orient seinen lässigen Schleier gebreitet;
Staub und Zigarettenstummel, von früheren
Gästen zurückgelassen, lagen allenthalben;
Fledermäuse huschten ein und aus;
Mäuse zernagten die Kleider in der Kommode.
Der Orient ist groß, ein bißchen Schlamperei
versinkt in seinem geräumigen Busen und stört
niemanden außer den kritteligen Europäer."

(Freya Stark: „Die Südtore Arabiens")

002go Foto: kk

Impressum

Kirstin Kabasci
KulturSchock Golfemirate und Oman

erschienen im
REISE KNOW-HOW Verlag Peter Rump GmbH
Osnabrücker Str. 79
33649 Bielefeld

© Peter Rump
1. Auflage **2002**
Alle Rechte vorbehalten.

Gestaltung
  Umschlag: Günter Pawlak (Layout und Realisierung)
  Inhalt: Günter Pawlak (Layout), Klaus Werner (Realisierung)
  Fotos: siehe Seite 240
  Umschlagfotos: Kirstin Kabasci

Lektorat: Liane Werner

Druck und Bindung: Fuldaer Verlagsagentur

ISBN 3-8317-1065-1
Printed in Germany

Dieses Buch ist erhältlich in jeder Buchhandlung der BRD,
der Schweiz, Österreichs, Belgiens und der Niederlande.
Bitte informieren Sie Ihren Buchhändler
über folgende Bezugsadressen:
BRD
  Prolit GmbH, Postfach 9, 35461 Fernwald (Annerod)
  sowie alle Barsortimente
Schweiz
  AVA-buch 2000, Postfach, CH-8910 Affoltern
Österreich
  Mohr Morawa Buchvertrieb GmbH,
  Sulzengasse 2, A-1230 Wien
Niederlande, Belgien
  Willems Adventure, Postbus 403,
  NL- 3140 AK Maassluis

Wer im Buchhandel trotzdem kein Glück hat,
bekommt unsere Bücher auch direkt bei:
Rump Direktversand,
Heidekampstraße 18, 49809 Lingen (Ems)
oder über unseren **Büchershop im Internet:**
www.reise-know-how.de

Kirstin Kabasci

KulturSchock
Golfemirate und Oman

Inhalt

Inhalt   6
Vorwort   8

Länderporträts   11

Um welche Länder geht es?   11
Die Länder im Einzelnen   14

Islam   25

Historischer Hintergrund   25
Grundzüge   31
Glaubensinhalte   38
Religiöse Pflichten   41
Frauen im Islam   44
Religiöse Feste   51

Gesellschaft   55

Geschichtlicher Überblick   57
Staat und politisches System   63
Soziale Strukturen   69
Einheimische und Gastarbeiter   78
Wirtschafts- und Lebensformen   83
Familie   101

Alltag   117

Kulturelles Erbe   117
Bekleidung und Schmuck   136
Essen und Trinken   146
Sprache   151

Als Tourist unterwegs   159

Touristische Highlights   160
Reisealltag   169
Religion respektieren   176

Begrüßungsrituale 185
Körpersprache und -kontakte 187
Gastfreundschaft 190
Tischsitten 197
Handeln und Feilschen 198

Als Geschäftsreisender unterwegs 203

Wirtschaftsgrundlagen 203
Verhalten in der Geschäftswelt 213

Anhang 229

Glossar 229
Quellentexte 237
Bildnachweis 240
Register 247
Die Autorin 252

Exkurse zwischendurch

Arabiens Brunnen ist das Meer 16
„Sündenbabel" am Golf 21
Ibaditische Theologie in Oman 36
Gott oder Mensch als Mittelpunkt? 38
Städtebau – nationale Selbstdarstellung, Pomp und Kitsch 86
Arabische Namen und Titel 104
Traditionelle Hochzeitsriten in Oman 112
Bullenkämpfe in Oman – ein Erlebnisbericht 120
Ein Blick hinter die Maske 138
Arabische Gaumenfreuden 149
Tagesrhythmus 150
Das Wort „Gott" im alltäglichen Sprachgebrauch 152
Party, Party 168
Nur Softdrinks für Qataris 175
Gar nicht nett – Beleidigungen 194
Der Perlenhandel in der Vergangenheit 210

Vorwort

*„Ich war glücklich in der Gesellschaft dieser Menschen, die sich dafür ent-
schieden hatten, mich zu begleiten. Ich war ihnen zugetan, und ihre Lebensweise gefiel mir. Doch bei aller Genugtuung über unsere Kameradschaft gab ich mich niemals der Illusion hin, wirklich zu ihnen zu gehören.
Sie waren Bedu, und ich war es nicht, sie waren Mohammedaner, und ich
war Christ. Dennoch war ich für sie ihr Gefährte, unlösbar mit ihnen verbunden durch ein Band, so heilig wie das zwischen Gastgeber und Gast und
stärker als alle Stammes- und Familienbande. Als ihren Weggefährten würden sie mich sogar gegen ihre eigenen Brüder mit der Waffe verteidigen,
und das gleiche erwarteten sie auch von mir.*

*Aber ich wußte, daß meine schwerste Probe die sein würde, harmonisch
mit ihnen zusammenzuleben, Herr meiner Ungeduld zu werden, mich
nicht in mich zurückzuziehen. Maßstäbe und Lebensgewohnheiten, die sich
von den meinen unterschieden, nicht zu kritisieren. Ich wußte aus Erfahrung, daß die Bedingungen, unter denen wir lebten, mich im Lauf der Zeit
körperlich, wenn nicht seelisch, zermürben und daß meine Begleiter mich
oft reizen und aus der Fassung bringen würden. Und ebenso genau wußte
ich, daß es mein Fehler und nicht der ihre wäre, wenn dies geschähe.“*

(Wilfred Thesiger: „Die Brunnen der Wüste")

Wohin auch immer die Reise geht, wer in eine ihm fremde Zivilisation
reist, sollte sich bewusst machen, dass Wirklichkeiten kulturabhängig
sind. Wie man Realität wahrnimmt, was man als anerkennenswert oder
ablehnend bewertet, ist neben der persönlichen Erfahrung, dem Alter,
der Ausbildung und Stimmung auch abhängig von der Gesellschaft, in
der man lebt und aufgewachsen ist.

Religion, Sprache, Gesten, Moralansichten, Sozialgefüge, Erziehung,
Umgangsformen, Gewohnheiten, Zeitvorstellungen, Traditionen und Tabus sind im Orient anders als im Okzident. Eine „zu Hause" erlebte Ge-
gebenheit kann woanders völlig different bewertet werden – und umgekehrt. Auch wie Muslime oder Nicht-Muslime mit ihren persönlichen Kul-
turerfahrungen umgehen, unterscheidet sich.

Dieses Buch möchte informieren und soll helfen, typische Lebensarten,
Verhaltensweisen und Gefühlsreaktionen zu erkennen und zu hinterfra-
gen. Viele Sachverhalte, die uns möglicherweise unlogisch und unver-
ständlich erscheinen, werden begründet und mitsamt adäquaten Umgangsformen aufgezeigt.

Wichtige Weichen für spätere Urlaubserlebnisse in einem unbekannten Kulturkreis werden bereits daheim gestellt: bei der Planung des Ziellandes, bei der Festlegung von Schwerpunkten, bei der vorherigen Information oder Nicht-Information über das Urlaubsland.

Doch in welchen Winkel der Arabischen Halbinsel die Reise auch geht, ein gewisses Maß an Vorbereitung und Information über die Grundzüge des Islam sowie die landestypische Kultur ist unbedingt empfehlenswert. So schnell wie ein Flugzeug fliegt, kann sich keiner auf seine neue Umgebung einstellen. Man wird hineinkatapultiert in eine andere Welt mit neuem Klima, ungewohnten Gerüchen, unbekannten Klängen und fremden Regeln. Das „Normale" ist plötzlich einzigartig, das „Seltsame" alltäglich. Ein Kulturschock kann vorprogrammiert sein – doch Information, Verständnis und Akzeptanz sind wertvolle schocklindernde Gegengewichte und gehören in jeden Reisekoffer.

Wer als Urlauber jede einzelne Minute in einem der zahllosen vollklimatisierten Luxushotels am Strand, Pool oder Buffet verbringt und keinerlei Interesse an orientalischen Impressionen oder gar dem Kennenlernen fremder Menschen hat, der braucht allerdings keinen Kulturschock zu fürchten. Aber das sollte keine Lösung sein.

Mal ehrlich: Besteht der Sinn einer Reise in der Suche nach Erholung pur oder bedeutenden Sehenswürdigkeiten oder nach einem Märchen aus 1001 Nacht? Je weiter von der jetzigen Zeit und der Realität entfernt, desto besser? Ist die Gegenwart nur etwas Unangenehmes, das in Kauf genommen werden muss? Soll orientalische Exotik sein wie die Prise eines starken Gewürzes, das nur wohldosiert zu genießen ist? Schmeckt das Mittagessen wirklich nur, wenn es nach deutschen Kochregeln zubereitet wird? Damit sind Enttäuschungen bereits vorprogrammiert.

Wer es liebt, den Orient in seiner Vielfalt zwischen Tradition und Moderne zu erleben, wer offen ist für immer neue Begegnungen mit den Menschen und dabei bereit ist, sich als gern gesehener Gast zu verhalten, für den wird eine Reise in den Kulturkreis der Golfemirate und des Oman nicht „nur" ein Urlaub, sondern eine besondere Erfahrung sein.

Ahlan wa sahlan (Herzlich willkommen)!

Kirstin Kabasci

LÄNDERPORTRÄTS

Um welche Länder geht es?

„Dies ist meine erste Nacht in der Wüste - die erste von weiß Gott wie vielen - vielleicht Dutzenden, Hunderten! (...) Soll ich Euch sagen, was mein Haupteindruck ist? Die Stille. Es ist die Stille der Berggipfel, aber noch intensiver, denn dort kennt man das Geräusch des Windes und in der Ferne Wasser und herabstürzende Eisbrocken und Steine. Dort ist eine Art Echo der Geräusche (...) Aber hier - nichts."

(Gertrude Bell: „Ich war eine Tochter Arabiens")

Dieses Buch widmet sich dem Kulturkreis in den Vereinigten Arabischen Emiraten (Abkürzung V.A.E.), Qatar, Bahrain und Oman. Alles sind eigenständige Staaten. Die V.A.E., Qatar und Bahrain haben die Gemeinsamkeit, dass sie im Nordosten der Arabischen Halbinsel, an der Südküste des Arabischen Golfes, liegen.

Mit rund 83.600 Quadratkilometern, was in etwa der Ausdehnung Österreichs entspricht, sind die **Vereinigten Arabischen Emirate** (arab.

Daulat al-Imarat al-Arabiya al-Muttahida) das flächenmäßig ausgedehnteste dieser drei Länder. Ähnlich einem Bundesstaat unterteilt es sich in die bis 1971 selbstständigen sieben Einzelemirate Abu Dhabi, Dubai, Sharjah, Fujairah, Umm al-Quwain, Ras al-Khaimah und Ajman. Das größte Emirat mit geichnamiger Hauptstadt ist Abu Dhabi.

Der Staat **Qatar** (arab. *Daulat al-Qatar)* liegt nordwestlich von Abu Dhabi. Wie ein ausgestreckter Daumen ragt das 11.500 Quadratkilometer kleine Land (ähnlich dem Areal Hessens) von der Festlandsmasse der Arabischen Halbinsel in den Arabischen Golf hinein. Qatars Landeshauptstadt heißt Doha.

Das an Bevölkerung und Fläche kleinste Land aller Golfstaaten ist **Bahrain** (arab. *Daulat al-Bahrain)*; mit seinen 707 Quadratkilometern ist es nicht einmal so „groß" wie der Stadtstaat Hamburg. Bahrain ist der einzige Inselstaat Arabiens. Genau gesagt zählt er 33 Eilande, die größte Insel trägt den Landesnamen. Auf ihr liegt die Hauptstadt Manama.

Das **Sultanat Oman** (arab. *Saltanat Uman)* liegt in einer anderen Region: im äußersten Südosten der Arabischen Halbinsel, am so genannten „Horn von Arabien". Mit einer Fläche von rund 300.000 Quadratkilometern ist das Land etwas kleiner als die Bundesrepublik Deutschland, doch von allen im Buch porträtierten Ländern ist es das größte. Im Westen grenzt Oman an die Vereinigten Arabischen Emirate und an Saudi-Arabien, im Süden an den Jemen. Die Landeshauptstadt ist Muscat.

Ist in diesem Kulturschock die Rede von **„Golfemiraten" oder „Golfstaaten"**, so sind damit die V.A.E., Qatar und Bahrain gemeint. Streng genommen sind auch Iran, Irak und Kuwait Golfstaaten, doch sie stehen nicht im Zentrum dieses Buches.

Oman kann keinen dieser Titel sein Eigen nennen, da sich zum einen sein Staatsgebiet an der Küste des Indischen Ozeans ausdehnt und zum anderen ist Oman ein Sultanat, an der Staatsspitze steht also ein Sultan. Im Gegensatz dazu sind die V.A.E. und Qatar Emirate, die politischen Geschicke werden von Emiren bzw. Scheichs geleitet (siehe auch „Gesellschaft"/„Staat und politisches System" sowie Exkurs „Arabische Namen und Titel"). Bahrain, bisher Emirat, ist seit Feb. 2002 ein Königreich.

1 Ras al-Khaiman
2 Fujairah
3 Umm al-Quwain
4 Sharjah
5 Ajman
6 Dubai
7 Abu Dhabi

Die Länder im Einzelnen

„Wir ... waren bis zu einer Ruine geritten, die nach Meinung der Araber einst ein Wüstenschloß gewesen war. (...) Um den Bau noch schöner zu machen, war, wie sie erzählten, der Lehm nicht mit Wasser, sondern mit kostbaren Blumenessenzen geknetet worden. Meine Führer witterten gleich Hunden in der Luft, führten mich von einem zerfallenen Raum in den anderen und erklärten: ‚Das hier ist Jasmin, das Veilchen, das Rose.‘ Aber zuletzt zog mich Dahoum mit sich: ‚Komm und rieche den schönsten Duft von allen!‘ Wir gingen in den Hauptraum, traten an die gähnenden Fensterhöhlen der östlichen Seite und tranken dort mit offenem Munde den leichten, reinen, unbeschwerten Wüstenwind, der uns umfächelte."

(T. E. Lawrence: „Die sieben Säulen der Weisheit")

Allen in diesem Buch beschriebenen Staaten gemeinsam ist, dass sie in nur wenigen Jahrzehnten eine vom Glück gespendete **Entwicklung** durchschritten haben, für die andere Länder Jahrhunderte mühevollen Aufbaus zurücklegen mussten. Alle wurden binnen nur zwei Generationen aus verarmter Rückständigkeit in eine Neuzeit kollektiven Wohlstands katapultiert – sozusagen vom Wüstenzelt zum Wolkenkratzer und vom Kamel zum Cadillac. Noch in den 1950er Jahren waren die meisten Ansiedlungen am südlichen Golfufer **armselige Dörfer** aus ein paar Lehm- und Palmwedelhütten, ohne Elektrizität, Teerstraßen und Telefon. Eine Ausnahme bildet Dubai, in dem knapp 50.000 Menschen lebten und das seit Jahrhunderten ein bedeutendes Handelszentrum war.

Abu Dhabi – heute ein wahres „Petropolis" – wird 1949 vom britischen Forschungsreisenden *Wilfred Thesiger* wie folgt beschrieben: *„Eine gewaltige Burg beherrscht die kleine baufällige Stadt, die sich die Küste hinzieht. Es gab ein paar Palmen, in deren Nähe sich ein Brunnen befand, an dem wir unsere Kamele tränkten; einige Araber sahen uns neugierig zu und schienen sich den Kopf zu zerbrechen, wer wir wohl seien. Dann gingen wir zur Burg, setzten uns an die Mauer nieder und warteten darauf, daß die Scheichs von ihrem Nachmittagsschläfchen erwachten. (...)*

Die Burgtore waren verriegelt, niemand war zu sehen. Wir luden unsere Kamele ab und legten uns im Schatten der Mauer zum Schlafen nieder. In der Nähe stand eine kleine Messingkanone, vom Sand halb begraben. Der Boden war schmutzig und mit Abfällen einer seßhaften Bevölkerung bedeckt. Die Araber, die uns beim Tränken der Tiere zugesehen hatten, waren verschwunden. Geier segelten im gelben Himmel über die zerzausten Palmen, zwei Hunde paarten sich am Brunnen."

In **Qatar** lebten bis zur 2. Hälfte des 20. Jahrhunderts vornehmlich Beduinen, in **Bahrain** fanden die meisten ihr Auskommen in der Perltaucherei, Fischerei oder Dattelzucht. Besonders abgeschieden war **Oman:** Noch 1970 gab es lediglich zehn Kilometer asphaltierte Straße (die zum Palast führten), drei Knabenschulen (Mädchen blieben außen vor) und Sonnenbrillen waren als westliches „Teufelszeug" verboten.

Doch dieselben Menschen, deren Eltern noch allein vom Perlenhandel, der Viehzucht oder der Fischerei lebten, sind heute Großeltern in Ländern, die zu den **reichsten Ländern der Erde** zählen. Die fensterlosen Lehm- oder Palmwedelhütten haben sich gewandelt in Luxusvillen und Prachtpaläste. Dichte Flechtwerke aus Erdöl- und Gasleitungen schlingen sich über den Wüstengrund, den noch wenige Jahrzehnte zuvor Beduinen durchstreiften. Bohr- und Verladeinseln ragen aus dem Meer, in dem jahrhundertelang nur Perlentaucher und Fischer ihr Glück fanden. Uralte Karawanenpfade wandelten sich zu mehrspurigen Highways, Straßenmärkte sind klimatisierten Einkaufszentren gewichen.

Wohlstandsstaaten wurden quasi aus dem Wüstenboden gestampft und den Bürgern alle Möglichkeiten des modernen Lebens mitunter kostenfrei zur Verfügung gestellt. Krankenhäuser und Kliniken wurden errichtet und bieten jedem Staatsangehörigen kostenfreie Versorgung, Schulen, Universitäten und Berufsbildungsstätten können ohne Schulgeld besucht werden, Sozialwohnungen wurden gestiftet, damit jeder Landsmann ein Dach über dem Kopf hat, neue Fischerboote wurden verteilt, Oasengärten und Felder vor dem Veröden gerettet, Strom und Wasser subventioniert. Desgleichen kommen Witwen, Waisen und Behinderte in den Genuss der großzügigen Fürsorge. Die ärmsten der Armen waren nun die reichsten der Reichen.

Die Golfemirate und Oman verdanken ihre rasante Entwicklung dem **Erdöl** (siehe „Als Geschäftsreisender unterwegs"/„Wirtschaftsgrundlagen"). Doch in Bahrain und Oman sprudeln die Quellen nicht mit der Ergiebigkeit, wie sie es in den Petroparadiesen Abu Dhabi und Qatar tun. Ein sparsames Wirtschaften und der **Ausbau anderer Wirtschaftszweige** sind für alle anderen Emirate und Oman von großer Bedeutsamkeit. Bahrain und Dubai setzen auf Industrie, Handel und Bankengewerbe, Oman auf Erdgas.

Und was wird geschehen, wenn eines Tages in nicht allzu ferner Zukunft die **Ölquellen versiegen?** Fallen die Metropolen am südlichen Golf dann wie Kartenhäuser zusammen und versinken all die Glaspaläste im Wüstensand? Diese Fragen sind noch ohne Antwort. Aber vermutlich wird den Golfemiraten und Oman ohnehin **zuerst das Wasser knapp,** dann erst das Öl.

Arabiens Brunnen ist das Meer

Wenn man bedenkt, dass die Kargheit der Wüste und insbesondere die Knappheit von Trinkwasser jahrhundertelang der menschlichen Besiedlung enge Grenzen setzte, so lässt es sich vielleicht besser verstehen, dass die allenorts zur Schau gestellte Wasserfülle das Symbol für Reichtum schlechthin ist. Auch zur Mittagshitze sprudelnde und abends kunterbunt illuminierte Brunnen sind das prägende Bild der Stadtverschönerung und auch in vielen Privathäusern unbedingtes Muss. Die vielen Grünanlagen und ausgedehnten Golfplätze sind unter dem Flimmern der Wüstensonne unglaublich durstig. Aber auch sonst sieht man die einstigen Söhne der Wüste allzu oft eher sorglos mit dem kühlen Nass umgehen. Autowaschen – zumindest jeden zweiten Tag ein Muss, Gartengießen in geißelnder Mittagshitze – nahezu nutzlos, aber was soll's. Die Einwohner der Gartenstadt am Golf, Abu Dhabi, gönnen sich mit über 600 Litern einen statistischen Pro-Kopf Verbrauch, der zu den höchsten der Welt zählt – ach ja: diese Zahl bezieht sich auf den täglichen Verbrauch!

Insbesondere in den Golfemiraten sind die Ressourcen knapp, Grundwasservorkommen nahezu aufgebraucht. Zwar werden immer wieder neue Reserven in tiefer gelegenen Erdschichten entdeckt, doch ist dieses Wasser oftmals als Trink- oder Brauchwasser ungeeignet, es müsste erst aufbereitet werden. Eine Auffüllung der fossilen Vorräte durch Regen ist selbst bei Rekordmengen in Gebirgsregionen von 300 mm Jahresniederschlag unmöglich. Die Grundwasservorräte versiegen möglicherweise schneller als die Ölströme.

Ein Großteil des Brauch- und Trinkwassers wird kostenaufwändig in Meerwasserentsalzungsanlagen gewonnen. Meerwasserentsalzung basiert auf dem Prinzip des Verdampfens und benötigt große Energiemengen. Zur Erzeugung von einem Kubikmeter Wasser werden über 60 Liter Heizöl verbraucht. Wasser ist nur erschwinglich, weil die notwendigen Verbrennungsstoffe reichlich und zudem billig vorhanden sind. Würde man bei uns in gleicher Weise Wasser gewinnen, so würde eine Tomate rund 10 Euro kosten.

Landwirtschaft in der Wüste – engl. *Desert Farming* – sprengt alle Verbrauchszahlen: Die Produktion von einem Kilo Orangen erfordert ca. 55.000 Liter Wasser. Doch solange billige Energien zur Meerwasserentsalzung bereit stehen, sind solche Zahlen egal. In den V.A.E. und Qatar ist Wasser subventioniert und für jeden, der es in großen Mengen braucht, zu Spottpreisen zu haben.

Bahrains Süßwasserquellen waren jahrhundertelang ein wichtiger Schatz des Inselarchipels – sogar unterseeische Quellen wurden von so genannten „Wasserfischern" angezapft. Heute veröden immer mehr Oasen – zu viele Einwohner haben zu hohe Ansprüche – Quellwasser ist Mangelware.

In Oman dagegen muten viele Oasen wie ein Paradiesgarten an und Regenfluten überschwemmen immer wieder Trockentäler. Doch auch hier ist Wasser knapp, denn die Landwirtschaft verbraucht rund 90 % des wertvollen Stoffes. Jahrtausendealte Bewässerungssysteme sind vielerorts noch intakt, werden aber oft mit entsalztem Meerwasser angereichert. Und auch im scheinbaren Garten Eden droht die Gefahr, dass Elektropumpen zu viel Grundwasser fördern, was nicht nur Wasserknappheit, sondern auch eine Versalzung des Bodens zur Folge hat.

V.A.E.

Das **Gebiet** der Vereinigten Arabischen Emirate liegt im Nordosten der Arabischen Halbinsel und erstreckt sich größtenteils entlang der Südküste des Arabischen Golfs, zwischen Qatar und der Halbinsel Musandam, einem im äußersten Norden der Arabischen Halbinsel gelegenen und von den V.A.E. eingekreisten Areal Omans.

Mehr als hundert Inseln sind der 750 km langen emiratischen **Küste** am Arabischen Golf vorgelagert. Dieser Küstenstreifen ist gekennzeichnet von Lagunen und Meeresarmen (engl. *Creek*), Buchten, Sandbänken, Korallenriffen, Untiefen sowie Mangrovensümpfen. Anders sieht die nur knapp 70 km lange Küste im Osten des Landes, am Golf von Oman, aus, denn hier prägen von Meeresfluten gepeitschte Strände und Steilklippen das Bild.

Im Süden und Südwesten grenzen die V.A.E. an Saudi-Arabien und an die endlosen **Sandmeere** der *Rub al-Khali*, welches die größte zusammenhängende Sandwüste der Erde ist und entsprechend „Leeres Viertel" übersetzt wird. Über 150 Meter hoch können sich die Dünen auftürmen. Zwei Drittel der Fläche der V.A.E. sind von Sand bedeckt, die weiteren Gebiete sind durch Geröll- und Kieswüsten sowie savannenähnliche Halbwüste gekennzeichnet.

Geteilt wird das Land durch den **Hajar-Gebirgszug,** der eine natürliche Barriere zwischen den sechs Emiraten am Arabischen Golf und dem Teilemirat Fujairah an der Ostküste bildet. Das Hajar-Massiv verläuft parallel zur Ostküste, auch weiter südlich in Oman. Dieser Gebirgszug mit seinen schroffen Kalksteinspitzen und tiefen Trockenflusstälern (arab. *Wadis*) erreicht im nördlichen Teil des Landes Höhen bis zu 2000 m.

Die heutigen Vereinigten Arabischen Emirate sind in ihrer staatlichen und gesellschaftlichen Gestalt im wesentlichen das Ergebnis eines mehr als drei Jahrhunderte langen Einflusses **europäischer Mächte.** Die Portugiesen waren die ersten europäischen Fremdherrscher, doch die nachhaltigsten Spuren hinterließen die Briten. Die Kontrolle über den Seehandel zwischen Europa, Indien und Ostafrika bedingte jahrhundertelang Machtkämpfe und die Bildung von Stützpunkten und das Aushandeln von Vertragsvereinbarungen.

Nach der 1968 kundgegebenen Rückzugserklärung Großbritanniens sah es zunächst so aus, als ob sich die Scheichtümer der so genannten „Piratenküste" gemeinsam zu einer „Föderation Arabischer Golfstaaten" zusammenschließen wollten. Immerhin befanden sich auch die Nachbarn Qatar und Bahrain nach dem Abzug der Briten in der gleichen Situation. Alle Fürstentümer sollten unabhängig werden und keiner wollte sich an Saudi-Arabien binden. Doch Qatar und Bahrain riefen ihre eigenen Staaten aus und die sieben anderen Scheichtümer schlossen sich zur Föderation der **„Vereinigten Arabischen Emirate"** zusammen.

Die **Gesamtfläche** des Landes beträgt 83.600 km². Davon nimmt das Emirat Abu Dhabi ca. 86 % ein; es folgen Dubai, Sharjah, Ras al-Khaimah, Fujairah, Umm al-Quwain und Ajman.

Doch nicht nur in ihrer Größe, sondern auch in ihrer Entwicklung und Wirtschaftsmacht unterscheiden sich die sieben Einzelemirate stark voneinander und stellen somit höchst ungleiche Partner dar: Die **Hauptstadt Abu Dhabi** ist der Sitz der Bundesregierung und das Zentrum der Ölindustrie – es ist das wohlhabendste Emirat, ein Ölimperium, das nach Schätzungen von Experten über mehr Öl als die USA, Kanada und Mexiko zusammen verfügt. **Dubai** ist die Handelsmetropole des Mittleren Ostens und am kosmopolitischsten geprägt. Schon lange vor dem Ölboom bescherten Schmuggel, Import- und (Re-)Exportgeschäfte den Bewohnern Dubais einen relativen Wohlstand. Die Ölvorräte reichen nach offiziellen Angaben zwar nur noch knapp 20 Jahre, aber internationaler Handel, Industrie und Tourismus sorgen für einen ölunabhängigen Staatshaushalt. Die anderen Emirate besitzen nur wenig bzw. gar kein eigenes Erdöl und sind daher auch nicht im selben Maße wohlhabend. Neben der Industrie (**Sharjah** und Ajman), der Landwirtschaft (**Ras al-Khaimah** und **Fujairah**) und der Fischerei (Umm al-Quwain) leben sie vor allem von den Zuwendungen Abu Dhabis. In den beiden kleinsten Emiraten **Umm al-Quwain** (777 km²) und **Ajman** (260 km²) sieht es heute stellenweise noch so aus wie in den großen Metropolen vor Beginn des Ölbooms.

In Abu Dhabi und Dubai gehören die Annehmlichkeiten einer High-Tech-Luxusgesellschaft ebenso zum Lebensalltag wie das bewusste Aufrechterhalten alter Traditionen. **Historisch und Hypermodern** stehen in trautem Einklang und schaffen einen modernen Orient voller Kontraste. Die jungen Städte tragen ihren Reichtum völlig selbstverständlich zur Schau. Das Leben verläuft nach dem Motto: Einmaligkeit ist die Regel, Bescheidenheit ein Fremdwort.

Qatar

Qatar bildet eine **Halbinsel,** die von der Arabischen Halbinsel in den Arabischen Golf hineinragt und so von drei Seiten von Meer umgeben ist. Von der Festlandsbrücke im Süden bis zur äußersten Nordspitze sind es etwa 180 km. An seiner breitesten Stelle auf Höhe der **Hauptstadt Doha** ist das Land ca. 80 km breit.

Geröll- und Kieswüste dominieren das Land, im Süden türmen sich haushohe Sanddünen auf. Im Westen verläuft auf ca. 50 km Länge die Hügelkette des Jebel Dukhan („Berg des Rauches"), deren höchster Punkt 110 Meter erreicht. **Korallenriffe** umzäunen die Halbinsel wie eine Mauer und lassen nur an wenigen Stellen natürliche Zugänge für flach liegende Boote. Zur Anlage von Tiefseehäfen mussten Fahrrinnen aus den Riffen gesprengt werden.

Seit einer Klimaverschiebung in vorgeschichtlicher Zeit gehört Qatar zu den regen- und **wasserärmsten Ländern der Erde,** wo Menschen jahrhundertelang nur schwer eine Existenzgrundlage fanden. In der wüstenhaften Einöde bestand keine Möglichkeit zum Anlegen von Bewässerungskulturen, dauerhafte Siedlungen hatten einen schweren Stand.

Überwiegend **Beduinen** bewohnten das Land in ihren schwarzen Zelten, die einzigen festen Siedlungen waren ein paar kleine Küstendörfer, in denen die Menschen als Fischer, Perlentaucher, Handwerker oder Händler arbeiteten. Doch auch diese wurden immer wieder saisonal verlassen, da Familien ihre Kamele bepackten und in die Wüste oder eine Oase zogen.

Bis etwa 1760 n. Chr. war Qatar nur sporadisch besiedelt, dann wanderten Beduinen vom Stamm der Bani Tamim, unter ihnen die **Familie Al-Thani** (siehe „Gesellschaft"/„Staat und politisches System"/„Qatar"), aus dem ostarabischen Binnenland in Qatar ein und ließen sich nieder.

Diesem Stiefkind der Natur kam in der **Historie** kaum größere Bedeutung zu. Auch fehlte es an nennenswerten wirtschaftlichen Ressourcen. Und da Qatar auch nicht als Handelsstützpunkt attraktiv war, war es das letzte Land am Golf, in dem Großbritannien seinen Einfluss durchsetzte. Erst 1916 schloss Großbritannien mit dem herrschenden Scheich einen Vertrag ab, dessen Inhalt sinngemäß anderen Abkommen mit anderen Scheichtümern am Golf (außer Kuwait) entsprach, die dort bereits in der ersten Hälfte des 19. Jahrhunderts unterzeichnet worden waren. Die britische Krone sicherte von nun an auch Schutz zu, jedoch durften die Wüstensöhne nicht ohne Zustimmung Britanniens außenpolitisch agieren. Am 1. September 1971 proklamierte Qatar in Übereinstimmung mit Großbritannien seine **Souveränität.**

In der Zeit vor dem **Ölboom** war das Land das wohl ärmste und rückständigste der Region – doch diese Zeiten haben sich grundlegend geändert. Die Qataris sind beschenkt mit einem der höchsten jährlichen Pro-Kopf-Einkommen der Welt (2001: 28.000 US$). Die Petrodollar klug investiert, hat das Land es binnen nur weniger Jahre geschafft, eine führende Rolle in der weltweiten Gasverarbeitung zu erlangen (siehe „Als Geschäftsreisender unterwegs"/„Wirtschaftsgrundlagen"/„Qatar").

Bahrain

Im Westen Qatars liegt Bahrain. Der **Inselstaat** besteht aus über 30 Eilanden, von denen nur sechs ständig bewohnt sind. Die größte Insel, Bahrain (offiziell *Awal)*, ist gerade einmal ca. 48 km lang und 16 km breit. Weitere wichtige Inseln sind Muharraq, Sitra und Nabih Salih, sie sind mit der Hauptinsel durch Brücken verbunden. Die **Landeshauptstadt Manama** liegt im Nordosten der Hauptinsel.

Nahezu das gesamte Territorium besteht aus **Wüstenebenen.** Insbesondere der Süden Bahrains ist trocken und unbewohnt, kein Dorf und keine Straße gibt es hier. Mit 122 Metern bildet der im Zentrum der Hauptinsel gelegene Jebel Dukhan die höchste Erhebung des Inselstaates. Nur im Norden der Hauptinsel wandelt sich die Einöde in eine knapp sechs Kilometer breite fruchtbare Ebene mit ausgedehnten **Oasen,** in denen Bewässerungsfeldbau betrieben wird.

Bahrains Landesname lautet in der Übersetzung **„Land der zwei Meere"** und nimmt Bezug darauf, dass der Inselstaat von zwei Wassern geprägt wird: zum einen von den Fluten des Golfstromes und zum anderen von vielen ergiebig sprudelnden Süßwasserquellen, die in der Region hohen Seltenheitswert haben.

Dank dieses Phänomens ist Bahrains **Geschichte uralt und abwechslungsreich.** Archäologen, Historiker und Theologen diskutieren, ob hier vielleicht sogar der Garten Eden liegt. Unumstritten ist dagegen, dass Bahrain zum ältesten Siedlungsraum des Orients gehört. Hier lag die **antike Hochkultur Dilmun,** die ihre Blütezeit zwischen 3000 und 1600 v. Chr. erlebte. Dilmun profitierte vom Perlenhandel, die frühen Handelsbeziehungen erstreckten sich bis ins mesopotamische Tiefland, ins persische Hochland und an die indische Küste. Dank der unterseeischen Süßwasserquellen gedeihen um Bahrain ausgedehnte Austernfelder, in denen die kleinen runden Perlenschätze heranreifen.

Interessant sind die vielen stummen Zeugen dieser langen Geschichte. Das ganze Land gleicht einem riesigen prähistorischen Friedhof – wohl kein anderer Winkel der Welt birgt auf so engem Raum mehr Grabstätten. Bahrain ist ein Land, dass sehr viel Wert auf seine **Kultur** legt, sie hegt und pflegt und liebend gerne präsentiert.

Es ist auch einer der wenigen Golfstaaten, in dem die **Einheimischen nicht die Minderheit** im eigenen Reich sind, da hier keine Heerscharen von ausländischen Arbeitskräften den Großteil der Bevölkerung stellen (siehe „Gesellschaft"/„Einheimische und Gastarbeiter").

„Sündenbabel" am Golf

Für orthodoxe Muslime sind die V.A.E. und Bahrain eine Art Sodom und Gomorrha: In unzähligen Bars werden Alkoholika aller Couleur ausgeschenkt, Sängerinnen und Tänzerinnen im knappen Kleidchen sorgen für Unterhaltung, in den Supermärkten liegt stapelweise Schweinefleisch in den Kühltheken, junge Frauen aus Europa oder Asien promenieren selbstbewusst in Shorts oder sonnen sich in spärlichen Bikinis. Dubai hat einen schlechten Ruf wegen seines nicht mehr zu versteckenden und florierenden Rotlichtgewerbes.

Denn nicht alle Muslime sind super-fromm. Speziell am Wochenende und insbesondere in den Städten Dubai und Manama kann man das Phänomen beobachten, dass unzählige Araber und allen voran Saudi-Araber, sich bei Wein, Weib und Gesang amüsieren.

Doch sollte nicht das puritanische Königreich Saudi-Arabien über den Sittensumpf an seiner Peripherie grollen? Sicherlich ja, aber ist es nicht besser, die Abtrünnigen begeben sich zum Sündenbabel nach außerhalb? Solange das eigene Haus sauber bleibt, scheint der mächtige Nachbar und Hüter der heiligen Stätten des Islam ein Auge zuzudrücken.

Seit früher Geschichte ist Bahrain ein Handelszentrum am Golf, das sich heute zum wichtigsten **Bankenzentrum** des Mittleren Ostens gemausert hat.

Der Boden des Inselstaates war der erste der Golfregion, in dem man **Erdöl** fand. Die früh fließenden Petrodollar ermöglichten in nur einer Generation den Aufbau eines modernen Wohlfahrtsstaates. Die Bildungs- und Gesundheitssysteme Bahrains zählen bis heute zu den besten der arabischen Welt. Anders als in den Nachbarstaaten blieb in Bahrain der unermessliche Ölboom allerdings aus. Bahrain ist sicherlich kein armes Land, doch einem wirtschaftlichen Vergleich mit seinen superreichen Nachbarn kann es nicht standhalten.

Oman

Anders als die drei zuvor erwähnten Golfstaaten liegt das Sultanat Oman im Südosten der Arabischen Halbinsel, an den 1700 Kilometer langen Ufern des **Golfes von Oman** und des **Indischen Ozeans.**

Im Westen grenzt Oman an die Vereinigten Arabischen Emirate und an Saudi-Arabien, im Süden an den Jemen. Das omanische **Staatsgebiet** ist nicht zusammenhängend, einige kleine Gebiete liegen als Exklaven umschlossen von den V.A.E.

Das Sultanat ist das größte und landschaftlich vielfältigste aller im Buch vorgestellten Länder. Sein **geographisches Relief** ist relativ klar gegliedert. Im Norden wie im Süden erheben sich Gebirgszüge, denen ein schmaler Küstenstreifen vorgelagert ist. Dazwischen nimmt eine riesige Wüstenebene den größten Teil des Landes ein. Im Osten reicht diese Ebene bis an den Indischen Ozean, im Westen bis an die Sandwüste Rub al-Khali.

Die relativ dicht besiedelte Hauptstadtregion, die sich als eine lockere Aneinanderreihung mehr oder minder großer Orte 60 Kilometer weit um die **Hauptstadt Muscat** ausdehnt, stellt das moderne Herz und das politische wie wirtschaftliche Zentrum des Landes dar.

Westlich der Hauptstadtregion beginnt die **nördliche Küstenebene,** die so genannte Batinah. Sie ist das Hauptanbaugebiet landwirtschaftlicher Produkte und zieht sich über 250 km in Richtung Norden bis in die Vereinigten Arabischen Emirate.

Im Westen wird die Küstenebene durch den **Hajar-Gebirgszug** begrenzt, der sich geographisch in den östlichen- und westlichen Hajar unterteilt. Zahlreiche kleine und große Oasen mit dichten Palmenhainen bestimmen das Bild, denn unterirdisches Wasser ist keine Seltenheit. Um den *Jebel Akhdar*, den „grünen Berg", sind die größten Höhen zu verzeichnen, der Gipfel des *Jebel Shams,* des „Berges der Sonne", erreicht ein Höhe von 3009 m.

Omans stellenweise subtropischer **Süden** nennt sich Dhofar. Jenseits der an der Küste wachsenden Kokospalmen gedeihen Papayabäume und Weihrauchbäume in kargen Bergtälern. In der Antike begannen hier die verschlungenen und weit reichenden Pfade der so genannten **Weihrauchstraße** und verbreiteten Wohlstand und Berühmtheit.

Doch auch Nordoman kann antike Stätten aufweisen, denn hier vermuten Archäologen die Heimat der **Hochkultur Magan,** die durch den Abbau und den Export von Kupfer ihre Blüte erlangte.

Jahrhundertelang war Oman die herrschende **Seemacht** der arabischen und indischen Gewässer. Bis China segelten die unerschrockenen Seefahrer mit ihren hölzernen Segelschiffen bereits im achten Jahrhundert. Das Imperium des Sultanats breitete sich noch in der ersten Hälfte des 19. Jahrhunderts bis zu den Ufern des Arabischen Golfes und den Küsten Ostafrikas aus. Die omanische Geschichte der vergangenen 200 Jahre war durch den Widerspruch vom Aufstieg zu einer der bedeutsamsten Handelsmächte und deren Abstieg in die Bedeutungslosigkeit gekennzeichnet.

Mit dem Machtantritt von *Sultan Qaboos* und dem klugen Einsatz der aus dem Ölverkauf erzielten Deviseneinnahmen ging 1970 eine Epoche zu Ende, in der das Land für mehr als einhundert Jahre fast vollständig von der Außenwelt abgeschirmt war. Moderne und Wohlstand hielten als **„Renaissance des Oman"** Einzug. Vergilbte Fotografien sind die letzten Zeugen der alten Zeiten vor 1970. Erst wenn man sie betrachtet, kann man ermessen, welch beispielloser Aufbau im letzten Vierteljahrhundert stattgefunden hat.

Doch im Gegensatz zu den benachbarten V.A.E., die im Petrodollar-Rausch dem Pomp und Prunk verfallen sind, gilt in Oman der **Leitsatz des Maßvollen.** Skylines aus Glaspalästen in Manhattan-Manier wird man in Oman nicht finden. Modernität ist durchaus erwünscht, aber sie darf die Tradition nicht überlagern.

Ihre alte Geschichte respektierend, streben Omani danach, alte Traditionen mit der Moderne zu versöhnen. Die **Bewahrung der eigenen Kultur** ist ein wichtiges politisches Ziel. Es gibt hier sogar – fast einzigartig auf der Welt – ein „Ministerium für nationales Erbe und Kultur". Auf dem Weg ins 21. Jahrhundert geht Oman seinen eigenen Weg – mit dem Selbstbewusstsein eines Staates, der um seine große Vergangenheit und seine Wurzeln weiß.

ISLAM

Dieses zweite Buchkapitel ist voll und ganz der Religion des *Islam* gewidmet und beschreibt Historie, Grundzüge und Glaubensinhalte. Denn in den Golfemiraten und in Oman ist kaum etwas wichtiger als der Islam, er bestimmt das Denken und Handeln nahezu aller Einheimischen. Im Alltagsleben ist er **allgegenwärtig**. Und jedem Reisenden sollte klar sein, dass er sich in einem gewissen Rahmen den islamischen Sitten und Gebräuchen **anpassen** muss.

Der Islam entstand auf der Arabischen Halbinsel in der ersten Hälfte des 7. Jahrhunderts. Seitdem hat er sich zu einer bedeutenden **Weltreligion** entwickelt, die sich von der Arabischen Halbinsel über Kleinasien, Nordafrika, Südosteuropa, den Indischen Subkontinent sowie Südostasien ausdehnt und über 1,2 Milliarden gläubige Muslime zählt.

In den Vereinigten Arabischen Emiraten, in Qatar, Bahrain und Oman stellen Muslime die überwiegende **Mehrheit der Bevölkerung** dar.

Historischer Hintergrund

„Sag: Ich bin nur ein Mensch wie ihr, (einer) dem (als Offenbarung) eingegeben wird, daß euer Gott ein einziger Gott ist. Nehmt nun Kurs auf ihn und bittet ihn um Vergebung (für eure Sünden)! Doch wehe denen, die (ihm andere Götter) beigesellen."

(Koran 41:6)

Prophet Muhammad

Im heutigen Saudi-Arabien lebte vor ca. 1300 Jahren der Prophet *Muhammad*. Er gilt als **Stifter des Islam,** denn ihm wurde von Gott das heilige Buch aller Muslime, der *Koran*, offenbart. Damit nahm die rasante Ausbreitung dieser Glaubens- und Lebenslehre ihren Anfang.

Um das Jahr 570 n. Chr. wurde *Muhammad Ibn Abdallah*, so lautete der volle Name des Propheten Muhammad, in der Stadt Mekka im heuti-

Devotionalien des Islam: Gebetskette, Koran und ein Bild der Kaaba in Mekka

gen Saudi-Arabien **geboren.** Sein Vater *Abdallah Ibn Abd al-Muttalib* war Kaufmann, starb allerdings schon vor Muhammads Geburt, so dass er unter der Obhut seines Großvaters und später seines Onkels aufwuchs. Um seinen Lebensunterhalt zu verdienen, arbeitete Muhammad als **Karawanenführer** für die reiche Kaufmannswitwe *Khadija*, die er später heiratete. Durch die weit reichenden Handelsverbindungen erhielt er schon früh Kenntnisse über andere Völker und Religionen.

Zur Zeit des Propheten waren die Bewohner der Arabischen Halbinsel zum größten Teil Beduinen und streng in **Stämmen** organisiert. Doch es war eine gesellschaftliche Entwicklung in Gang gekommen, die über den einzelnen Stamm hinaus ging und auf **Vereinigung** zielte. Erste Ansätze zur Staatenbildung waren die Entstehung einer gemeinsamen Literatursprache und eines Handelssystems mit Märkten und kleinen Städten. Der Islam griff in diese Tendenzen ein, nicht zuletzt weil auch das Christentum und das Judentum in dieser Region kaum Fuß gefasst hatten.

Die Stadt **Mekka** war ein bedeutender Umschlagplatz an einer Handelsroute, die von Südarabien ans Mittelmeer führte. Die *Kaaba* in Mekka war schon in vorislamischer Zeit ein Heiligtum der Beduinen. *Allah* war einer ihrer Götter, der allerdings eine untergeordnete Rolle spielte und noch namenlos war. Von größerer Bedeutung waren verschiedene lokale Gottheiten.

Im Alter von vierzig Jahren erschien Muhammad der Engel Gabriel, der ihm nach und nach die **Worte Allahs**, den Koran, übermittelte. Muhammad sah sich zunächst als Nachfolger der Propheten des Neuen und

Alten Testaments. In den ersten Jahren war sein Hauptanliegen die Schaffung eines Buches, das den heiligen Schriften der Juden und Christen entsprach und den Arabern endlich in ihrer Sprache die göttliche Offenbarung bringen sollte, die ihnen bislang vorenthalten war.

Nachdem der Prophet begann, die Lehren des Islam zu verkünden, standen ihm viele Einwohner Mekkas **feindselig** gegenüber. Sie fürchteten, dass ihre Stadt ihre Position als Wallfahrtsort und Wirtschaftszentrum verlieren könnte.

Weil er in seiner Heimatstadt keine Möglichkeit sah, die neue islamische Wertordnung gegen die konservativ gesinnten Kreise von Priestern und Händlern durchzusetzen, zog Muhammad mit seinen Gefolgsleuten 622 n. Chr. von Mekka nach Yathrib. Dieser **Abwanderung** wird in der islamischen Welt eine so große Bedeutung beigemessen, dass sie den Beginn der islamischen Zeitrechnung markiert (siehe auch „Religiöse Feste"/„Islamischer Kalender"). Yathrib wurde fortan *Medinat an-Nabiyy,* „Die Stadt des Propheten", genannt, was sich später zu **Medina** verkürzte. Hier fand Muhammad schnell weitere Sympathisanten, und er begann, feste Regeln für das Miteinander der Gläubigen aufzustellen.

Doch der Prophet wirkte nicht nur als **religiöser Führer**, sondern er bemühte sich auch um den Aufbau eines organisierten Gemeinwesens und wirkte als **Sozialreformer.** Er erhob sein Wort gegen den gesellschaftlichen und moralischen Niedergang der damaligen Zeit, in der Spannungen, Konflikte und Kriege zwischen den Stämmen an der Tagesordnung waren. In vollem Gange war der Übergang von einer matrilinearen zu einer patrilinearen Stammesorganisation. Ein schweres Los hatten die Frauen, denn sie galten zunehmend als eine Art Ware, die man kaufen, verkaufen oder vererben konnte (siehe: „Frauen im Islam").

Muhammad wollte nicht nur eine neue Religionslehre vermitteln und soziale Ungerechtigkeiten beseitigen, er hatte auch die Vision, das zerstrittene zentralarabische Stammeswesen zu Gunsten einer großen **„Gemeinde aller Gläubigen",** der arab. *Umma,* zu überwinden.

„Muhammad" in kalligrafischer Spiegelschrift

Die Grabmoschee Muhammads in Medina auf einem Bild als Zimmerschmuck

Mit den Bewohnern seiner Heimatstadt Mekka begann eine kriegerische Auseinandersetzung, die mit dem **Sieg des Propheten** und seiner Anerkennung als Führer endete. Muhammad zerstörte eigenhändig in der Kaaba stehende Götzenbilder. Der Islam breitete sich innerhalb kurzer Zeit über fast die gesamte Arabische Halbinsel aus. Zeitweise geschah dies durch Kämpfe und Eroberungen, zum Teil wurde der Glaube freiwillig angenommen.

Muhammad **starb** nach einer kurzen Fieberkrankheit im Jahr 632 im saudi-arabischen Medina, wo auch die den Muslimen heilige *Moschee* steht, in der er begraben ist.

Muhammad wird nicht als Sohn Gottes angesehen, da er nach islamischer Vorstellung keine Kinder haben kann. Er ist der Gesandte Gottes, also ein **sterblicher Mensch** wie alle anderen Menschen (Koran 41:6, siehe Zitat auf Einführungsseite dieses Kapitels). Da Muhammad nicht wie etwa Jesus Christus göttlich verehrt wird, lehnen Muslime auch die Bezeichnung „Mohammedaner" ab.

Kalifate

Nach dem Tod des Propheten im Jahr 632 entbrannte ein **Streit um die Führung der Gläubigen,** da Muhammad keine Söhne hatte und keinerlei Verfügungen für seine Nachfolge erlassen hatte.

Die **ersten vier Kalifen,** die das religiöse und politische Amt Muhammads fortführten, hießen *Abu Bakr, Umar, Uthman* und *Ali.* Sie werden auch „die Rechtsgeleiteten", arab. *Ar-Rashidun,* genannt. In nur 50 Jahren nach dem Tod des Propheten breitete sich der neue Glaube bis zum heutigen Afghanistan im Osten und bis Libyen im Westen aus, wenig später sogar bis auf die Iberische Halbinsel.

Es gab verschiedene Gründe für diese **rasche Ausbreitung des Islam.** Vor allem gelang es, die zuvor zerstrittenen Stämme zu vereinen, die fortan gemeinsam im Dienste Allahs kämpften. Der Islam schaffte zudem, Elemente anderer Kulturen wie der hellinistischen, persischen und indischen aufzunehmen und zu etwas Neuem zu verschmelzen. So taten sich auch die Besiegten leichter, die neue Religion anzunehmen. Der Ausbreitung kam aber auch zugute, dass die mächtigen Reiche der damaligen Zeit – Persien, Byzanz und Rom – gegen große innere Probleme anzukämpfen hatten bzw. im Untergang begriffen waren.

Um die Führung des islamischen Reiches gab es immer wieder **Zwist.** Nach Ermordung des dritten Kalifen *Uthman* im Jahr 656 schwand die Einheit der Gläubigen und es folgten lange Bürgerkriegsjahre. Der Meuchelmord an dem vierten Kalifen *Ali,* dem Vetter und Schwiegersohn des

Propheten Muhammad, im Jahr 661 gipfelte in einer heute fortwährenden konfessionellen **Spaltung des Islam** in *Sunniten* und *Schiiten*. Streitpunkt war (und ist), ob als Kalif nur ein Blutsverwandter des Propheten in Frage kommt. Die Sunniten betrachten dies als nicht notwendig, anders als die Schiiten. Die weiteren Unterschiede zwischen diesen beiden Hauptzweigen des Islam sind kleiner als die christlicher Konfessionen.

Die **Sunniten** stellen heute einen Anteil von über 85 % der muslimischen Weltbevölkerung. Auch in den V.A.E., in Qatar und Oman stellen **Schiiten** eine Minderheit dar. Anders in Bahrain, wo sich mit ca. 65 % aller Muslime die Mehrzahl zur schiitischen Glaubensform bekennt – allerdings gehört die Herrscherfamilie Al-Khalifa (siehe „Gesellschaft"/„Staat und politisches System"/„Bahrain") den Sunniten an, eine Konstellation, die nicht frei von Konflikten ist.

Islamische Blütezeit und Untergang

Nach dem Tod des Kalifen *Ali* wurde die Amtswürde erblich. Es folgte zunächst ab 661 die Dynastie der **Umayyaden** in Damaskus und ab 750 die der **Abbasiden** in Bagdad. Die gesamte islamisch okkupierte Welt (Arabische Halbinsel, Irak, Iran, Transkaukasien, Mittelasien, Syrien, Palästina, Ägypten, Nordafrika, Iberische Halbinsel) erlebte eine kulturelle und wissenschaftliche Blütezeit. Arabische Gelehrte übersetzten zahlreiche Bücher des antiken Griechenland und entwickelten deren Kenntnisse weiter.

Doch den Abbasiden gelang es nicht, ihr riesiges Reich zusammenzuhalten. Die Herrschaftszeit der abbasidischen Kalifen ging zu Ende, als 1258 die Mongolen Bagdad eroberten. Zwar eigneten sich die Sultane der fortan in Kairo herrschenden **Mamluken** die Kalifenwürde an, doch das Amt besaß bei weitem nicht mehr das einstige Ansehen. Die Golfemirate und Oman konnten gegenüber den islamischen Dynastien und Kalifenherrschern meist ihre Selbstständigkeit wahren.

Im frühen Mittelalter herrschte zunächst noch eine große Toleranz zwischen den drei Buchreligionen Judentum, Christentum und Islam. Doch diese endete mit den **Kreuzzügen,** welche die Befreiung der heiligen christlichen Stätten zum Ziel hatten. Schon bald nach Beginn des ersten Kreuzzuges 1095 wurde Jerusalem gestürmt und ein Blutbad unter der muslimischen und jüdischen Bevölkerung angerichtet. Dies war der Beginn der offenen Feindseligkeiten zwischen Muslimen und Christen. Den Rittern des Kreuzes ging 1291 die letzte Bastion in Syrien verloren.

Doch die **Glaubensfehden setzten sich fort:** Die Rückeroberung Spaniens durch die Christen, die 1492 mit der Einnahme des südspanischen

Granadas endete, wurde von Verfolgungen, Zwangstaufen und der Vertreibung von Muslimen und Juden begleitet.

Kaum hatten die Europäer die Muslime im Westen verdrängt, sahen sie schon eine neue Bedrohung von Osten her kommen. Nachdem die **Osmanen** 1453 die Herrschaft des byzantinischen Reiches gebrochen hatten, tauften sie Konstantinopel in Istanbul um und eroberten binnen kurzem den Nahen Osten. Nachdem die Türken 1517 auch die bis dato in Kairo machthabenden Mamluken besiegten, übernahm der Osmanensultan das ohnehin nur noch nominell existierende Kalifenamt. Das türkische Weltreich umfasste im 16. Jahrhundert nahezu die gesamte arabische Welt – außer Teilen der Arabischen Halbinsel und Marokkos – und reichte zeitweise bis vor die Tore Wiens. Doch mit der zweiten (erfolglosen) Belagerung der österreichischen Hauptstadt 1683 hatte die Macht der Türken ihren Höhepunkt überschritten, sie mussten sich aus Europa zurückziehen.

In den heutigen Golfemiraten und Oman konnten die Osmanen erst ab Mitte des 16. Jahrhunderts Fuß fassen. Ab diesem Zeitpunkt versuchten auch die **Portugiesen** verstärkt, Garnisonen und Stützpunkte an den Küsten des südlichen Golfes und des Oman aufzubauen um Kontrolle über den Seehandel zu gewinnen. Bis in die erste Hälfte des 17. Jahrhunderts konnten sich die Portugiesen stellenweise halten, wurden dann aber vertrieben.

Mit dem Fall des osmanischen Reiches begann für viele muslimische Länder die Zeit der **Kolonialisierung**. In den Golfemiraten und Oman setzten sich zwar verstärkt lokale Herrscher durch, doch interne Streitigkeiten und die Unsicherheit der Schifffahrt im Golf durch Piraterie erweckten bei den Briten Interessen, sich als Schutzmacht zu berufen.

Der Erste Weltkrieg ließ das **Osmanische Reich endgültig zusammenbrechen,** 1922 dankte der letzte Sultan ab, die Türkei wurde Republik. Zwei Jahre später ließ Präsident *Mustafa Kemal Atatürk* das Kalifat aufheben. Seitdem fehlt dem Islam das faktische und religiöse Oberhaupt.

Fast alle arabischen Länder befanden sich derzeit in **Abhängigkeit von europäischen Großmächten.** In den Scheichtümern am Golf und in Oman hatten die Briten ihre Protektoratsherrschaft ausgebaut.

Nach dieser Phase der Fremdherrschaft, die erst im Laufe des 20. Jahrhunderts endete, war die islamische Welt in viele Nationalstaaten zergliedert. Die Golfemirate und Oman standen noch lange nach dem Zweiten Weltkrieg unter britischer Obhut. 1970 wurden die V.A.E. und Oman **unabhängig,** die Staaten Qatar und Bahrain wurden ein Jahr später gegründet.

Grundzüge

„Er (d.h. der Koran) ist die Aussage eines vortrefflichen Gesandten, 41 nicht die eines Dichters. Wie wenig gläubig seid ihr! 42 (Er ist) auch nicht die Aussage eines Wahrsagers. Wie wenig laßt ihr euch mahnen! 43 Er ist (vielmehr als Offenbarung) vom Herrn der Menschen in aller Welt herabgesandt. 44 Wenn er (d. h. Mohammed) (eigenmächtig irgendwelche) Aussagen gegen uns aus der Luft gegriffen hätte, 45 würden wir ihn an der Rechten fassen 46 und ihm hierauf die Schlagader durchhauen,"

(Koran 69:40-46)

Religion und Lebensphilosophie

Das arabische Wort *Islam* bedeutet „vollständige Hingabe, Ergebung und Unterwerfung in den Willen Gottes". **Religion und Leben** lassen sich im Islam nicht voneinander trennen, denn der Alltag soll gelebter Glaube sein. So wäre es für einen Muslim unmöglich, seine Frömmigkeit distanziert vom normalen Leben, z. B. in Klöstern, zu praktizieren.

Der Islam gibt konkrete Richtlinien für nahezu jede Lebenslage: Regeln der Körperreinigung, Almosenvorschriften, Speise- und Getränkeverbote. Erziehungsleitlinien, Eigentumsbestimmungen, Grundsätze der Rechtsprechung und Staatsführung, gesellschaftliche Aufgaben von Frau und Mann sowie natürlich Glaubensinhalte. Damit ist der Islam weit mehr als „nur" eine Religion, es ist eine umfassende **Lebensphilosophie**.

Die **Einstellung der Beduinen zur Religion** schildert *Wilfred Thesiger* in „Die Brunnen der Wüste": *„Ich wußte auch, daß al-Auf es wörtlich meinte, wenn er sagte, Gott sei sein Begleiter gewesen. Für diese Bedu ist Gott eine Realität, und der Glaube an seine Gegenwart gibt ihnen den Mut zum Durchhalten. An seinem Vorhandensein zu zweifeln, wäre für den Bedu ebenso undenkbar wie blasphemische Redensarten. Die meisten von ihnen beten regelmäßig, und viele halten die Fasten des Ramadan ein, die einen ganzen Monat lang währen. In dieser Zeit dürfen sie von Sonnenaufgang bis Sonnenuntergang weder essen noch trinken. Fällt diese Fastenzeit in den Sommer – und da die arabischen Monate nach dem Mond zählen, kommt der Sommer jedes Jahr elf Tage früher – machen sie von der Erleichterung Gebrauch, die dem Reisenden gestattet, erst dann zu fasten, wenn er seine Reise beendet hat, und verlegen den Fastenmonat in den Winter. Einige der Araber, die wir in Maghshin zurückgelassen hatten, fasteten jetzt, weil sie es nicht früher im Jahr hatten tun können. Ich habe in Hadramaut und im Hedjaz Städter und Dorfbewohner* *dem Bedu nachsagen hören, er sei ohne Religion. Als ich Einspruch erhob, antwortete man mir: ‚Selbst wenn die Bedu beten, kann Gott ihre Gebete nicht erhören; denn sie verrichten vor dem Gebet nicht die vorgeschriebenen Waschungen.' Diese Bedu sind keine Fanatiker. Einmal reiste ich mit einer größeren Gruppe von Raschid, und einer fragte mich: ‚Weshalb wirst du kein Mohammedaner und gehörst dann wirklich zu uns?' Ich antwortete: ‚Gott schütze mich vor dem Teufel!' Sie lachten. Diese Redensart wird von den Arabern benutzt, wenn sie etwas Schädliches oder Unschickliches von sich weisen. Anderen Arabern gegenüber hätte ich eine solche Antwort niemals gewagt, aber jener Fragesteller hätte sie ganz gewiß gegeben, wenn ich ihm vorgeschlagen hätte, er solle Christ werden."*

Koran

Die wichtigsten Grundsätze des Islam sind im Koran, dem heiligen Buch aller Muslime, niedergeschrieben. Er besteht aus 114 **Suren,** die weder historisch noch thematisch geordnet sind. Vielmehr ist ihre Reihenfolge durch ihre Länge bestimmt: Mit Ausnahme der ersten Sure stehen die längsten am Anfang, die kürzesten am Ende des Koran.

Die erste Sure – arab. *Al-Fatiha,* „Die Eröffnende" – ist zugleich eine der wichtigsten und in der Bedeutung mit dem christlichen Vaterunser vergleichbar. Die auch **„Sure des Lobpreises"** genannten Verse sind zudem für ihre Poesie berühmt, die allerdings in der deutschen Übersetzung weitgehend verloren geht:

„Im Namen des barmherzigen und gnädigen Gottes.
Lob sei Gott, dem Herrn der Menschen in aller Welt,
dem Barmherzigen und Gnädigen,
der am Tag des Gerichts regiert!
Dir dienen wir, und dich bitten wir um Hilfe.
Führe uns den geraden Weg,
den Weg derer, denen du Gnade erwiesen hast,
nicht (den Weg) derer, die d(ein)em Zorn verfallen sind
und irregehen!"

Alle Koransuren mit Ausnahme der 9. beginnen mit der arab. Basmala, der wichtigen muslimischen **Glaubensformel,** die im Arabischen *Bi-smi llah ar-rahman ar-rahim* lautet und übersetzt werden kann mit „Im Namen des barmherzigen und gnädigen Gottes". Fromme Muslime sprechen diese Worte nicht nur beim Rezitieren von Korantexten aus, sondern auch, um in allerlei alltäglichen Situationen göttlichen Beistand zu erbit-

ten, z. B. vor einer langen Reise. Auch wichtige Briefe beginnen oft mit der Glaubensformel.

Der Prophet Muhammad empfing die Inhalte des Korans als **göttliche Offenbarungen** (Koran 6:92) über einen Zeitraum von 23 Jahren. Die Inhalte des heiligen Buches wurden von Gott selbst offenbart. Muhammad war im Grunde ein „Sprachrohr" (Koran 69:40 ff., siehe Zitat auf Einführungsseite dieses Kapitels). Der Koran ist für Muslime das unverfälschte Wort Gottes und besitzt absolute Autorität.

Die **Chronologie** der einzelnen Suren war jedoch in den meisten Fällen anders als die spätere Reihenfolge im Koran: Die kürzeren Kapitel gehörten zu den ersten, die längeren empfing Muhammad erst später in Medina. Zu Lebzeiten des Propheten gab es noch keine schriftliche Aufzeichnung des kompletten Korans. Erst unter den Kalifen wurden die Texte gesammelt und es dauerte bis zum Anfang des 20. Jahrhunderts, bis eine von allen Muslimen akzeptierte Fassung erschien.

Der Koran gibt neben **religiösen Leitlinien** auch **lebenspraktische Dinge** vor. Es ist bestimmt, was Muslime essen und trinken dürfen (z. B. kein Schweinefleisch und keinen Alkohol), dass Männer maximal vier Ehefrauen haben dürfen (was zur Zeit des Propheten eine Beschränkung bedeutete), dass Zins verboten ist, was Frauen und Männer anziehen sollten und vieles mehr.

Der Koran, das heilige Buch aller Muslime

Auch die klassische islamische **Rechtsordnung,** die arab. *Sharia*, basiert auf dem Wort Gottes.

Der Koran wird nicht nur wegen seiner Inhalte geschätzt, sondern auch wegen seiner Sprache. In den Augen vieler ist das heilige Buch zugleich ein **Meisterwerk der Prosa**. Dieser literarische Rang gilt als ein Beweis für seinen göttlichen Charakter.

Es ist nicht einfach, Korantexte zum einen treffend und zum anderen sinngemäß sowie verständlich aus dem Arabischen zu **übersetzen.** Ganz abgesehen davon, dass die sprachliche Brillanz verloren geht. Viele Sinngehalte sind schwer zu übertragen, etliche Ausdrucksformen und grammatikalische Fälle sind im Alltagsdeutsch (oder auch in anderen Sprachen) nicht gebräuchlich. Für viele Begriffe gibt es keine gleichwertigen und eindeutigen anderssprachigen Ausdrücke. Nahezu alle Übersetzungen bergen daher eine Interpretation. So steht das arabische Wort *Rahman* allein für die Barmherzigkeit und Gnade Gottes, während das deutsche Wort „Erbarmen" auch eine menschliche Eigenschaft sein kann. Deshalb erkennen Muslime den Koran nur in Arabisch an und weltweit wird er nur in der arabischen Sprache gelehrt.

Für Muslime gilt es als besonders **verdienstvoll,** einmal im Leben den kompletten Koran von Hand abzuschreiben (völlig fehlerfrei!) oder ihn auswendig zu lernen.

Sunna und Hadith

Für Sunniten sind neben den Worten Gottes im Koran die Taten und Zitate Muhammads religiöse Richtschnur und wichtige Quelle des islamischen Rechts. Diese Lebenspraxis des Propheten nennt sich **Sunna.**

Alles was Muhammad gesagt, getan oder geduldet haben soll, wurde unter Gewährleistung seiner Gefährten zu Berichten zusammengetragen. Im 9. und 10. Jahrhundert wurden sechs mehrbändige Sammlungen katalogisiert. Diese überlieferten Aussprüche, Verhaltens- und Handlungsweisen des Propheten heißen arab. **Hadith** und gelten als eine Art „Gebrauchsanweisung" für Religion und Alltäglichkeiten. Eine Anweisung des Propheten fordert zum Beispiel beim Essen zum Benutzen der Finger der rechten Hand auf, andere beschreiben Grußformeln und Gebetsriten oder geben Hinweise über vorteilhafte Schlafstellungen. Auch heißt es „In der Eile liegt keine Tugend" und „Der Beste unter euch ist derjenige, der eine Frau am besten behandelt".

In Moscheen weist die Mihrab stets Richtung Mekka

Die Lebenspraxis des Propheten Muhammad hat zugleich großen Einfluss auf die **Interpretation des Korans.** Unter den Gelehrten hat sich die Meinung durchgesetzt, dass der Text des Korans nur vor diesem Hintergrund zu verstehen ist. Daher werden für unklare göttliche Offenbarungen oft Hadith-Überlieferungen zur Interpretation hinzugezogen.

Schiiten erkennen die Sunna auch an, sie wird aber relativiert durch die Lebenspraxis des Kalifen *Ali.* Daneben ist für Schiiten auch das Wirken ihrer religiösen Würdenträger und Nachfahren *Alis,* den arab. *Imamen*, von großer Wichtigkeit.

Moschee

Die Moschee ist der zentrale Ort des muslimischen Glaubens. Der arabische Begriff *Masjid*, aus dem sich „Moschee" ableitet, bedeutet übersetzt **„Ort des Sich- Niederwerfens",** also Ort des Gebets.

Daneben sind Moscheen auch ein Platz zum **Sammeln und Besinnen** und haben eine wichtige **soziale Funktion** als Treffpunkt der Gläubigen zum täglichen Gespräch. Auch Unterrichtsstunden oder Gerichtsverhandlungen können in Moscheen stattfinden. Moscheen sind nicht in unserem Sinne „heilig", so ist auch die dortige Atmosphäre meist nicht mit der in Kirchen zu vergleichen. Grüppchen von diskutierenden Gläubigen oder vereinzelt schlafende Personen sind keine Seltenheit.

Die ersten Moscheen waren gewöhnliche Häuser, ohne Minarett und ohne Verzierungen (die bei den heutigen Moscheen oft reich ist). Für Moscheen ist keine bestimmte **Bauform** vorgeschrieben. Es kommt dafür jeder Raum in Frage, der im Inneren religiös rein und von außen allen Muslimen zugänglich ist. So sind auch einfache Gebetsräume, die sich beispielsweise an Flughäfen befinden, regelrechte Moscheen – ein *Minarett* gehört nicht unbedingt dazu. Einen Altar sowie Stühle und Bänke gibt es nicht. Die Böden der Gebetsräume sind mit Teppichen oder Matten ausgelegt und dürfen nur barfuß betreten werden.

01ogo Foto: kk

Beim Gebet verneigen sich weltweit alle Gläubigen gen Mekka (Koran 2:142 ff.), diese **Gebetsrichtung** heißt arab. *Qibla*. In Moscheen wird sie durch eine halbrunde, arab. *Mihrab* genannte Wandnische angezeigt. Sie ist oft reich mit Stuckarbeiten verziert und auch Eingangstore und Dachkuppeln sind meist mit Ornamentmustern ausgeschmückt. Größere Moscheen haben eine erhöhte Plattform für den Vorbeter (arab. *Imam)* und eine Kanzel (arab. *Minbar)* für den Prediger (arab. *Khatib)*. Zu jeder Moschee gehören Brunnen oder Waschbecken, denn vor dem Betreten des Betsaales (arab. *Haram)* muss jeder Gläubige seine rituelle Waschungen (arab. *Wudu)* vollziehen (Koran 5:6).

Neben den „normalen" Moscheen gibt es Wallfahrts-, Gedächtnis- und Grabmoscheen. Wichtig sind die so genannten **großen Moscheen**

Ibaditische Theologie in Oman

Die Ibaditen (arab. Ibadiya) sind eine Muslimsekte, die sich auf die Lehren von Abdallah Ibn Ibad berufen. Mit rund zwei Dritteln bekennt sich die Mehrheit der omanischen Bevölkerung heute zu dieser Glaubensrichtung, und auch in den Emiraten sind rund ein Viertel aller Muslime Ibaditen.

Die Anhänger der Ibaditen betrachten sich als eigenständige Konfession. Sie haben ihren Ursprung (wie auch die Sunniten und Schiiten) zur Zeit des vierten Kalifen Ali, dessen Amt nach seiner Regierungszeit ungeklärt blieb und für diverse Streitigkeiten sorgte.

Während der Regentschaft des ersten Umayyadenkalifen entwickelte Abdallah Ibn Ibad die frühen ibaditischen Lehren in Basra, im heutigen Südirak, weiter. Er sah seine Glaubensrichtung als berechtigten Fortlauf des Islam unter Muhammad und den ersten beiden Kalifen Abu Bakr und Umar an. Ihm zufolge ist ein Mensch, der eine schwere Sünde begeht, ein Ungläubiger.

Im Unterschied zu den Sunniten und Schiiten fußt die ibaditische Theologie auf dem Ideal einer demokratischen Theokratie, in der Imame (Islamgelehrte und hohe Würdenträger) vom Volk gewählt werden. Dies kann prinzipiell jeder gläubige und theologisch gebildete Muslim sein, der jedoch vor seiner Wahl seine religiöse Gelehrsamkeit und sein politisches Geschick unter Beweis stellen muss.

Doch schon nach einer kurzen Zeit des Dialogs zwischen Ibaditen und Sunniten kam es zum Streit und zu Verfolgungen der Anhänger der ibaditischen Lehre. Ihr wichtigstes Rückzugsgebiet waren die nur schwer zugänglichen Berge Omans. Hier konnten sie sich gegen Repressionen abschotten, und von hier aus kam es zu Aufständen und Kriegen, sogar zur Eroberung der Heiligen Stätten von Mekka durch die Ibaditen für eine kurze Zeit.

Ibaditen sind jedoch alles andere als eine kriegerische Gruppe. In ihren Augen darf die Religion nicht als Grund für Kriege und Auseinandersetzungen missbraucht werden. Mit ihrer liberalen Einstellung gegenüber Andersgläubigen und ihren demokratischen Strukturen sind sie eher als gemäßigt und tolerant zu bezeichnen. Trotz ihrer teilweise puritanischen Auffassungen kann man sie auch als Modernis-

(arab. *Masjid al-Jami*), die in erster Linie dem bedeutsamen Gebet am Freitagmittag (arab. *Khutba*) dienen. Am Freitag, dem so genannten „Tag der Zusammenkunft" (arab. *Yawm al-Juma*) treffen sich Bewohner des ganzen Dorfes oder des Stadtteils in großen und meist prächtigen Freitagsmoscheen. Ein Prediger hält eine Ansprache, die oftmals auch via Lautsprecher nach draußen ausgestrahlt wird.

Im Allgemeinen beten **Frauen und Männer** zu den Gebetszeiten in getrennten Bereichen oder verschiedenen Räumen, außerhalb dieser festen Zeiten aber auch nebeneinander. Beten sie gemeinsam, stehen die Frauen in den hinteren Reihen. Nicht aus Diskriminierung, sondern um zu verhindern, dass ein betender Mann durch einen Frauenpo abgelenkt und auf „unreine" Gedanken gebracht wird.

ten sehen, denn sie sind der Meinung, dass der Koran und andere Glaubensinhalte immer neu der Zeit entsprechend interpretiert werden können.

Die theoretische Form des Imamats lässt Parallelen zu den politischen Prinzipien der Stammesgesellschaft erkennen, die sich im Oman bis heute in weiten Teilen erhalten hat (siehe auch „Gesellschaft"/„Soziale Strukturen"/„Beduinenstämme"). Genau wie die Stammesführer war auch der Imam in der Regel von „edler" Abstammung, musste jedoch seine persönliche Eignung erst beweisen. Und genau wie ein Stammesfürst musste auch der Imam bei der Ausführung seines Amtes auf ein hohes Maß an Konsultation und Konsens achten.

Das Amt des Imams konnte auch unbesetzt bleiben, wenn sich kein geeigneter Führer fand. Da der Imam vor allem religiöse Autorität hatte, bildete sich im Oman daneben ein zweites Amt mit weitreichender weltlicher Macht, das des Sultans, heraus. Es konnte jedoch auch eine einzige Person zugleich Sultan und Imam sein, wenn sie von den Gläubigen für fähig gehalten und gewählt wurde. In der Geschichte des Oman kam es zu ständigen Kämpfen, so dass der Sultan zeitweise regierte, ohne als Imam anerkannt zu sein.

Die Wurzeln des ibaditischen, theokratischen Oman reichen bis ins 9. Jahrhundert zurück. Die Interessen eines durch Stammesvertreter gewählten Imams konzentrierten sich bis ins 17. Jahrhundert vornehmlich auf das Landesinnere, obgleich über Karawanenverkehr stets Kontakte zu den Küstenstädten unterhalten wurden.

Unter der Al-Bu-Said-Dynastie, die Oman seit 1744 regiert und der auch der jetzige Sultan Qaboos angehört, konnte sich die erbliche Nachfolge des Imamamtes durchsetzen. Doch diese Absetzung des Wahlprinzips fand in der Bevölkerung keine Zustimmung. Im frühen 20. Jahrhundert waren Rebellionen gegen den Imam im vollen Gange und gipfelten 1920 in seiner Ermordung. Daraufhin gab es für eine Weile einen Vertrag, der das Herrschaftsgebiet der beiden Kontrahenten genau regelte: Der Sultan war weltlicher Herrscher der Küstenregion, der Imam geistlicher Führer im Inner-Oman. Erst in den 50er-Jahren konnte sich der Sultan endgültig durchsetzen. Das Amt des Imams gibt es seither im Oman nicht mehr. Doch die gesellschaftliche Spaltung in Anhänger des Imams und des Sultans war noch lange Jahre markant.

Glaubensinhalte

„Gott (ist einer allein). Es gibt keinen Gott außer ihm. (Er ist) der Lebendige und Beständige. Ihn überkommt weder Ermüdung noch Schlaf. Ihm gehört (alles), was im Himmel und auf der Erde ist. Wer (von den himmlischen Wesen) könnte - außer mit seiner Erlaubnis - (am Jüngsten Tag) bei ihm Fürsprache einlegen? Er weiß, was vor und was hinter ihnen liegt. Sie aber wissen nichts davon - außer was er will. Sein Thron reicht weit über Himmel und Erde. Und es fällt ihm nicht schwer, sie (vor Schaden) zu bewahren. Er ist der Erhabene und Gewaltige."

(Koran 2:255)

Glaube an den einzigen Gott

Der Islam ist streng **monotheistisch** ausgerichtet, es gibt nur einen Gott, vor ihm gab es und nach ihm wird es keine anderen Götter geben (Koran 2:255, siehe Zitat auf Einführungsseite dieses Kapitels). Gott ist der Schöpfer des Himmels, der Erde und seiner Geschöpfe und wird als Herr des Jüngsten Gerichtes angesehen. Es ist derselbe Gott, an den auch Christen und Juden glauben. Allah ist die deutsche Form vom bekanntesten arabischem Namen Gottes; abgeleitet von arab. *Al-Ilah* „der eine Gott". Auch das muslimische Glaubensbekenntnis „Es gibt keine Gottheit außer Gott und Muhammad ist sein Gesandter" zeigt deutlich die monotheistische Ausrichtung des Islam.

Die Eigenschaften Gottes werden durch die so genannten **„schönen 99 Namen"** (arab. *Al-Asma al-Husna*) beschrieben, so etwa „der Barmherzige", „der Verzeihende", „der Milde", „der Mächtige", „der Weise", „der Frieden", „das Leben"… Im Koran (7:180) werden Muslime zum Ansprechen Gottes mit all diesen so genannten „schönen Namen" aufgeru-

Gott oder Mensch als Mittelpunkt?

Nach abendländischem Denken steht der Mensch im Zentrum der Welt. Diese Auffassung nennt sich anthrozentrisch. Der Mensch ist ein Geschöpf und Partner Gottes und hat unverletzliche Rechte. Seine Besonderheit wird oft damit begründet, dass Gott ihm aufgetragen hat, sich die Erde untertan zu machen.

Nach orientalisch-theozentrischem Denken steht Gott im Mittelpunkt. Der Mensch ist nur ein Teil der göttlichen Schöpfungen und der Mensch hat sich dem Willen Gottes zu unterwerfen. Nach islamischer Auffassung sollten die Menschen die Welt nicht ordnen, denn damit würde man Gott ins Handwerk pfuschen.

fen. In Anlehnung an diese 99 Namen haben Gebetsketten (arab. *Misbah*) – allgegenwärtig in den Händen der meisten Araber – 33 Perlen, hat man sie dreimal durch die Finger gleiten lassen, symbolisiert das die 99 Titulierungen Gottes.

Dem Koran nach müssen Muslime Gottes Allmacht in Dankbarkeit und Demut anerkennen (Koran 31:17). Daraus ergibt sich der feste Glaube an **göttliche Vorbestimmung** (arab. *Qisma*).

Im Islam gibt es keine bildlichen **Gottesdarstellungen,** denn im Islam sind bildliche Darstellungen von Gott, Heiligen, Menschen und Tieren untersagt (zum Bilderverbot siehe auch „Alltag"/„Kulturelles Erbe"/„Kalligrafie").

Glaube an Gottes Engel

Im Dienste von Gott stehen eine unbekannte Zahl geschlechtsloser und **unsichtbarer Engel,** die die Gläubigen leiten, begleiten, Fürbitte einlegen und ihnen Botschaften vermitteln. Jedem Menschen sind zwei namenlose **Schutzengel** zugeteilt. Engel dienen nur Gott, sie sind aus Licht erschaffene Wesen, die über Raum und Zeit stehen, aber über Vernunft und Sprache verfügen.

Im Koran sind **vier Erzengel** erwähnt, darunter Gabriel, der Muhammad die Offenbarungen Gottes vermittelte, und Michael, der Gottes Befehle in der außerirdischen Welt ausführt.

Glaube an Gottes Bücher

Koran und Hadith sind Schriften verschiedener Art. Im **Koran** findet sich das verkündete Wort Gottes (6:92), wohingegen die **Hadith-Überlieferungen** von Religionsgelehrten gesicherte Worte und Taten Muhammads aufzeichnen. Diese Lebenspraxis Muhammads gilt als gelebte Ausdeutung der koranischen Offenbarungen und ist eine wichtige Quelle religiösen Wissens.

Glaube an Gottes Gesandte

Gott beauftragte **mehrere Auserwählte** mit der Verkündung seiner Botschaften. Sein allererster Gesandter war Adam, doch auch Noah, Abraham, Hiob, Moses und Jesus verkündeten als Propheten Gottes Worte. Da jedoch nach muslimischem Glauben die Menschen deren Aussagen oftmals missverstanden und verzerrten, sandte Gott schließlich Muhammad, damit er seine wahren Worte kundtun konnte. Er war der **letzte**

Prophet der Menschheitsgeschichte und daher gelten die von ihm übermittelten Worte als endgültige und unveränderliche (Koran 3:19). An Muhammad und alle anderen Gott-Gesandten zu glauben, ist Pflicht eines jeden Muslim.

Glaube an göttliche Vorbestimmung

Für Muslime liegt ihr **Schicksal** allein in Gottes Hand. Der Mensch besitzt zwar einen freien Willen, nach dem er handelt, doch über diesem stehen Gottes Bestimmungen. Alles was war und alles was sein wird, alle guten und alle bösen Taten sind demnach vorbestimmt (arab. *Qisma*).

Dennoch sollen die Menschen ihr **Leben** verantwortungsbewusst und zielstrebig führen und sich nicht willen- und tatenlos der Erwartung, Gott würde alles fügen, hingeben. Der Koran betont nachdrücklich, dass Vernunft, Denken, Wissen und Erkenntnis genutzt werden sollen (Koran 30:24&28, 10:24, 6:97). Gleichwohl lässt der Glaube an die göttliche Vorbestimmung Schicksalsschläge leichter verkraften.

Glaube an Wiederauferstehung

Für Muslime ist Leben ein vorübergehender Zustand und nach dem Tod besteht der Glaube an ein **Fortleben im Jenseits**. Sie glauben, dass die Seele nach dem Tod in einem traumlosen Schlafzustand dahindämmert, empfindungslos und ohne Zeitgefühl, aber in Gottes Nähe.

Am **Jüngsten Tag**, den Gott bestimmt, wird Gericht gehalten, und diejenigen, die in der irdischen Zeit ein gläubiges, rechtschaffenes und verdienstvolles Leben geführt haben, werden ins **Paradies** eingelassen. (Zum Tod siehe auch „Gesellschaft"/„Familie"/„Tod".)

Gebetskette im Gebrauch

„Es gibt keinen Gott außer Gott und Muhammad ist sein Gesandter."

Religiöse Pflichten

„Was muslimische Männer und Frauen sind, Männer und Frauen, die gläubig, die (Gott) demütig ergeben, die wahrhaftig, die geduldig, die bescheiden sind, die Almosen geben, die fasten, die darauf achten, daß ihre Scham bedeckt ist, (oder: die sich des (unerlaubten) Geschlechtsverkehrs enthalten(?), w. die ihre Scham bewahren) und die Gottes ohne Unterlaß (w. viel) gedenken, - für sie (alle) hat Gott Vergebung und gewaltigen Lohn bereit."

(Koran 33:35)

Die Grundpflichten eines gläubigen Muslim sind auch als die **fünf Säulen des Islam** (arab. *Arkan al-Islam*) bekannt und bedeuten im Einzelnen:

Glaubensbekenntnis

Das **Glaubensbekenntnis** (arab. *Shahada*) eines jeden Muslim lautet: *La ilaha illa Allah wa Muhammad rasul Allah* und heißt übersetzt „Es gibt keine Gottheit außer Gott und Muhammad ist sein Gesandter". Mit diesem Zeugnis nimmt der Gläubige die Pflichten als Muslim auf.

Theoretisch schließt sich jeder, der dieses Bekenntnis in ernster Absicht und mit der Einleitung „Ich bezeuge" ausspricht, dem Islam an. Der Beitritt in die **muslimische Glaubensgemeinschaft** (arab. *Umma*) ist irreversibel und eine Abkehr kann nur durch den Tod eintreten.

Pilgerfahrt nach Mekka

Jeder Muslim, der dazu gesundheitlich und finanziell in der Lage ist, sollte einmal in seinem Leben an einer jährlich im 12. Monat des islamischen Jahres stattfindenden **Pilgerfahrt** (arab. *Hajj*) mitmachen (Koran 2:196 ff.). Der Besuch der heiligen Stätten in und um Mekka und Medina sowie die Teilnahme an allen zugehörigen Wallfahrtszeremonien stellt für Muslime den Höhepunkt ihres Lebens dar.

Der **Ablauf** der Pilgerreise ist bis ins Detail vorgeschrieben.

Am 10. Tag des Pilgermonats beginnt das **Opferfest** – arab. *Eid al-Adha* – das höchste islamische Fest. Weltweit schlachtet jeder Muslim, der es sich leisten kann, ein Opfertier (Schaf, Ziege, Rind oder Kamel), verteilt einen Teil Fleisch an die Armen und verspeist den Rest in festlicher Gemeinschaft anderer.

Fasten

Es gibt eine Reihe von Zeiten, zu denen das Fasten **fromme Sitte** der Muslime ist. **Pflicht** (arab. *Saum*) ist es allerdings während des *Ramadan*, des 9. Monats des islamischen Kalenders (siehe „Religiöse Feste"). Zu dieser Zeit erhielt Muhammad einst seine erste Offenbarung, weshalb der Ramadan heilig ist.

Das Fasten bedeutet für alle Muslime, dass sie einen Monat lang **von Sonnenaufgang bis Sonnenuntergang** auf Essen, Trinken, Rauchen und geschlechtliche Beziehungen verzichten (Koran 2:183 ff.). Außerdem soll jeder seine bösen Gedanken besiegen und ein besonders vorbildliches und religiöses Leben führen. Mit dem Konsumverzicht am Tage soll zum Nachdenken über den Sinn dieses Gebotes angeregt und eine symbolische Gleichheit zwischen Arm und Reich angestrebt werden. Die Nächte des Ramadan dagegen können eine gesegnete Zeit sein, denn es war in einer Nacht, in der Muhammad Gottes erste Bestimmung erhielt (Koran 97:1 ff.). Und so wird, wenn die Sonne untergegangen ist, üppig gegessen und man trifft sich mit Freunden.

Alle gesunden Muslime sind ab der Pubertät zum Einhalten des Ramadan verpflichtet. Alte, Kranke, Reisende, Schwangere oder stillende Mütter und körperlich hart arbeitende Menschen dürfen die **Fastenpflicht brechen,** müssen das Fasten jedoch nachholen.

Beten

Theoretisch sollte jeder Muslim (Kinder und Frauen während ihrer Periode sowie nach der Niederkunft ausgenommen) fünfmal am Tag zu festgesetzten Zeiten beten: bei Morgendämmerung, am Mittag, am Nachmittag, bei Sonnenuntergang und am Abend (Koran 30:17). Diese **Pflichtgebete** (arab. *Salat*) können überall verrichtet werden, doch es gilt als besonders verdienstvoll, sie in Gemeinschaft mit anderen Gläubigen in einer Moschee auszuführen. Daher schallen zu diesen Zeiten Gebetsrufe (arab. *Adhnan*) von allen Minaretten. Diese Gebete müssen nicht zu den exakten Zeiten erfolgen, aber das ist besonders rühmenswert.

Neben diesen täglichen Fürbitten gibt es zwei weitere Arten von Pflichtgebeten: die **Freitagsgebete** sowie die **Festgebete** zu den wichtigsten muslimischen Festtagen, dem Fest am Ende des Fastenmonats und zum Opferfest. Diese Gebete sind nur gültig, wenn sie unter der Anweisung eines Imams vorgenommen werden. **Freiwillige Gebete** können allerorts und jederzeit zusätzlich ausgeführt werden.

Fester Bestandteil eines jeden Gebets (und auch des Gebetsrufes) ist das mehrmalige Ausrufen von *Allahu akbar,* **„Gott ist allmächtig".**

Die große Moschee von Mekka als Motiv eines Wandteppichs

Almosengaben

Das Geben von Almosen (arab. *Zakat*) dient als **symbolischer Beitrag,** um die soziale Spannung zwischen armen und reichen Muslimen gering zu halten. In Koran 9:60 ist geregelt, welchen Personengruppen eine **Armensteuer** zukommen soll. Doch die Regeln des heiligen Buches sind betagt, wer heute wann und wieviel zu zahlen hat, ist umstritten. Als Richtwert soll jeder wohlhabende Städter, sofern er finanziell dazu in der Lage ist, einmal im Jahr 2,5 % des Überschusses, der nach Versorgung seiner Familie bleibt, spenden. Musilme nehmen die Almosenpflicht sehr ernst und folgen ihr ohne organisatorische Zwänge. Neben diesen Pflichtspenden gelten **freiwillige Abgaben** als ehrenhaft.

Frauen im Islam

„Ihr Frauen des Propheten! Wenn eine von euch etwas ausgesprochen Abscheuliches begeht, wird ihr die Strafe verdoppelt. Dies (wahr zu machen) ist Gott ein leichtes. 31 Wenn aber eine von euch Gott und seinem Gesandten demütig ergeben ist und tut, was recht ist, geben wir ihr (auch) ihren Lohn doppelt. Und wir haben für sie (im Jenseits) vortrefflichen Unterhalt bereit."

(Koran 33:30-31)

Westliche Vorurteile

„Die in England allgemein verbreitete Ansicht, daß arabische Frauen hinter Schloß und Riegel gehalten werden, trifft für viele Frauen in den Städten zu, nicht aber für die der Stämme. Abgesehen davon, daß der Bedu seine Frau unter einem Baum oder in einem Zelt, das stets auf einer Seite offen ist, gar nicht einsperren könnte, ist sie ihm als Arbeitskraft unentbehrlich. Sie muß Wasser und Brennholz holen und die Ziegen hüten. Fühlt eine Frau sich von ihrem Mann vernachlässigt oder mißhandelt, kann sie ohne weiteres zu ihrem Vater oder Bruder zurückkehren. Dann muß ihr Mann ihr folgen und sie zur Rückkehr zu bewegen versuchen. Ihre Familie wird sich in jedem Fall einmischen und behaupten, die Frau sei in ungeheuerlichem Ausmaß vernachlässigt worden."

(Wilfred Thesiger: „Die Brunnen der Wüste")

Um den Rang der muslimischen Frau ranken sich oftmals schemenhafte Vorstellungen und **Vorurteile.** Ein Schreckensbild der entrechteten, zwangsweise versteckten, in schwarze Tücher gehüllten, gesichtslosen Muslima zieht sich durch die vermeintlich selbstständigen Köpfe des Abendlandes. Emanzipation und die Partizipation der Frauen am öffentlichen Leben gilt dem Westen als eine Art Gradmesser für gesellschaftlichen Fortschritt.

Doch oftmals sind dies stereotype Engstirnigkeiten, die **von der Realität weit entfernt** liegen, insbesondere in den in diesem Buch behandelten Ländern. Es gibt nicht „Die Frau im Islam" – oder gibt es etwa „Die Frau im Christentum" oder „Die Frau der westlichen Welt"? Nein, denn zum einen sind gesellschaftliche Realitäten nicht allein das Ergebnis einer Religion und zum anderen ist die Wirklichkeit viel zu komplex – hier wie dort.

Will man sich mit Frauenfragen im Islam beschäftigen, so muss man bedenken, dass sich im Laufe der Jahrhunderte trotz der allumfassenden Religions- und Lebensideologie des Islam eine **Vielfalt von Meinungen und Ausformungen** entwickelt haben, in die kulturelle, ethnische und politische Faktoren eingriffen. Und auch einzelne Frauen beurteilen ihre gesellschaftliche Position oft sehr unterschiedlich und verhalten sich (wenn das politische System und ihr familiäres Umfeld es zulassen) in einer Bandbreite, die sozusagen von „streng gläubig" bis „emanzipiert" definiert werden kann. Zudem variieren die **sozio-ökonomischen Lebensumstände:** Der Alltag einer Oasenbäuerin ist anders als der einer gebildeten Städterin.

Traurig, aber wahr ist, dass ebenfalls zu bedenken gilt, dass Frauen in nahezu allen Kulturen weitaus größeren **sozialen Zwängen** unterliegen als Männer. Vieles, was das Leben von muslimischen Frauen betrifft, rührt nicht unbedingt vom Islam her, so etwa die Verschleierung oder Mädchenbeschneidung.

Viele Diskussionen drehen sich um eine **Unterdrückung der Frau durch den Islam,** doch ist dies überhaupt die richtige Formulierung? Diese Auffassung verdrängt ähnliche Probleme im eigenen Land und schiebt alles auf die Religion. Vor aller Ablehnung am Anderen tut Selbstkritik Not. Für alle Missstände, die in „unserer" Gesellschaft existieren, würde keiner allein die Bibel verantwortlich machen, obwohl sich auch in diesem Buch der Bücher ein patriarchalisches Gesellschaftsbild zeigt. Dagegen muss im Islam meist der Koran für alles herhalten – ob zu Recht oder zu Unrecht.

Vor dem Hintergrund der europäischen Aufklärung mögen Nichtmuslimen manche Koranverse in Bezug auf die Frau nachteilig erscheinen, doch es ist wichtig, die **gesellschaftlichen und historischen Zusammenhänge** ihrer Entstehungszeit zu bedenken. In der von gesellschaftlichen Missständen geprägten arabischen Welt zur Zeit Muhammads waren viele koranische Leitsätze reformerische Entwicklungen, formuliert, um Frauen einen Rechtsstatus zukommen zu lassen.

Kann ein Stück Stoff wie ein Kopftuch tatsächlich als Indikator für Entrechtung herangezogen werden? Der Blick muss tiefer gehen. Ob religiöse Pflicht oder nicht: Frauen können durch das **Tragen eines Kopftuches oder Schleiers** ihre tief-religiöse Haltung äußern. Dies entspricht dem Recht auf Religionsfreiheit und muss toleriert werden. Kritik ist so lange unangebracht, wie Ausländerinnen für sich beanspruchen, in einem islamischen Land in freizügiger Kleidung durch die Gassen zu bummeln. Und: Die abendländische Kritik an Kopftuch und Schleier beinhaltet oft nur die Unterwerfung unter andere Kleiderordnungen.

Wer Näheres über die Situationen von Frauen im islamischen Kulturkreis erfahren möchte, sollte nicht zu sehr den Koran studieren, sondern **Gespräche mit muslimischen Frauen** suchen oder Romane und Kurzgeschichten von Autorinnen aus islamischen Ländern lesen (deutsche Übersetzungen gibt es genug, allerdings nicht von Autorinnen aus den Golfemiraten oder Oman) und all dies auch im Hinblick auf die Situation von Frauen in anderen Kulturen analysieren.

Von der matrilinearen zur patrilinearen Organisation

Vor der Islamisierung waren die Stämme Arabiens – im Gegensatz zu heute – nicht einzig patrilinear strukturiert. Viele führten sich auf ihre Ahninnen mütterlicherseits zurück und waren **matrilinear organisiert.** Bei diesen Stämmen waren die Beziehungs- und Eheformen in unterschiedlicher Weise geregelt. Zum einen gab es den Fall, wo der Mann sich mit einer Frau verband und fortan in ihrem Stamm lebte. Es war auch möglich, dass der Mann bei seinem Stamm weiterlebte. Die Beziehung beschränkte sich dabei auf gelegentliche Besuche des Mannes und wurde zwangsweise unterbrochen, wenn die Stämme des Paares getrennte Wege gingen. Es kam auch vor – und es war durchaus nichts Verwerfliches –, dass eine Frau gleich mehrere solcher Besuchsbeziehungen unterhielt. Bekam sie ein Kind, so spielte die Vaterschaft eine untergeordnete Rolle, denn das Kind verblieb beim Stamm der Mutter und half diesem später bei der Existenzsicherung. Die **Autonomie der Frauen** in den matrilinearen Stämmen war sehr groß, und da die Vaterschaft eines Kindes von untergeordneter Bedeutung war, bestand keine Notwendigkeit, die Frauen zu kontrollieren.

Ab etwa 400 n. Chr. geriet diese **matrilineare Organisationsform ins Wanken.** Viele Stämme hatten sich durch Raubzüge auf Karawanen der antiken Weihrauchstraße bereichert und ließen sich in städtischen Ansiedlungen, wie z. B. Mekka, nieder. Erfolgreiche und wohlhabende Händler zogen es immer öfter vor, ihr Vermögen an ihre Söhne zu vererben, statt wie bisher dem Allgemeineigentum des Stammes. Da kein Familienoberhaupt daran interessiert war, seine Besitztümer jemandem zu überlassen, der eventuell nicht sein leiblicher Sohn war, gewann die Gewissheit über die Vaterschaft eine enorme Wichtigkeit. Jedoch konnte die **Kontrolle der Frauen** nur dann gewährleistet werden, wenn sie unter der Aufsicht ihres Mannes und seiner Familie stand. Neben der **Übernahme der patrilinearen Erbfolge** setzte es sich auch immer mehr durch, die Frau in die Familie des Ehemannes einzugliedern. Die Familie der Frau wurde mit einem Brautgeld dafür entschädigt. Das Geld diente als eine Art Ausgleich, die der Vater dafür erhielt, weil er eine Tochter großgezogen hatte, die – anders als Söhne – ab dem Zeitpunkt ihrer Heirat in einer anderen Familie lebte und in deren Haushalt half. Außerdem war auch eine Kompensation nötig, weil dem Stamm der Frau die Söhne, die sie gebären würde, verloren gingen.

Zur Zeit Muhammads, um die Wende vom 6. zum 7. Jahrhundert, war in Mekka der Übergang von der matrilinearen zur patrilinearen Stammesorganisation in vollem Gang, gesellschaftliche Missstände spitzten sich immer mehr zu. Vor allem die **Frauen hatten ein schweres Los,** denn sie galten als eine Art Ware, die man kaufen, verkaufen oder vererben konnte. Es existierte keine Begrenzung der Polygamie, es war keine Ausnahme, dass ein Mann mehrere Geliebte oder Konkubinen unter seinen Sklavinnen hatte. Jeder Mann konnte die Ehen nach seinem Belieben lösen. Verheiratete Frauen mussten nach dem Tod ihres Mannes weiterhin in seiner Familie leben und wurden oft gegen ihren Willen mit anderen Familienmitgliedern verheiratet.

Änderungen durch den Islam

Als sich der Islam im 7. Jahrhundert immer stärker ausbreitete, erhielten die Frauen vermehrt Rechte (aber auch Pflichten). Insbesondere im Erb- und Eherecht **verbesserte der Islam die Position der Frauen** erheblich. Von nun an bedurfte es zu einer Eheschließung der Einwilligung der Frauen, und sie erhielten das Recht, ihren väterlichen Namen weiterzuführen. Die bisherige Macht des Ehemannes, seine Frau jederzeit zu verstoßen, wurde eingegrenzt und um sicherzugehen, dass die Frau nicht schwanger war, galt die Scheidung erst nach einer Wartezeit von drei

Monaten als endgültig vollzogen. Die Frauen konnten nun auch eigenständig Güter erben, einen Beruf ausüben und selber vor Gericht ziehen. Die im Koran festgeschriebenen Gesetze garantierten den Frauen, dass sie ihr ganzes Leben versorgt waren (und das gilt noch heute).

Das war jedoch damit verbunden, dass die Frauen den **Vorrang des Mannes** in Gesellschaft, Familie und Ehe anerkennen mussten. In der Sure 4, Vers 34, wird diese Priorität des Mannes festgeschrieben: *„Die Männer stehen über den Frauen, wegen dessen, was Allah den einen vor den anderen gegeben hat und weil sie von ihrem Geld (für die Frauen) auslegen"*. Die männliche Überlegenheit ist gottgewollt, sie wird begründet durch natürliche Vorzüge und damit, dass die Männer die Frauen ökonomisch unterhalten. Damit war das Fundament für eine patriarchalische Gesellschaftsordnung gelegt.

Kopftuch und Schleier

Die Verschleierung der Frau war lange Zeit eine soziale Konvention, deren Befolgung stets hohes Sozialprestige demonstrierte. Vornehme Bürgerinnen der Handelsstadt Mekka trugen schon in **vorislamischer Zeit** einen Schleier. Und auch in Persien und Byzanz gab es diese Gesichtsverhüllung bereits vor dem Islam. Im alten Orient bei den Assyrerinnen

Das Tragen der Burqa ist Tradition in der Golfregion, hier eine Emirati-Dame

und Babylonierinnen kennzeichnete der Schleier Standesunterschiede: Nur freie und ehrbare Frauen durften ihn tragen, Sklavinnen und Tänzerinnen war dies bei Strafe verboten.

Von der Mitte des 8. Jahrhunderts an, als mit dem Sieg der Abbasiden über die Umayyaden persische Einflüsse die arabisch-islamische Gesellschaft nachhaltig zu prägen begannen, widmeten sich Rechtsgelehrte verstärkt der Frage der Verschleierung der Frauen.

Im Verschleierungskontext ist im **Koran** die Sure 24, Vers 31 wichtig, sagt aber in den Augen vieler Religionsgelehrter nichts Eindeutiges: *„Und sag den gläubigen Frauen, sie sollen (statt jemanden anzustarren lieber) ihre Augen niederschlagen, und sie sollen darauf achten, dass ihre Scham bedeckt ist, ... ihren Schal über den (vom Halsausschnitt nach vorne heruntergehenden) Schlitz (des Kleides) ziehen und den Schmuck, den sie (am Körper) tragen, nicht offen zeigen, außer ihrem Mann, ihrem Varer, ihrem Schwiegervater, ihren Söhnen ...“*

Sicher ist, das Frauen Männern durch ihr Verhalten und ihre Kleidung **keinen Anlass zu unkeuschen Gedanken** und zur Entfesselung der Sexualität bieten sollen. Sie sollen ihren Blick senken und ihre Sittlichkeit wahren. Aber der Koran geht nicht ins Detail, es wird nicht explizit erklärt, was eine Muslima anziehen soll und welche Körperteile genau zu bedecken sind.

Bahrainische Künstlerin neben einem ihrer Werke

Wie man das göttliche Gebot auslegt, ist abhängig von der **Definition des Begriffes „Scham".** Nach breitem Konsens erstreckt die Scham der Frau sich zumindest auf die Haare und den ganzen Körper mit Ausnahme der Hände und des Gesichtes. Entsprechend sollte der gesamte Körper einschließlich der Haare von Kleidung bedeckt sein und zwar in einer Weise, die keine Körperkonturen erkennen lässt. Vereinzelt wird „Scham" noch weiter ausgelegt und den Frauen wird das Tragen von Handschuhen und Gesichtsschleier auferlegt. (Dies besagen die „Kleidungsgesetze" in Pakistan und Saudi-Arabien; Iran wiederum schreibt keinen Schleier, aber einen Ganzkörperumhang vor; in den V.A.E., Qatar, Bahrain und Oman sind allerdings weder Schleier noch Kopftuch vorgeschrieben.) Die Mehrheit der islamischen Rechtsgelehrten vertritt jedoch die Ansicht, dass die Bedeckung des Gesichtes oder das Tragen eines Ganzkörperschleiers nicht eindeutig vorgeschrieben wird.

Die islamischen **Kleidungsanweisungen** gelten beim Gebet und immer dann, wenn Frauen mit nicht-verwandten Männern zusammenkommen können. An Orten, die nur Frauen vorbehalten sind, geht es wahrlich nicht so „bedeckt" zu.

Nicht ganz eindeutig ist auch die Aussage von Sure 33, Vers 59: *„Prophet! Sag deinen Gattinnen und Töchtern und den Frauen der Gläubigen, sie sollen (wenn sie austreten) sich etwas von ihrem Gewandt (über den Kopf) herunterziehen. So ist es am ehsten Gewähr leistet, dass sie (als ehrbare Frauen) erkannt und daraufhin nicht belästigt werden ..."* Muhammad empfing diese Offenbarung, nachdem seine Frauen nachts belästigt worden waren, denn sie trugen keinen Schleier und wurden für ehrlose Sklavinnen gehalten. Was anfangs nur die **Gattinnen des Propheten** beachteten, breitete sich schnell aus – zumindest in höheren Gesellschaftsschichten. Auf dem Lande und bei Beduinen wurde die Sitte des Schleiertragens nicht beachtet.

Eine **Forderung, einen Schleier zu tragen,** wurde erst unter Muhammads Nachfolgern, den Kalifen, etwa ein Jahrhundert nach seinem Tod eingeführt. Allerdings geschah dies damals weniger in der Absicht, den Frauen „Fesseln" anzulegen, als vielmehr, um sie vor Blicken, Zudringlichkeiten und Nachstellungen von Männern zu schützen und soziale Ungleichheiten zu verdecken.

Viele Frauen tragen den Schleier auch in der **Gegenwart** gerne und freiwillig, selbst ohne Druck ihres Vaters oder Ehemannes. Der Schleier signalisiert, dass die Trägerin sich mit dem Islam eng verbunden fühlt und ein ehrbares Leben führt, dass Annäherungen durch Männer nicht geduldet werden und nicht erwünscht sind. Außerdem zieht der Schleier eine klare Grenze zwischen Frau und Mann – Frauenbande im Islam sind stark und oftmals möchten Frauen bewusst Distanz zur Männerwelt halten. Und mit Schleier lassen sich männerdominierte Bereiche leichter betreten, da Frau dann unbehelligt bleibt und nicht gleich zum Sexualobjekt degradiert wird. Außerdem können so gekleidete Frauen Privilegien aus dem Koran proklamieren (das Recht, als ehrbare Frau geachtet zu werden), die „oben ohne" vielleicht verwehrt bleiben. Im sozial streng überwachten Umfeld kann eine verschleierte Frau sich unbeobachteter und freier bewegen.

Schleier und Kopftuch unterliegen eigenen **modischen Trends** und **sozialen Reglements.** In den V.A.E. und Qatar sind die bevorzugten Farben schwarz, in Bahrain tragen nur wenige Frauen einen Gesichtsschleier und die wenigsten Kopftücher sind schwarz. In Oman geht es sowohl klassisch schwarz als auch kunterbunt zu, auffallend viele Frauen abseits der Hauptstadtregion hüllen sich in leuchtend bedruckte Stoffbahnen. Meist folgen ältere Frauen eher den Traditionen, wohingegen jugendliche Jahrgänge gerne modische Trends in Farbe, Muster und Stoffart kreieren bzw. aufgreifen. Nicht zuletzt haben ethnische Gruppen ihre eigenen Stilrichtungen und Besonderheiten.

Religiöse Feste

„Der Ramadan ist zu Ende (...) Am Freitag morgen ritt ich vor dem Frühstück in den Vororten von Bagdad umher, wo sich, wie ich wußte, die Leute versammelten und alle Welt das große Fest des Islam feierte, ‚Id-al-Fitr', das Fest des Abbruchs der Fastenzeit. Es gab zahllose Buden von Süßigkeitenverkäufern, Karusselle, auf denen sich Kinder drehten, Gruppen von Frauen in ihren besten Kleidern, und das Ganze so wenig revolutionär, wie man es sich vorstellen kann. Der Orient feiert. "

(Gertrude Bell: „Ich war eine Tochter Arabiens")

Islamischer Kalender

Anders als unser am Sonnenzyklus festgelegte gregorianische Kalender orientiert sich die islamische Zeitrechnung am **Stand des Mondes.** In vorislamischer Zeit besaßen Araber kein Kalendersystem, üblich war eine Zeitorientierung am in klaren Nächten sichtbaren Mond. Durch die göttlichen Offenbarungen im Koran wurde der Wechselrhythmus des Mondes in seiner Umlaufbahn um die Erde zur Grundlage der muslimischen Zeitrechnung.

Ein **Mondjahr** hat rund 354,5 Tage und ist somit im Durchschnitt elf Tage kürzer als unser Sonnenjahr. Die islamischen **Mondmonate,** von denen es 12 gibt, haben 29 oder 30 Tage. Ihre Anfangsdaten rücken jedes Jahr um zehn oder elf Tage nach vorne.

Im **Koran** 10:5-6 wird dem Mond die Aufgabe des Zeitmessers zuteil: *„Er ist es, der die Sonne zur Helligkeit (am Tag) und den Mond zu Licht (bei Nacht) gemacht und Stationen für ihn bestimmt hat, damit ihr über die Zahl der Jahre und die Berechnung (der Zeit) Bescheid wißt. Gott hat dies wirklich (und wahrhaftig) geschaffen. Er setzt die Zeichen (oder: Verse) auseinander für Leute, die Bescheid wissen. 6 Im Aufeinanderfolgen von Tag und Nacht und (in alle)dem, was Gott im Himmel und auf der Erde geschaffen hat, liegen Zeichen für Leute, die gottesfürchtig sind."* Sure 9:36 legt die Anzahl und Reihenfolge der Monate fest. Und weiterhin besagt Sure 9:37, dass eine Anpassung des kürzeren Mondjahres an das Sonnenjahr nicht zulässig ist.

Als der Prophet Muhammad im Jahr 632 starb, hatte er zwar die Grundsätze des muslimischen Kalendersystems verkündet, allerdings war ein solcher Kalender noch nicht in Gebrauch. Erst etwa 4 Jahre später soll die Einführung der muslimischen Zeitrechnung beschlossen worden sein. Dabei wurde der **Beginn der islamischen Zeitrechnung** auf das christliche Jahr 622 gelegt, in dem der Prophet Muhammad mit der muslimischen Gemeinde von Mekka nach Medina auswanderte. Dabei haben dieses Ereignis und der Name des muslimischen Kalendersystems sowie der muslimische Neujahrstag ein und den selben Namen angenommen: *Al-Hijri* „der Auszug".

In den Golfemiraten und Oman existieren **islamischer Mondkalender und christlicher Sonnenkalender nebeneinander.** Erstgenannter steht religiösen Angelegenheiten zur Verfügung, zweiter dient dem Alltags- und Businessleben.

Islamische Feste

Das **islamische Neujahrsfest** (arab. *Al-Hijri*) wird als besinnlicher Tag gefeiert, an dem viele Muslime in die Moschee gehen und Verwandte besuchen.

Zehn Tage später ist der **Todestag des Märtyrers Hussein,** eines Sohnes des Kalifen *Ali,* den nur die Schiiten als bedeutsamen Trauertag mit Prozessionen und Selbstgeißelungen zelebrieren (arab. *Ashura*). Im überwiegend schiitischen Bahrain geht es dabei eher theatralisch als blutig zu (im Gegensatz zum großen Nachbarstaat Iran).

Kein einzelner Festtag, sondern ein ganzer heiliger Monat ist der **Ramadan,** in dem alle Gläubigen ein enthaltsames und besonders gottesfürchtiges Leben führen.

Die Höhepunkte des Religionsjahres bilden das **Fest zum Fastenbrechen nach dem Ramadan** (arab. *Eid al-Fitr*) und das große **Opferfest zur Pilgerfahrt nach Mekka** (arab. *Eid al-Adha*). Gottgefällige Zeremonien, Danksagungen, Familientreffen und Festmahle prägen beide Ereignisse. Nahezu jedermann hat Urlaub, die Kinder haben schulfrei, die Geschäfte sind geschlossen und überall wird gefeiert. An beiden Festen opfern alle, die es sich leisten können, ein Tier und spenden Almosen. Fremde werden an diesen beiden Ereignissen oftmals zu Festessen eingeladen. Das oft auch „Kleines Fest" (arab. *Eid as-Saghir*) genannte Fest zum Ende des Fastenmonats Ramadan dauert rund drei Tage. Der Grund des Feierns sollte eigentlich nicht der sein, dass man das Fasten „hinter sich hat", sondern dass man in den vergangenen Wochen ein vorbildlich-religiöses Leben geführt und spirituelle Stärkung erfahren hat. Allerdings kommt dem ungehemmten Schlemmen dennoch eine große Bedeutung zu. Das dagegen oft auch so genannte „Große Opferfest" (arab. *Eid al-Kabir*) wird am 10. Tag des Pilgermonats begangen und zieht sich über fünf bis sieben Tage hin. Es dient dem Gedenken an Abrahams Bereitschaft, Gott einen Sohn zu opfern.

Der **Geburtstag des Propheten Muhammad** (arab. *Maulid al-Nabi*) liegt im fünften Monat des islamischen Kalenders und wird mit Lobpreisungen und Koranrezitationen zelebriert. Orthodoxe Muslime halten nicht viel davon, dieses Fest zu ehren, da Muhammad nur ein Mensch war und nicht als Anzubetender verstanden wird. Ähnlich verhält es sich mit dem Tag der **Himmelfahrt des Propheten** (arab. *Lailat al-Miraj*), an dem er der Überlieferung nach von einer geflügelten Schimmelstute in den siebten Himmel getragen wurde.

Daneben hat jedes Land individuelle Festtage, an denen der Geburt oder dem Tod lokaler Heiliger gedacht wird.

Die **Termine der religiösen Festtage** richten sich nach der islamischen Zeitrechnung und fallen deshalb nach unserem gregorianischen Kalender jedes Jahr auf einen anderen Termin.

Bei den meisten **religiösen Zeremonien** möchten Muslime lieber unter sich bleiben. Wenn Fremde eingeladen werden, dann meist zum **Festessen** und anschließendem gemütlichen Beisammensein.

GESELLSCHAFT

In diesem Buchkapitel werden gesellschaftliche Gefüge und Wandlungsprozesse in den Golfemiraten und in Oman beleuchtet. Dabei werden als Hintergrund auch **geschichtliche Zusammenhänge, innenpolitische Systeme, traditionelle Lebensweisen und althergebrachte Stammesordnungen** beschrieben.

Aller Weltaufgeschlossenheit und Modernität (insbesondere in den großen Städten unverkennbar) zum Trotz werden die Sozialstrukturen wie eh und je maßgeblich von der **muslimischen Gesellschaftsordnung** geprägt. Diese basiert auf dem Koran (heiliges Buch der Muslime mit den Prophezeiungen Gottes) sowie der Sunna (überlieferte Aussagen und Taten des Propheten Muhammad) und der Sharia (islamische Gesellschafts- und Rechtslehre). Kennzeichnend für die islamische Gemeinschaft ist das Leben in der Großfamilie und eine Trennung der Lebensbereiche von Männern und Frauen.

Alle sind der Tradition nach in ein strenges gesellschaftliches **System von Stammes- und Familienzugehörigkeit** eingebunden. Ganz anders als in Mitteleuropa ist der Grundstock die Gruppe, nicht das einzelne Individuum. Gesellschaftliche Identität entsteht durch die Zugehörigkeit zu einer ethnischen Gruppe, einer Religionsgemeinschaft, einem Stamm und der Sozialstellung innerhalb der Familie. Individualismus ist nicht gefragt – wer sich außerhalb dieser Gemeinschaft begibt, verliert Schutz,

---

Verkäufer von Dattelsamenkapseln in Oman

Achtung und Unterstützung und endet in sozialer Abgeschiedenheit. Dazu *B. Lewis* in „Die Araber": *„Der Einzelne hat nur insofern Rechte und Pflichten, als er Mitglied seiner Gruppe ist. Die Gruppe wird nach außen hin durch die Notwendigkeit der gemeinsamen Verteidigung gegen die Härten und Gefahren des Wüstenlebens zusammengehalten, nach innen durch die Blutsbande der Abstammung in männlicher Linie, auf der die gesamte Gesellschaftsstruktur beruhte."*

Soziales Prestige wird an persönlichen Fähigkeiten, Führungsqualitäten, wirtschaftlichem Erfolg, religiöser Bildung sowie der Integrität im Rahmen überlieferter moralischer Wertvorstellungen gemessen.

In allen im Buch dargestellten Ländern sorgen **gesellschaftliche Umbrüche** für Bredouillen. Fast alle Menschen wollen Modernität, Liberalität und Weltoffenheit, haben aber auch Angst vor dem Zerbrechen der vertrauten Konstellationen, der traditionellen Bindungen und Sicherheiten. Die herrschenden Häupter der Golfemirate und des Oman wissen sehr wohl, welche Gefahren der Verlust der kulturellen Identität durch den rasanten Einzug der Moderne mit sich bringt, z. B. ein wachsendes Desinteresse, insbesondere in den Städten. Sie unternehmen viel, um ihre Kultur ins Gedächtnis zu rufen und wiederzubeleben, sei es in Form von Bauprojekten, Sportveranstaltungen, Kultureinrichtungen oder Tourismusveranstaltungen. Ihrem Idealbild nach sollen die alten Bräuche ihr Eigenleben behalten und in die Annehmlichkeiten der Neuzeit eingebettet sein. Eine Quadratur des Kreises, die sicherlich knifflig ist.

Geschichtlicher Überblick

„Nahe bei Ibra, in einer Entfernung von kaum 200 Ellen, liegt eine andere kleine Stadt; aber die beiderseitigen Einwohner sind mit einander in Streit, und Leute, die sich uns in der ersten angeschlossen hatten, wollten das Gebiet der andern nicht betreten. Auf den schroffen und spitz auflaufenden Höhen in der Nähe dieser und der benachbarten Städte sind einige runde Thürme aufgeführt, welche als Festungen in Bürgerkriegen und gegen fremde Einfälle dienen. In vielen derselben sind Brunnen, und man hat darin gewöhnlich so viele Vorräthe zusammengebracht, daß sie in einem Lande, wo Artillerie so selten gebraucht wird, für eine lange Zeit Widerstand leisten können. "

(J. R. Wellsted: „Travels in Arabia")

Die Geschichte der Golfemirate und des Oman ist lang und abwechslungsreich. Nie war die Historie im gesamten Gebiet der heutigen Staaten einheitlich, manche Regionen erblühten zu Hochkulturen, manche zu Handelsreichen, in etlichen versuchten fremde Eroberer Fuß zu fassen oder es stritten sich lokale Herrscher um die Macht, und manche Winkel waren vom Rest der Welt völlig abgeschieden.

Hier die wichtigsten Daten und Ereignisse, alle vier Länder betreffend, im Überblick:

- **Um 10.000 v. Chr.:** Erste steinzeitliche Siedlungsfunde in Oman.
- **5000 v. Chr.:** Beginn der Dilmun-Kultur auf Bahrain, Handelsbeziehungen (Perlen, Töpferwaren) nach Mesopotamien (Zweistromland im heutigen Südirak) und Melukha (Industal).
- **2500 v. Chr.:** Aufstieg des Reiches Magan, bedeutendes Kupferexportland in den nordomanischen Hajar-Bergen mit Siedlungsgründungen am Arabischen Golf, überseeischer Handel mit den Reichen Dilmun (Bahrain), Mesopotamien und Melukha.
- **500 v. Chr.:** Allmählicher Niedergang der Kulturen von Magan und Dilmun.
- **331 v. Chr:** Beginn der griechischen Herrschaft in Bahrain, das fortan Tylos heißt und selbstständig bleibt; bis 140 v. Chr. dauert die nominelle Macht der Griechen.

Omanische Stammesangehörige zelebrieren einen Kriegstanz

- **563 v. Chr.:** Persische Eroberungen durch *Kyros II.* in Oman.
- **5. Jahrhundert v. Chr. – 1. Jahrhundert n. Chr.:** Weihrauchhandel in Südarabien erlebt seine Blütezeit.
- **Ab 200 n. Chr.:** Einwanderungswellen aus Süd- und Zentralarabien in Oman.
- **563 v. Chr – 642 n. Chr.:** Herrschaft persischer Dynastien (Achämeniden, Parther, Sassaniden).
- **7. Jahrhundert:** Einwanderungswellen südarabischer Stämme am südlichen Golf, in den Emiraten gibt es lediglich am Fuße der Hajar-Berge und an der Küste einige kleine Siedlungen, daher kaum Einflussnahme durch geschichtliche Ereignisse.
- **570–632:** Lebzeit des Propheten Muhammad, Beginn der Ausbreitung des Islam.
- **630:** Durch einen Boten gelangt der Islam friedlich in den Oman; Vertreibung der Perser.
- **632–661:** Regentschaft des Islamischen Großreiches durch die vier Wahlkalifen *Abu Bakr* (632–634), *Umar* (634–644), *Uthman* (644–656) und *Ali* (656–661).
- **7.–16. Jahrhundert:** Relative Selbstständigkeit der südlichen Golfregion und des Oman gegenüber dem Kalifat und den islamischen Dynastien. Die gesamte Golfregion untersteht eher nominell den Gouverneuren der Kalifen.
- **661–750:** Dynastie der Umayyaden (Hauptstadt Damaskus).
- **750–1258:** Dynastie der Abbasiden (Hauptstadt Baghdad).
- **751:** Wahl des ersten ibaditischen Imams *Julanda bin Mas'du* in Oman.
- **890–1075:** Der Machtbereich der Karmaten (schiitische Sekte) breitet sich bis in die untere Golfregion aus.
- **893:** Eroberung Omans durch Truppen des Kalifen aus Bagdad.
- **Ab 10. Jahrhundert:** Oman betreibt intensiven Überseehandel mit China, Indien und Ostafrika; Sohar ist zunächst wichtigste Hafenstadt; zur Zeit seiner größten Ausdehnung in der ersten Hälfte des 19. Jahrhunderts umfasst das Seehandelsimperium des Sultanats die Landstriche des südlichen Golfes bis zum Roten Meer, Teile des nördlichen Golfes und das gesamte Ost- und Südarabische Gebiet an Rand des Indischen Ozeans, außerdem auch die ostafrikanische Küste südlich des Kaps Guardafui und die Insel Sansibar; der Einflussbereich der aufstrebenden Handelsmacht Oman breitet sich auch auf die untere Golfregion aus, de facto zählen große Gebiete der unteren Golfregion bis in die 50er Jahre des 20. Jahrhunderts zum omanischen Territorium, doch die Scheichs herrschen stets unabhängig vom omanischen Sultan/Imam.

- **1064:** Invasion der Seldschuken in Oman, die ihre Macht nur etwa achtzig Jahre halten können.
- **1071–1250:** Dynastie der Ayyubiden (Hauptstadt Kairo).
- **1250–1517:** Dynastie der Mamluken (Hauptstadt Kairo).
- **1487:** Eroberung Bahrains durch omanische Truppen.
- **Ende 15. Jahrhundert:** Blütezeit des Königreichs von Hormuz, zu dem neben der Golfinsel Hormuz auch Teile Omans, Bahrain und Julfar, eine bedeutende Hafenstadt nahe Ras al-Khaimah, gehört; das omanische Qalhat wird zu einer blühenden Stadt.
- **1507:** Eroberung von Hormuz, Bahrain und Muscat durch portugiesische Truppen.
- **1507–1650:** Herrschaft der Portugiesen am Golf, sie unterhalten Stützpunkte in einzelnen Küstensiedlungen, um ihre Seehandelswege zu sichern; Imam *Sultan bin Saif* vertreibt 1650 die Portugiesen aus Muscat, anschließend auch aus Ostafrika.
- **1517–1918:** Herrschaft der Osmanen und Zeitalter der europäischen Kolonialmächte.
- **1551–1669:** Osmanische Truppen dringen in die Golfregion und in Oman ein, Eingliederung diverser Gebiete in das osmanische Reich.
- **1602:** Ende der Portugiesenherrschaft in Bahrain, Beginn der Herrschaft durch die Perser.
- **1622:** Fall des portugiesischen Stützpunktes Hormuz an die von Großbritannien unterstützten Perser.
- **1624:** Wahl von *Nasir bin Murshid*, dem ersten Imam der Al-Ya'aruba-Dynastie in Oman.
- **Anfang bis Mitte des 17. Jahrhunderts:** Verdrängung der Portugiesen durch Perser und Briten sowie durch vordringende niederländische, französische und britische Händler; 1622 Schlacht einer britischen Flotte der Ost-Indien-Gesellschaft und der Perser gegen die Portugiesen und Vertreibung der Portugiesen von Hormuz.
- **1717:** Truppen des omanischen Sultans erobern Bahrain und unterdrücken die Bevölkerung.
- **1718:** Persische Invasionen in Oman.
- **1718–1747:** Bürgerkrieg im Oman wegen der umstrittenen Nachfolge von Imam *Sultan bin Saif II*, zeitweise Herrschaft von zwei Imamen, die beide 1743 starben; *Ahmad bin Said* wird 1747 erster Herrscher der Al-Bu-Said-Dynastie und zum neuen Imam gewählt, er vertreibt die Perser und beendet den Bürgerkrieg.
- **1753–76:** Bahrain untersteht Persien.
- **1760:** Einwanderung der Sippe der Al-Thani aus dem ostarabischen Binnenland im den Nordwesten Qatars; wenige Jahre später lässt sich

auch die Sippe der Al-Khalifa an der Nordwest-Küste nieder; das nachfolgende Jahrhundert ist geprägt von den Machtkämpfen der Al-Thani und der Al-Khalifa in Qatar.

- **1763:** Der Stamm der Al-Qawasim von Ras al-Khaimah kontrolliert die obere und untere Golfküste; sie erkennen die Macht des Herrschers in Muscat nicht an und greifen immer wieder omanische Schiffe an.
- **1783:** Die Al-Khalifa greifen die im Norden gelegene Insel Bahrain an und annektieren sie aus der Hand der Perser; Beginn der Herrschaft durch die Al-Khalifa über Bahrain; *Shaikh Ahmad bin Mohammed al-Khalifa* wird erster Regent.
- **1784:** *Hamad bin Said* regiert von Muscat aus, ohne sich als Imam wählen zu lassen, Spaltung des Oman in Imamat und Sultanat.
- **Ab 1787:** Saudische Wahabiten (reformistische Bewegung aus Zentralarabien, Begründer *Ibn Abdul-Wahab*) fallen in Qatar ein, unterwerfen die Al-Qawasim, erobern Bahrain und wollen die schiitische Bevölkerung zum Wahabismus bekehren; später fallen Wahabiten auch mehrfach in anderen Gegenden am südlichen Golf und in Oman ein; mehrfach Kämpfe um die Buraimi-Oasen.
- **1792:** Unter *Sultan bin Ahmad* wird Oman zur führenden Macht der Region.
- **Ab 1793:** Dauerhafte Besiedlung der Insel Abu Dhabi.
- **1799:** Truppen des Sultans von Muscat nehmen Bahrain ein; Hilferufe der Al-Khalifa an die Wahabiten, die sich daraufhin selber in Bahrain festsetzen; 1812 gelingt den mit den Omanis verbündeten Persern der Sieg über die Wahabiten.
- **17. und 18. Jahrhundert:** Piratentum verunsichert die Schifffahrt in den Golfgewässern; maßgeblich daran beteiligt sind die Al-Qawasim aus Ras al-Khaimah.
- **1804:** Beginn der Regierung von *Said bin Sultan*, unter dem Oman seine größte Ausdehnung erreicht; Bund mit Großbritannien im Kampf gegen die Al-Qawasim und die Wahabiten.
- **1809–1819:** Großbritanninen verbündet sich mit dem Oman und startet diverse Strafexpeditionen gegen Piratenstützpunkte an der südlichen Golfküste.
- **1811:** Truppen des Sultans von Oman nehmen Teile Qatars ein.
- **1820:** Abschluss eines Friedensvertrages zwischen Großbritannien und den Scheichs der so genannten „Piratenküste" sowie Bahrains; Beginn der britischen Golfpolitik.
- **1822:** Beginn der Herrschaft der Al-Thani-Dynastie über Qatar; bislang kaum in Erscheinung getreten gewinnt sie immer mehr Ansehen und bringt langsam die gesamte Ostküste Qatars unter ihre Kontrolle.

- **1829:** Sansibar wird zur zweiten Hauptstadt, später sogar Amtssitz des Sultans von Oman.
- **1833:** Das Scheichtum Dubai (bislang zu Abu Dhabi) wird gegründet.
- **1853:** Vertrag über „ewigen Waffenstillstand" zwischen Großbritannien und den Herrschern der Golfscheichtümer; Bezeichnung der südlichen Golfküste als „Waffenstillstandsküste" (engl. *Trucial Coast*).
- **1855:** Beginn der Herrschaft von *Shaikh Zayed bin Khalifa* über Abu Dhabi; er behauptet die Souveränität gegenüber den Briten und macht Abu Dhabi führend in der Perlenfischerei.
- **1856:** Tod von *Said bin Sultan* in Oman; daraufhin Teilung des Landes in ein Sultanat von Sansibar und in Sultanate von Muscat und Oman; innenpolitische Streitigkeiten; Oman gerät in Abhängigkeit von Großbritannien.
- **Ab 1860:** Kriegerischer Konflikt zwischen den Al-Thani von Qatar und den Al-Khalifa von Bahrain, die Westküste Qatars gehört zum Einflussbereich der Al-Khalifa.
- **1868:** *Shaikh Muhammad al-Thani* von Qatar sichert den Briten Frieden und die Anerkennung des britischen Protektorats am Golf zu, damit erkennen die Briten Qatar quasi als eigenständig an.
- **1867:** Ein offener Streit zwischen den Al-Thani und den Al-Khalifa bricht erneut aus und gipfelt in einem Sturm der Al-Thani auf Bahrain (unterstützt von Abu Dhabi); den Al-Khalifa gelingt der Sieg, doch die Briten sind über diese Friedensverletzung so empört, dass sie den herrschenden Shaikh der Al-Khalifa absetzen.
- **1869:** *Shaikh Isa bin Ali al-Khalifa* übernimmt die Herrschaft in Bahrain und beendet zurückliegende innere Machtkämpfe.
- **1871–1915:** Osmanen errichten eine Garnison auf der Halbinsel Qatar und das Land gehört zum Einflussbereich der Osmanen; die Al-Thani ersuchen Großbritannien zur Übernahme der Schutzherrschaft über die Halbinsel, doch diese lehnen ab.
- **1892:** Beginn der formellen britischen Protektoratsherrschaft über Oman, Bahrain und die Golfscheichtümer; wenig später werden Exklusivverträge abgeschlossen, in denen Großbritannien de facto die Schutzmacht gegenüber anderen Staaten und die Vertretung außenpolitischer Interessen übernimmt; die Briten sichern sich zudem das Recht, dass Konzessionsverträge zur Erschließung von Ölquellen nur mit britischen Staatsbürgern abgeschlossen werden dürfen; Niederlassung von Vertretern der britischen Regierung und von Militär.
- **Ende 19. – Mitte 20. Jahrhundert:** Durch das Friedensabkommen bedingt gelangt der internationale Perlenhandel zur Blüte.
- **1904:** Dubai wird zum Freihafen erklärt.

- **1911:** Bahrains Herrscher *Shaikh Isa al-Khalifa* unterzeichnet ein Abkommen mit Großbritannien, in dem er sämtliche außenpolitischen und wirtschaftlichen Rechte abtritt.
- **1913:** Wahl *Salim bin Rashid al-Kharusi* zum Imam von Oman, Auseinandersetzung zwischen Sultan und Imam, Gründung eines Ibaditenstaats.
- **1916:** Großbritannien übernimmt nun auch die Schutzherrschaft über Qatar, allerdings müssen die Al-Thani zusichern, keine Verträge mit anderen Staaten zu unterzeichnen.
- **1920:** Vertrag von Seeb, der Oman zwischen Sultan und Imam aufteilt.
- **Ab 1930:** Niedergang der Perlenfischerei in der Golfregion, teilweise wirtschaftliche Not und Abwanderung der Bewohner.
- **1927 und 1952:** Iran erhebt Anspruch auf Bahrain und erklärt 1957 das Land als seine Provinz, wagt es aufgrund des britischen Schutzes aber nicht, seine Ansprüche durchzusetzen.
- **1934:** Beginn der Erdölexporte Bahrains.
- **1949:** Beginn der Erdölexporte Qatars.
- **1955–59:** Aufstand gegen den Sultan von Oman; 1959 das Ende des Imamats; *Sultan Said bin Taimur* herrscht über das ganze Land.
- **1962:** Beginn der Erdölexporte Abu Dhabis.
- **1965–75:** Krieg im südomanischen Dhofar.
- **1966:** Beginn der Regentschaft von *Shaikh Zayed bin Sultan al-Nahyan* in Abu Dhabi.
- **1967:** Beginn der Erdölexporte Omans.
- **1968:** Ankündigung der Briten, bis 1971 ihre Verpflichtungen und kolonialen Vorrechte östlich von Suez aufzugeben.
- **1970:** Der UN-Sicherheitsrat empfiehlt die Unabhängigkeit Bahrains, Iran zieht seine Ansprüche endgültig zurück.
- **1970:** *Sultan Qaboos* übernimmt die Regierung des Sultanats Oman.
- **1971:** Staatsgründung der V.A.E. durch die Vertragsscheichtümer Abu Dhabi, Dubai, Sharjah, Ajman, Umm al-Quwain und Fujairah; die ebenfalls zum Beitritt gebetenen Scheichtümer Qatar und Bahrain verzichten auf die Mitgliedschaft und erklären sich in Übereinstimmung mit Großbritannien als selbstständige Staaten; sämtliche Verträge mit Großbritannien verlieren ihre Gültigkeiten.
- **1972:** Beitritt Ras al-Khaimahs als 7. Mitglied der V.A.E.
- **1981:** Gründung des Golfkooperationsrates (Abk. GCC).
- **1995:** *Shaikh Hamad bin Khalifa al-Thani* wird Staatschef Qatars.
- **1999:** *Shaikh Hamad bin Isa bin Salman al-Khalifa* wird Staatschef Bahrains.
- **2002:** Das Emirat Bahrain wird am 14. 2. 2002 zum Königreich erklärt.

Versammlungsraum der einstigen Al-Thani-Scheichs in Qatar

Staat und politisches System

„Ich bin noch nie zuvor im Lager eines großen Scheichs gewesen, und alles war neu und interessant. Und sehr schön: das sandige Tal und Abu Taijis großes, fünfmastiges Zelt, wo wir nachts saßen, während ein Mann von den Taten und Tagen aller Araber sang und Schalen mit Kamelmilch herumgereicht wurden, als die Mutterkamele mit ihren Kälbern zurückkamen - und nicht zuletzt Abu Taijis großartige Gestalt, die auf den Kissen neben mir saß, die weiße Keffieh über seine schwarzen Brauen fallend und seine Augen in Frage und Antwort funkelnd. Ich erlebte seine Rechtsprechung und fand sie gerecht. Ich hörte all seine Geschichten von der Wüste und schloß Freundschaft mit seinen Frauen. Du kannst Dein Haupt in seinen Zelten niederlegen und nachts schlafen und brauchst keine Angst zu haben."

(Gertrude Bell: „Ich war eine Tochter Arabiens")

Nahezu alle Länder der ganzen Arabischen Halbinsel stehen unter der Obhut eines Alleinherrschers. Nirgendwo sonst auf der Welt existiert eine solche **Ballung von Monarchien** – einzig der Jemen proklamiert, eine Republik zu sein.

Die **politische Stabilität** in den Golfemiraten und in Oman ist groß und lässt sich darauf zurückführen, dass die traditionell islamische Verknüpfung von arab. *Din wa Daula*, von „Glauben und Staat", besteht, denn dem Koran nach gibt es keine Trennung von beiden Elementen. Ein wahrer islamischer Staat sollte eine Theokratie sein, eine „islamische Republik" ist eigentlich ein Widerspruch in sich. Somit können autokratische Systeme religiös legitimiert sein – Widerstand gegen sie hieße Angriff auf die Religion.

Ein wichtiges Prinzip der **islamischen Staatsauffassung** ist das der Beratung (arab. *Shura*). Demnach sind Herrscher verpflichtet, bei wichtigen Entscheidungen den Rat anderer einzuholen. Die *Shura* wird im Koran (Koran 3:159 und Sure 42) empfohlen und soll von Muhammad praktiziert worden sein. Das Beratungs-Prinzip wird in allen Golfemiraten und in Oman eingehalten und gilt heute als Grundlage für Parlamentarismus.

Auch **Stammestraditionen** werden in den politischen Systemen der Golfemirate und des Oman gewahrt. Entsprechend alter Gewohnheiten ist es für nahezu alle Locals selbstverständlich, dass sie sich – falls erforderlich – persönlich an ihren Herrscher wenden können, ohne den Umweg über lange Verwaltungswege gehen zu müssen. Umgekehrt entspricht es der Stammestradition, wenn Oberhäupter direkt in die Arbeit der Verwaltung eingreifen können.

Petrodollar haben geholfen, die Monarchien in Arabien zu konservieren. Dank der Sorgfalt der Herrscher wandelten sich archaische Lebensstrukturen in ein Schlaraffenland öffentlicher Fürsorge. Weshalb sollten sich Menschen zu einem Umsturz aufraffen, wenn es ihnen wirtschaftlich gut (wenn nicht sogar großartig) geht, wenn ihnen der Staat Ausbildung, medizinische Versorgung, Kindergeld, Bauland oder gar unerarbeitetes Einkommen spendiert und noch nicht einmal Steuern kassiert?

Doch **Liberalisierung** ist in manchen Landen kein Fremdwort – auch wenn diese von oben verordnet ist und oberstes Ziel immer noch die Anerkennung des Monarchen ist.

V.A.E.

Der Staatenbund der Vereinigten Arabischen Emirate ist dem System nach eine föderative Monarchie, an deren Spitze als Präsident **His Highness Shaikh Zayed bin Sultan al-Nahyan** steht. Der Titel Emir ist in den V.A.E. nicht gebräuchlich, auch wenn der Staatsname zunächst darauf schließen lässt.

Kennzeichnend für das politische System der V.A.E. ist die spezifische **Verknüpfung staatlicher und tribaler Strukturen.** Die Herrscher der

Emirat	Scheich-dynastie/ Herrscher-familie	Herrscher
Abu Dhabi	Al-Nahyan	H.H. Shaikh Zayed bin Sultan al-Nahyan
Dubai	Al-Maktoum	H.H. Dr. General Shaikh Maktoum bin Rasheed al-Maktoum
Sharjah	Al-Qasimi	H.H. Dr. Shaikh Sultan bin Muhammad al-Qasimi
Ras al-Khaimah	Al-Qasimi	H.H. Shaikh Saqr bin Muhammad al-Qasimi
Fujairah	Al-Sharqi	H.H. Shaikh Hamed bin Muhammad al-Sharqi
Ajman	Al-Nuaimi	H.H. Shaikh Humaid bin Rasheed al-Nuaimi
Umm al-Quwain	Al-Mualla	H.H. Shaikh Rasheed bin Ahmed al-Mualla

sieben Emirate sind Oberhäupter ihrer Teilstaaten und zugleich Stammesführer mit einem Machtanspruch, der sich nicht allein auf ihre staatliche Funktion gründet, sondern auch dem hierarchischen Aufbau der Stämme und der Loyalität seiner Mitglieder entspringt.

Die **sieben Einzelemirate** werden von sechs Scheichdynastien regiert. „Sechs" für „sieben", weil aus der Al-Qasimi-Familie von Ras al-Khaimah im Laufe der Jahrhunderte mehrere Regenten unterschiedlicher Scheichtümer und Einflussgebiete abstammten.

Die V.A.E. besitzen eine **provisorische Verfassung.** Dieser Zustand ist politisches Kalkül, denn so lässt sich am besten der Rahmen einer föderativen Staatsorganisation abstecken und zugleich kann so den einzelnen Teilstaaten eine weitgehende Souveränität in ihren inneren Angelegenheiten überlassen werden.

Die einzelnen Emirate sind weitgehend **autonom,** die Macht des jeweiligen Herrschers bleibt unantastbar. An die Zentralregierung wurden so wichtige übergeordnete Zuständigkeiten für Außen-, Sicherheits- und Finanzpolitik übertragen.

Das höchste Bundesorgan bildet der **Oberste Rat,** der sich aus den Herrschern der sieben Emirate zusammen setzt. Alle wichtigen Entscheidungen benötigen die Zustimmung von mindestens fünf der sieben Herrscher (Abu Dhabi und Dubai haben Vetorecht). Der Oberste Rat wählt den Präsidenten und den Vizepräsidenten der V.A.E. Die „Obersten" formulieren die Politik der Föderation und überwachen ihre Ausführung. Ihnen obliegt die Ratifizierung von Gesetzesvorlagen und die Erstellung des Bundeshaushalts.

Der Präsident der V.A.E. beruft den Ministerpräsidenten und gemeinsam ernennen sie den **Ministerrat,** der aus 24 Ministern besteht. Der Ministerrat bereitet Gesetzesvorlagen vor und führt die Beschlüsse des Obersten Rates durch. Vor jedem neuen Gesetz werden die Vorlagen der Föderativen Nationalversammlung zur Diskussion vorgelegt.

Die Legislative bildet die **Beratende Nationalversammlung.** Sie setzt sich zusammen aus vierzig Mitgliedern, die von den Regenten der Teilstaaten ernannt werden. Die Anzahl der Vertreter richtet sich nach der Größe des Emirates.

Ein weiteres Verfassungsorgan ist der **Oberste Gerichtshof,** dessen wichtigste Aufgabe darin besteht, die Verfassungsmäßigkeit von Gesetzen zu prüfen.

Qatar

Seit 1822 wird Qatar in aristrokratisch-patriarchalischer Überlieferung von der Familie Al-Thani geführt. Staatschef – Emir – ist **His Highness Shaikh Hamad bin Khalifa al-Thani**. Er ist der achte Regent seines Geschlechts und übernahm mittels eines gewaltlosen Putsches die Staatsführung am 27.6.1995. 1950 geboren, ist er der jüngste Herrscher aller Golfstaaten.

Qatar ist eine **absolute Monarchie,** in der es kein Parlament und keine Parteien gibt. Staatsorgane sind eine beratende Versammlung, ein Ministerkabinett und ein Konsultativrat für kommunale Angelegenheiten. Staatsgrundlage ist eine provisorische Verfassung von 1970. *Shaikh Hamad* hat die Aufsetzung einer endgültigen Verfassung angekündigt. Alle Minister – von denen die meisten den Al-Thani angehören – werden vom Herrscher ernannt.

Ein Jahr nach seinem Amtsantritt trennte der Emir seinen eigenen Posten erstmals von dem des Premierministers. Auch die Pressezensur wurde aufgehoben und das Informationsministerium als Organ der staatlichen Medienkontrolle abgeschafft. Dies alles geschah im Zuge der von *Shaikh Hamad* eingeläuteten **Reform der Innenpolitik.** Für einen späteren Zeitpunkt ist die Wahl eines Parlamentes angekündigt. Schenkt man dem Glauben, so könnte dies in einer Art konstitutioneller Monarchie münden.

Bahrain

Seit 1783 herrscht die **Familiendynastie Al-Khalifa** über den bahrainischen Inselstaat.

Shaikh Isa bin Salman al-Khalifa ist der Vater des heutigen Herrschers und er regierte zusammen mit dem ihm ernannten Ministerpräsidenten und dessen Kabinett seit 1961. Den **Titel „Emir"** nahm er erst zehn Jahre später an, nachdem das Land seine Unabhängigkeit erklärt hatte. Das im Jahr 1973 gewählte Parlament wurde zwei Jahre später aufgelöst und die damals ausgearbeitete Verfassung außer Kraft gesetzt. Seitdem wird das Land von den Dekreten des Emirs regiert. 1992 wurde eine beratende Versammlung ins Leben gerufen, welche die Regierung beraten und überwachen soll.

Im März 1999 starb *Shaikh Isa* und sein ältester Sohn **Shaikh Hamad bin Isa bin Salman al-Khalifa** übernahm die Staatsführung. Er ist, seit Februar 2002 als König, der elfte Herrscher der Al-Khalifa.

Von besonderer **innenpolitischer Brisanz** ist, dass die Al-Khalifa Sunniten sind, wohingegen sich die Mehrheit der bahrainischen Bevölkerung zum schiitischen Glauben bekennt.

Das Sultanat Oman ist eine absolute Monarchie, die von einem überaus aufgeklärten Sultan geleitet wird. Zielstrebig und weltoffen hat **His Majesty Sultan Qaboos bin Said al-Said** binnen drei Jahrzehnten aus einem armen, von der Außenwelt abgeschotteten Land einen wirtschaftlich aufstrebenden, modernen Staat entstehen lassen.

Sultan Qaboos wurde am 18. November 1940 in Salalah, in der Südprovinz Dhofar, geboren. Im Juli 1970 sah er die Chance zur Öffnung und Modernisierung seines isolierten, verarmten und von einem Guerillakrieg geplagten Landes und löste seinen despotisch herrschenden Vater *Sultan Said bin Taimur* ab. Nach dessen Abdankung übernahm *Qaboos* die Regierungsgeschäfte und wurde von seinem Volk stürmisch begrüßt. Er hält an vielen Elementen des traditionellen islamischen Herrschaftssystems fest und versucht sie in Einklang mit der modernen Staatsverwaltung zu bringen.

Es entstand ein **Regierungsapparat** mit einem Kabinett aus Ministern, Staatssekretären und Sonderbeiräten, die von *Sultan Qaboos* bestimmt werden und ihm direkt verantwortlich sind. Er selbst hat die Posten des Premierministers sowie des Verteidigungs-, Finanz- und Außenministers inne. Die höchste exekutive Gewalt stellt der vom Sultan ernannte Ministerrat dar.

Parteien und ein gesetzgebendes Parlament gibt es nicht. **Alle Macht geht vom Sultan aus,** der die oberste exekutive, legislative und judikative Gewalt innehat. Alle Gesetze werden von *Qaboos* persönlich in Form von „Königlichen Erlassen" verabschiedet.

Trotz dieser Machtbefugnisse sehen Omanis in ihrem Staatsoberhaupt alles andere als einen „absolutistischen Monarchen". Sie erkennen ihn vielmehr als einen **weisen Vater** an, der ihrem Land eine neue, glanzvolle Epoche und ihnen Freiheit, Modernität und Wohlstand beschert hat. Nach über einhundert Jahren Stagnation wurden Leben, Geist und Zivilisation „wieder geboren".

Mit der Tatsache, dass in Oman die Vertreter des **„Beratenden Staatsrates"** (arab. *Majlis ash-Shura*) von Regierungsvertretern vorgeschlagen und vom Sultan akzeptiert werden, unterscheidet sich das System deutlich von dem der Golfemirate, wo eine direkte Nominierung durch die Herrscher üblich ist.

Nicht nur dies weist darauf hin, dass die Tage des traditionellen Sultanats gezählt sind und Oman sich auf einem **Weg in eine konstitutionelle Monarchie** befindet: Im November 1996 wurde auf Geheiß von *Sultan Qaboos* die Verfassung des Staates verkündet. Darin werden alle

Aspekte des Staatsapparates geregelt und die Richtlinien zur Thronfolge formuliert. Auch das Ziel, eine Ratsversammlung zu begründen, die in Zusammenarbeit mit dem Beratenden Staatsrat Entscheidungsprozesse vereinfachen und die Zusammenarbeit zwischen dem Volk und der Regierung fördern soll, ist fest geschrieben. Seit diesem Jahr ist auch die Frage der Thronfolge von *Sultan Qaboos* geklärt, denn er hat keine Kinder (was nur bei wenigen arabischen Herrschern der Fall ist). Wenn nicht der vorherige Sultan persönlich seinen **Nachfolger** bestimmt, so ist dies Aufgabe des Familienrates der *Al-Bu Said,* der für diese wichtige Entscheidung allerdings nur drei Tage Zeit hat.

Soziale Strukturen

„Ihr Menschen! Wir haben euch geschaffen (indem wir euch) von einem männlichen und einem weiblichen Wesen (abstammen ließen), und wir haben euch zu Verbänden und Stämmen gemacht, damit ihr euch (auf Grund der genealogischen Verhältnisse) untereinander kennt. (Bildet euch aber auf eure vornehme Abstammung nicht zu viel ein!) Als der Vornehmste gilt bei Gott derjenige von euch, der am frömmsten ist. Gott weiß Bescheid und ist (über alles) wohl unterrichtet.“

(Koran 49:13)

Bevölkerungsgruppen und soziale Hierarchien

Die meisten Einwohner der Golfemirate und des Oman sind **Araber** und gehören einem bestimmten Stamm an. **Stammesverbundenheit** spielt eine wichtige Rolle, Traditionen und Gesetze einer Beduinengemeinschaft existieren weiterhin intern und machen einen Teil des gesellschaftlichen (und politischen) Systems aus. Machtvolle und einflussreiche Stellungen hängen natürlich auch – wie überall – vom **Geld** ab. Und eine Art „goldener Schlüssel" mit Zugang zu weit reichenden Privilegien sind **Beziehungen** zum jeweiligen Herrscherhaus.

An der Spitze der Gesellschaften der **Golfemirate** stehen Scheichs und Sippen führender Stämme.

Die **Scheichs** sind die uneingeschränkten Aristokraten ihrer Länder und allesamt beduinischen Ursprunges. Sie haben sich längst vom Nomadentum verabschiedet und leben in Prachtvillen oder Luxusappartements. Viele beziehen von ihren Stammesherren (und somit vom Staat) üppige Scherflein, den Petromilliarden sei Dank. Etliche sind Ölmagnaten, Minister, Staatssekretäre, Bankdirektoren, Baumagnaten, Generäle oder Großunternehmer. Doch das eher nebenberuflich, denn die Hauptbeschäftigung besteht darin, das süße und superreiche Leben zu genießen. Die meisten Edelmänner der Wüste arbeiten nicht, dies tun andere für sie. Diese entscheidungsfällende und prioritätensetzende Gesellschaftsschicht ist nahezu homogen und wie eh und je den traditionellen Ordnungsmustern verpflichtet.

Den Scheichs folgen die **Staatsbürger** (arab. *Mawaten*), die sich zusammensetzen aus eingeborenen Beduinen-Arabern (arab. *Bedu*), welche die einfache Stammesbevölkerung bilden, und langjährig ansässigen Zuwanderern – zumeist sind sie iranischen und indischen Ursprungs. Unter diesen gibt es große Händlerfamilien, die über viel Macht und Einfluss verfügen. Viele von ihnen verdanken ihren Reichtum dem Perlenhandel und Warenschmuggel mit Indien vor der Unabhängigkeit. Die Einheiratung in herrschende ansässige Familien öffnete ihnen die Pforte zu politischer Macht.

Neben diesen Einheimischen (engl. *Locals*) zählen zahlreiche **Fremdarbeiter** zu den Einwohnern der Golfemirate (und des Oman) – sie bilden die unterste Gesellschaftsschicht (siehe unten).

Auch wenn die meisten Bewohner **Omans** Araber sind, so leben daneben zahlreiche andere Bevölkerungsgruppen – mehr als in jedem anderen Land der Arabischen Halbinsel.

Zur omanischen **Oberschicht** gehören alle Angehörigen der Herrscherfamilie. Weiterhin zählen dazu Oberhäupter und Stammesälteste traditionell bedeutender Stämme, Minister und hohe Angestellte in staatlichen und halbstaatlichen Institutionen, Inhaber von hohen Posten im Militär und bei der Polizei. Auch langansässige reiche Einwanderer, einflussreiche Geschäftsleute und westliche Experten gehören zu dieser Schicht.

Auffallend viele Omanis zeigen afrikanisch-negride Züge, denn die meisten von ihnen sind Nachkommen von in ehemals omanisch-ostafrikanische Gebiete ausgewanderten und später zurückgekehrten Omanis. Sie werden allgemein als **Sansibaris** bezeichnet, denn die meisten stammen von der Insel Sansibar, die heute zum ostafrikanischen Tansania gehört, aber in Vergangenheit lange dem Sultanat Oman unterstand. Obwohl sie den arabischen Stammesstrukturen relativ gering verhaftet sind, ist ihr sozialer Rang nicht unbedingt niedrig, denn heute haben viele Sansibaris hohe und einflussreiche Posten in der Verwaltung inne. Sie halten neben ihrer omanischen auch ihre afrikanische Identität, z. B. durch die Sprache Swahili, lebendig.

Ebenfalls zu solchen „Neu-Omanis" zählen zahlreiche **Inder, Pakistanis oder Balutschi,** die vornehmlich in der Küstenregion Nordomans leben. Alle drei ethnischen Gruppen sind nichtarabischer Abstammung und sprechen ihre heimische Sprache, jedoch gehört die Mehrzahl der Pakistanis und Balutschi dem Islam an.

Viele Angehörige dieser Volksgruppen leben **seit Generationen** mit ihrer Familie im Land. Im Zuge des jahrhundertelangen internationalen Seehandels ließen sie sich in den Küstenstädten Omans nieder. Heute sind sie nationalisiert und gehören als Händler, Kaufleute, Handwerker oder Bedienstete im privaten und staatlichen Sektor zur omanischen Mittelschicht.

Die breite Masse der Menschen vom indischen Subkontinent sowie aus Südostasien kam allerdings erst mit Anbruch des Erdölzeitalters als **Gastarbeiter** in das Sultanat und zählt eher zur sozialen Unterschicht.

Im **Norden und Süden Omans** zeigt sich eine andere Zusammensetzung der Bevölkerung. In der Exklave Musandam, im äußersten Norden der Arabischen Halbinsel, leben die *Shihuh,* eine Volksgruppe, die sowohl arabische als auch persische Einflüsse aufweist, und die iranstämmigen *Kumzari.* Auch in der südlichsten Provinz Dhofar gibt es vielerlei Ethnien: In der Küstenzone überwiegen Araber, die vom Typ her mit den kleinen schlankwüchsigen Jemeniten aus dem Hadramaut-Tal verwandt sind. Im Gebirge leben viehzüchtende und nomadisierende *Jebali,* die ihren eigenen, dem Arabischen ähnlichen Dialekt sprechen.

Beduinenstämme

Alle Stämme der Golfregion und in Oman sind **patrilinear organisiert,** d. h. maßgebend ist die vaterrechtliche Abstammung. Die gesellschaftliche Stellung eines jeden wird im Besonderen dadurch definiert, ob er einem Stamm angehört, wie dessen Ruf ist und welche Position er in ihm einnimmt.

Das größte Ansehen genießt der Stammesführer, der **Scheich** (arab. *Shaikh*), der meist auch Stammesältester ist. Aber auch andere weise und würdevolle ältere Stammesmitglieder können diesen Rang einnehmen. Mitunter sind auch jüngere Personen Träger dieses Ehrentitels. Scheich wird man eigentlich durch Erbfolge, jedoch bestimmen manche Stämme ihren Anführer durch Abstimmung.

Alle Scheichs und Ältesten nehmen als **Stammesrat** (arab. *Majlis*) an großen Sitzungen teil, in denen alle wichtigen politischen Angelegenheiten besprochen werden. Zu bedeutsamen Versammlungen fliegen Mitglieder aus dem Ausland ein und Unabkömmliche stimmen per Fax oder E-Mail ab. Die gefallenen Mehrheitsentscheidungen sind Grundlage für Verhandlungen mit den staatlichen Institutionen und dem Herrscherhaus. Jeder Einheimische hat das Recht, den Scheichs seine Probleme vorzutragen, die sich dann um eine Lösung bemühen. In vergangenen Zeiten hatte der Stammesrat auch die Macht zur Rechtsprechung, heute übernehmen dies Gerichte.

Wird das Oberhaupt von einem Teil des Stammes nicht (mehr) anerkannt, kann es zu einer **Spaltung des Stammesverbandes** kommen, was in der Vergangenheit häufig der Fall war. Infolge solcher Aufteilungen oder auch durch Verselbstständigungen von Teil- oder Unterstämmen hat sich die Zahl der Stämme im Laufe der Zeit immer mehr erhöht. Die Frage nach ihrer heutigen Anzahl lässt sich wegen der Schwierigkeit der Unterscheidung in einzelne Stammesgruppen, Föderationen, Fraktionen, Familienclans, Unterstämme oder Teilstämme und dem damit verbundenen Selbstverständnis der Gruppen nicht eindeutig beantworten.

Klar ist aber die **soziologische Rangfolge:** Jede Beduinenfamilie ist in einen Stamm integriert, Familien können sich als Clan zusammenschließen, jeder Stamm gehört zu einer Stammesföderation und diese wiederum zu einer politischen Fraktion, die eine bestimmte geographische Herkunft aufweist.

An der Golfküste und in Oman dominierten über Jahrhunderte **zwei große Stammesfraktionen,** die ihre Stammbäume bis auf die ersten arabischen Einwanderer zurückführen: zum einen die aus dem Südjemen eingewanderten *Hinawi* und zum anderen die aus Zentralarabien stammenden *Ghafiri.* Neben der unterschiedlichen geographischen Herkunft und der ungleichen Abstammung trennen sie politische Spannungen. Diese haben ihre Ursache in der ersten Hälfte des 18. Jahrhunderts, als Streitigkeiten um das Nachfolgeamt des Imam die Gemüter zerstritten und in einem 20-jährigen Bürgerkrieg gipfelten.

Solche **Stammeskonflikte** und Kampfhandlungen untereinander, mangelnde Solidarität und Missgunst im Kampf ums Überleben waren in der Geschichte am südlichen Golfufer und in Oman allzu oft Ursache für Armut und Tod. In der alten Stammesgesellschaft waren Streitigkeiten um Wasser, Land oder Weidegründe unvermeidlicher Ausdruck wechselnder Kräfteverhältnisse. Mit der Unabhängigkeit kam es dann zur Demarkierung fester Grenzen, entsprechend der Idee eines Nationalstaates mit einer für dieses Gebiet bestimmten Souveränität.

Wichtigstes Ziel der **Stammespolitik** der Golfstaaten und des Oman seit ihrer Unabhängigkeit war die Aufhebung individuell-tribaler Führungsansprüche und die Anerkennung der Regierungsorgane und der Herrscherfamilie als Staatsmacht. In den Vereinigten Arabischen Emiraten war es innenpolitisches Ziel Nummer Eins, dass die mitunter jahrhundertealten Missstimmigkeiten und Spannungen sich in Grenzen halten und der Gedanke von Einigkeit und Gemeinsamkeit sich festigt. Dazu ein Zitat von *Shaikh Zayed bin Sultan al-Nahyan: „Unser Experiment eines Staatenbundes erwachte vor allem aus dem Verlangen, die Bindungen, die uns zusammenhalten, zu verstärken, als auch aus der Überzeugung aller, dass sie Teil einer Familie waren und dass wir uns zusammen unter einer Führung zusammenschließen müssen. (...) Wir hatten nie eine Erfahrung mit einer staatlichen Föderation, aber unsere Nähe zueinander und die verwandschaftlichen Bindungen zwischen uns sind Faktoren, die uns zu der Erkenntnis führten, dass wir einen Staatenbund errichten müssen, welcher die frühere Uneinigkeit und Zersplitterung ausgleichen soll."*

Geschlechtertrennung

In den Gesellschaften der Golfemirate und des Oman haben **Frauen und Männer eigene Lebenswelten** und Aufgaben. Diese Geschlechtertrennung ist übrigens ein weltweit verbreitetes Phänomen und keine „Erfindung" der Muslime.

Den islamischen Regelungen nach gilt für beide Geschlechter das **Prinzip der Verhaltensbegrenzung.** Spätestens ab der Pubertät soll unbeobachtetes Zusammensein von nichtverwandten oder unverheirateten Damen und Herren auf ein Minimum reduziert werden. Dies bringt für alle Einschränkungen des Handlungsspielraumes und der Bewegungsfreiheit mit sich. Auch Fremde müssen diese Geschlechtertrennung akzeptieren und in manchen Situationen praktizieren (siehe: „Als Tourist unterwegs").

Etliche **öffentliche Bereiche** sind von der Geschlechtertrennung gekennzeichnet. Vielerorts haben Restaurants oder Cafés eigene Räumlichkeiten für Frauen und Familien (engl. *Family Room*). Auch werden spezielle Frauentage (engl. *Ladies Day*) angeboten, z. B. in Bibliotheken, Museen, Parks, Kinos, Sportstätten, Behörden, Postämtern oder Bankfilialen. Die meisten Hochschulen haben getrennte Fakultäten sowie natürlich Unterkünfte. An manchen Orten gibt es auch spezielle Wochenmärkte von Frauen – für Frauen. Diese Separation dient nicht dem Zweck, „Sie" zu diskriminieren oder aus der Öffentlichkeit zu „verbannen", sondern soll orthodoxen Damen (bzw. den Ehefrauen strenger Muslime) die Inanspruchnahme solcher Institutionen und ein ungestörtes „Unter sich sein" ermöglichen.

Der Fakt der Geschlechtertrennung existiert auch im privaten, **familiären Rahmen.** In traditionellen Haushalten wohnen Frauen und Männer in getrennten Bereichen und selbst bei Familientreffen oder Festen separieren sich meist die Geschlechter.

Dank des Reichtums können vor allem in den V.A.E. und Qatar viele einheimische **Frauen** ein Hausarbeit-freies Dasein genießen, denn ausländisches Dienstpersonal sorgt für Ordnung – keine Local-Frau würde sich bei einer andern als Kinderfrau, Putzfrau oder Köchin verdingen. Ihre freie Zeit füllen sie aus mit dem Treffen weiblicher Verwandter oder Freundinnen, dem Schaufensterbummel, dem Besuch von Modenschauen, Kunstausstellungen, Sprachschulen oder Cafés. Unstatthaft sind dagegen Unternehmungen mit nichtverwandten Männern oder gar Diskobesuche. *Freya Stark* beschreibt in „Die Südtore Arabiens" Frauenrunden mit ihrem ureigenen Wortwitz: *„Wie die Frauen es überhaupt fertigbrachten, ihren Tag auszufüllen, ist mir nie klargeworden. Sie gaben sich nicht mit Stickerei ab, obwohl sie ihre Kleider selber machten – doch das war ebenso einfach wie einen Sack zu nähen; der kunstvolle Brustbesatz hingegen mit seinen Plättchen und Perlen und Gold- und Silberornamenten wurde an Berufsstickerinnen außer Haus gegeben. Manchmal kochten sie*

Bahrainische Männer beim Spieleabend

Szene auf einem omanischen Frauenmarkt

oder überwachten die Küche, und das mochte dann viel Arbeit bedeuten in einem Haushalt, wo zu jeder beliebigen Zeit eine beliebige Anzahl treuer Stammesleute zu Gast erscheinen konnte und bewirtet werden mußte. Den größten Teil des Tages verbrachten sie mit gegenseitigen Besuchen von einem Haus der Festung zum andern oder mit dem Empfang von Freundinnen aus dem Häusergenist des Dorfes 'Ora unten im Tal. (...) Kein Mann durfte unangemeldet diese heiligen Räume betreten, außer Mahmud, dem Türhüter, der das Tor der Festung mit einer Kette von oben bediente. Er war ein bevorzugter Gefolgsmann, im Hause der Ba Surra geboren und aufgezogen, ein munterer, kleiner junger Bursche mit einem Buckel und einem runden Bartbüschel auf dem runden Kinn. Er kam immer hereinstolziert wie ein Hahn zu seinen Hennen, mit zwei oder drei Paar bunten Manschettenknöpfen statt Knöpfen vorn an seiner weißen Jacke. Er machte sich jedesmal lustig über die zimperlicheren Besucherinnen von außerhalb, die ihre Gesichtstücher herunterzogen, sobald er erschien. Als ich krank war, kam er immer zu mir mit einem: ‚Taib, taib. Gut, wie geht's? Jetzt ist alles wieder gut, wenn Gott will' – wobei er jegliche Bemerkung völlig unbeachtet ließ. Denn war er nicht ein Mann? Lag nicht der Klang sinnlosen weiblichen Geschwätzes unter seiner Würde, ein bloßes Geräusch, nicht mehr? Manchmal, wenn Geschnatter der Damen überhaupt nicht mehr aufzuhören schien, war ich geneigt, ihm beizupflichten."

Verheiratete Frauen kümmern sich sehr um ihre Kinder und Familie, allerdings findet ein geselliges Beisammensein im Kreise von **Vater, Mutter und Kindern** trotz viel freier Zeit oft vergleichsweise selten statt.

Zum einen weil die **Männer** ihrem Beruf nachgehen, aber zum anderen verbringen auch sie ihre Freizeit gerne – oder lieber – unter ihresgleichen. Sie treffen sich zu Kaffee, Tee, Wasserpfeife und Smalltalk, nehmen gemeinsam an Falkenjagden teil, besuchen Kamelrennen, treiben Sport oder reisen ins Ausland.

Emanzipation der Frauen

In allen in diesem Buch vorgestellten Ländern gibt es auffällige politisch getragene Bemühungen der **Emanzipation und Partizipation** von Frauen als gleichwertiger und auch staatstragender Teil der Öffentlichkeit. Diese emanzipatorischen Entwicklungen sind keineswegs zu jedermann (bzw. zu jeder Frau) durchgedrungen, doch zeigen sie mitunter sehr deutliche Wirkung.

Insbesondere in **Bahrain** und in **Oman** werden Besucher schnell feststellen, dass Frauen entgegen gängiger Vorurteile keineswegs aus dem öffentlichen Leben „verbannt" sind. In Souqs verkaufen sie ihre Waren und feilschen als Käuferinnen lautstark um den Preis, in Parks flanieren sie heiter mit ihrer Familie umher, treffen sich in Einkaufszentren mit ihren Freundinnen und steuern ihre Geländewagen selber durch die Straßen. In Bahrain schmauchen junge Damen in aller Öffentlichkeit und im Beisein junger Männer eine Wasserpfeife.

Ansonsten kann es in **Qatar** oder in den **V.A.E.** prinzipiell ähnlich zugehen, aber sieht man genau hin, so lässt sich feststellen, dass viele Frauen sich dort seltener in der Öffentlichkeit aufhalten, Unauffälligkeit bevorzugen und lieber unter sich bleiben. Hier lässt „Frau" sich lieber vom Chauffeur fahren und bevorzugt „männerfreie Bereiche".

Nur wenige arabische Herrscher fordern und fördern so engagiert die **Gleichstellung der Frauen** wie der omanische *Sultan Qaboos*. In politischer Hinsicht gelten Frauen als ein ebenso staatstragender Teil der Gesellschaft wie Männer. So können auch Frauen als Deligierte in die „Majlis al-Shura", den beratenden Staatsrat, gewählt werden – und werden es auch (ein ähnliches Prinzip gilt in Bahrain).

In allen Ländern garantieren **Sozialgesetze** Frauen staatliche Zuwendungen, z. B. wenn sie zum minderbemittelten Teil der Gesellschaft gehören, im Falle einer Scheidung, eines Schwangerschaftsurlaubes, einer Kündigung oder auch wenn ihr Ehemann von ihr getrennt lebt, inhaftiert wird oder stirbt.

In den V.A.E. können Frauen auch in die **Armee** eintreten. Bereits seit 1992 stehen ihnen alle möglichen Posten offen, auch der Dienst an der Waffe, jedoch werden Frauen nicht zu Einsätzen in Kampfgebiete gesandt. Es wurden spezielle 6-monatige theoretische und praktische Trainingsprogramme für die Soldatinnen entwickelt. Innerhalb der Armee arbeiten die Frauen Schulter an Schulter mit ihren männlichen Kollegen.

Für die **Frauenbewegung** der Vereinigten Arabischen Emirate eine maßgebliche Rolle spielt das Engagement der Ehefrau des Präsidenten. *Her Highness Sheikha Fatima bint Mubarak* widmet sich schon über 25 Jahre dem Ziel, dass Frauen einen gleichberechtigten Platz an der Seite der Männer einnehmen und beim Aufbau einer neuen Gesellschaft und eines modernen Staates aktiv involviert sind. Die „First Lady" ist Vorsitzende der „Emirates Women Association", der sehr aktiven Frauenvereinigung der. V.A.E. *Shaikha Fatima* ist nicht nur der führende Kopf der Frauenbewegung, sie war auch ihre Begründerin. Ein Zitat von ihr: *„Die Unterstützung für Frauen wurzelt in den Lehren des Islam, im kulturellen Erbe und den Traditionen der V.A.E. sowie auch in der vernünftigen Ansicht des Präsidenten Shaikh Zayed bin Sultan al-Nahyan. Dies gibt Frauen die Gelegenheit, die höchsten Bildungsstufen zu erreichen, in alle Berufsfelder vorzudringen, sich als Stütze der Gesellschaft zu etablieren und festigt den Glauben an ihre eigenen Fähigkeiten und begründet ihr Vertrauen in die Gesellschaft."*

Sowohl in den Golfemiraten als auch in Oman stehen Frauen die gleichen **Bildungsmöglichkeiten** offen wie Männern. Der Frauenanteil an Fachschulen und Universitäten ist zum Teil höher (in den V.A.E. liegt er bei 70 %) als der Männerprozentsatz. In der High-Society ist es nicht ungewöhnlich, dass junge Frauen im Ausland studieren.

Doch trotz einer fundierten Ausbildung widmen sich die meisten einheimischen Frauen in den V.A.E. und Qatar nach der Hochzeit einzig dem **Familienleben.** Wegen der festen Familienbande gibt es für sie keinerlei Notwendigkeit oder Verlangen, finanzielle Unabhängigkeit zu erlangen. Frauen, die voll im Berufsleben stehen, sind in den V.A.E. und Qatar meist arabische Frauen ägyptischer, syrischer oder palästinensischer Herkunft.

In Bahrain und Oman sind dagegen vergleichsweise viele einheimische Frauen **berufstätig.** Sie arbeiten auf Postämtern, in Banken, Verwaltungsbüros, Ministerien, Museen und sogar bei der Polizei. Als Labortechnikerin, Lehrerin oder Fernsehmoderatorin stehen sie selbstbewusst und engagiert „ihren Mann". In Regierungsposten wie auch in anderen Berufen ist es selbstverständlich, dass sie wichtige und leitende Positionen einnehmen. Egal ob vom Staat oder von privaten Firmen angestellt, für ihre Arbeit bekommen sie den gleichen Lohn wie ihre männlichen Kollegen – ein Zeichen von Emanzipation, das in „westlichen" Ländern längst nicht überall erreicht ist.

Einheimische und Gastarbeiter

„Das Leben der Beduinen war hart, selbst für diejenigen, die darin aufgewachsen waren, und für Fremde war es entsetzlich - der Tod mitten im Leben."

(T. E. Lawrence: „Die sieben Säulen der Weisheit")

Mit Beginn der Erdölförderung setzte in allen im Buch vorgestellten Ländern ein **gewaltiger Zustrom ausländischer Arbeitskräfte** ein. Der Grund lag darin, dass die landeseigene Bevölkerung weder der Anzahl, noch dem Ausbildungsstand nach zur Bewältigung der bevorstehenden Arbeiten und Aufbauprozesse in der Lage gewesen wäre. Die Anwerbung von Hilfskräften garantierte den überall raschen Landesaufbau. Infolge dieser Zuwanderung setzte in allen Staaten ein zum Teil enormes Bevölkerungswachstum ein. Heute ist eine deutliche **Zweiteilung der Bevölkerung** der Golfemirate und des Oman in Einheimische und Gastarbeiter auffällig.

Der allgegenwärtige Antagonismus von Modernisierung und Tradition birgt gesellschaftliches Konfliktpotential, in dessen Kontext auch die Problematik der **„Überfremdung"** gehört. Vor allem in den V.A.E. und Qatar wird die Tatsache, dass der Gastarbeiteranteil über drei Viertel der Bevölkerung ausmacht, mit wachsender Sorge betrachtet. Viele fürchten Überfremdung, insbesondere wegen der vielen Einwanderer vom indischen Subkontinent. Um den sozialen Frieden nicht aufs Spiel zu setzen und die islamische Identität zu wahren, wurden in den letzten Jahren vorrangig arabische Gastarbeiter eingestellt und anderen die Aufenthaltsgenehmigung nicht verlängert. In Oman bilden dagegen Inder den Großteil der ausländichen Bevölkerung.

Bevölkerungszahlen und -strukturen

Von allen im Bucht thematisierten Ländern sind die **Vereinigten Arabischen Emirate** das bevölkerungsreichste. Rund 2,9 Millionen Menschen leben in den sieben Emiraten, die meisten davon im Emirat Abu Dhabi (1.127.000), doch die größte Stadt ist Dubai mit seinen 858.000 Einwohnern. Der Ausländeranteil in den V.A.E. liegt bei knapp 80 % – Einheimische sind also deutlich in der Minderheit.

Ähnlich ist es in **Qatar**, in dem auch rund 80 % der 610.000 Einwohner landesfremd sind. Zum Vergleich schätzte der britische Historiker J. G.

Lorimer die Einwohnerzahl im Jahre 1913 auf 27.000. Der Zuwachs der Bevölkerungszahl ist also immens, bedingt durch den scharenweisen Zuzug von Gastarbeitern im Zuge des Erdölwohlstandes.

Anders sieht es in **Bahrain** aus, wo von den rund 620.000 Einwohnern nur knapp 177.000 Ausländer sind. Mit diesem Prozentsatz von 28 % ist Bahrain der Golfstaat mit dem niedrigsten Fremdenanteil. Auffallend: Ca. 80 % aller Ansässigen sind keine 45 Jahre alt. In der Hauptstadt Manama leben rund 220.000 Menschen, was rund 36 % der Landesbewohner ausmacht.

Auch in **Oman** ist die einheimische Bevölkerung in der Mehrheit. Von den rund 2,2 Millionen Einwohnern sind rund 27 % Nicht-Omanis. In der Region um die Hauptstadt Muscat ist der Ausländeranteil mit knapp 50 % am höchsten. Etwa 60 % der Bevölkerung leben in der Hauptstadtregion und der nördlichen Küstenebene Batinah. Die südliche Provinz Dhofar ist die mit der zweithöchsten Einwohnerzahl. Der Rest des Sultanats ist nur punktuell besiedelt.

Übrigens: In **Deutschland** liegt der Ausländeranteil bei rund 5 %.

Locals

Mit **Einheimischen** (engl. *Locals*) bezeichnet man die eigentliche Ur-Bevölkerung der einzelnen Länder, also die Nachfahren und Angehörigen der schon seit Jahrhunderten dort lebenden Beduinenstämme.

Denjenigen, die in ihrer Ahnenfolge direkt mit den Herrscherdynastien verwandt sind, geht es heute so gut wie wahrscheinlich nirgendwo sonst auf der Welt. Wer das Glück hat, dieser **Mayflower-Schicht** anzugehören, ist ein gemachter Mann – nicht unbedingt wegen der eigenen Leistungen, sondern wegen der Loyalität, die im alten Stammesverband herrscht und die alle Mitglieder an den Erfolgen des Wirtschaftsbooms Anteil haben lässt. Führende – und überdurchschnittlich gut bezahlte – Posten aus den Bereichen Politik, Wirtschaft und Verwaltung sind stets in den Händen der Locals.

In den vergangenen Jahren bestand das Manko, dass nur wenige Einheimische über eine ausreichende **Berufsqualifikation** verfügten, doch auf Grund des guten Bildungswesens wandelt sich diese Situation. Denn es ist in allen Golfemiraten und Oman ein bedeutsames arbeitspolitisches Ziel, dass immer mehr einheimische Fachleute die ausländischen ersetzen sollen. Der Zustrom ausländischer Arbeiter soll verringert werden, man will einheimische Manager, Mediziner, Techniker, Regierungsbeamte und Verwaltungsfachleute ausbilden und einsetzen, auch um unabhängig(er) von ausländischem Know-How zu werden.

Die Schaffung von Arbeitsplätzen in Regierung und Verwaltung soll diesen Prozess unterstützen. Deshalb werden **Jobs im öffentlichen Dienst** sehr gut bezahlt. Da zudem die Arbeitszeiten attraktiver als im privaten Sektor sind, führt dies dazu, dass diese Stellen sehr begehrt sind und mehr Bewerber als Stellen da sind.

In der **Privatwirtschaft** dagegen fällt es insbesondere lokalen Firmen und Organisationen trotz finanzieller Anreize schwer, für die mittlere Managementebene einheimische Arbeitskräfte zu finden. Den „Teufelskreis" perfekt macht der Fakt, dass auf Grund der vielfältigen staatlichen Unterstützungen eigentlich für keinen Local die wirtschaftliche Notwendigkeit zu arbeiten besteht.

Besonders prekär ist diese Situation in den **V.A.E.** und **Qatar. Oman** hat sich zum Ziel gesetzt, dass in Zukunft auch ein Großteil der vermeintlich weniger attraktiven Jobs im Dienstleistungsgewerbe, im Handel und in der Baubranche durch Einheimische besetzt werden soll. Die Begeisterung der Omanis für solche Tätigkeiten hält sich aber in Grenzen, und damit besteht die Gefahr, dass das oben beschriebene staatliche Ziel der „Omanisierung" ad absurdum geführt wird und eine Arbeitslosigkeit unter den Einheimischen nach sich zieht. Ähnliche Maßnahmen und Tendenzen gibt es in den V.A.E., dort ist man im Zuge der Emiratisierung auch um die Entwicklung eines Rentensystems von Privatfirmen bemüht. Als Folge dieser kostenintensiven Anordnung nimmt nun der Stellenabbau zu und das Lohnniveau sinkt.

Seit Generationen ansässige Einwanderer

Nicht nur alle Locals sind Bürger in den einzelnen Ländern der Golfemirate und des Oman. Auch seit Generationen ansässige **pakistanische, persische oder indische Minoritäten,** deren Vorfahren meist als Händler in das Land kamen, können die Staatsbürgerschaft besitzen – kommen aber nicht oder nur eingeschränkt in den Genuss der Zuwendungen, die Locals zuteil werden.

Gastarbeiter

Die Mehrheit der Gastarbeiter (engl. *Expatriates*) stammt aus **arabischen Staaten** wie Palästina, Ägypten, Jordanien oder Syrien oder aus **asiatischen Ländern** wie Indien, Pakistan, Bangladesch, Sri Lanka oder von den Philippinen.

Sie bilden die Masse der unteren Einkommensgruppen, in denen Einheimische kaum vertreten sind (mit Ausnahme von Oman). Viele sind **ungelernte Arbeiter** und im Baugewerbe, in der Ölindustrie, im Hotelgewerbe oder im häuslichen Servicebereich angestellt. Jedem wohlhabenden Local-Haushalt stehen mindestens ein Dienstmädchen, ein Gärtner, ein Koch und ein Chauffeur zu Diensten. Viele Familien befinden sich in der Klemme zwischen dem Wunsch, alles Fremde fern zu halten, und dem Anspruch, auf Komfort nicht verzichten zu wollen.

Einige Gastarbeiter sind auch in **gehobenen Berufen** angestellt, beispielsweise als Lehrer, Industriearbeiter oder als Verwaltungsangestellter.

Ohne dieses Heer an Hilfskräften würde der **Dienstleistungs- und Bausektor** zusammenbrechen, denn viele Einheimische nehmen einen solchen Job nur ungern an (vor allem in den V.A.E. und Qatar). In den vergangenen Zeiten des Aufbaus wäre es ohne die Gastarbeiter nicht

Pakistanischer Teppichverkäufer

möglich gewesen, den Ölschatz aus dem Wüstenboden zu bergen und so zügig moderne Metropolen aus dem kargen Boden zu stampfen.

Den Luxus, das Konsumparadies erleben die meisten asiatischen oder arabischen Fremdarbeiter zumeist nur als Zaungäste. Gesellschaftliche Partizipation erleben sie nicht, ihre **soziale und rechtliche Stellung** sinkt mit der Stellung auf der Lohnleiter.

Dem Ausländergesetz nach brauchen alle Gastarbeiter für eine **Aufenthaltsgenehmigung** einen einheimischen Bürgen (engl. *Sponsor*) für ihre Visa. Nur die wenigsten Ausländer sind eingebürgert, in ihrem Pass befindet sich lediglich ein Arbeitsvisum.

Viele haben ihr letztes Geld an Vermittlungsagenturen bezahlt. Und viele haben ihre **Familie zurück gelassen** und leben in der Aussicht, die nächsten Jahre nur hart zu arbeiten und alles zu sparen. Die meisten bleiben einige Jahre und kehren dann heim zu ihren Familien, die nur bei einem Mindestverdienstnachweis nachreisen dürfen.

Auf Grund des hohen Angebotes an billigen Arbeitskräften **verdienen** sie vergleichsweise wenig und jede erarbeitete Münze wird gespart und nach Hause überwiesen. Die Miete ist meist im Lohn inbegriffen und der **Wohnraum** vom Arbeitgeber organisiert: bei Hauspersonal im Diensttrakt, bei anderen Arbeitern meist zusammen mit mehreren Landsleuten in einem kleinem Apartment oder kaserniert in Gemeinschaftswohnquartieren.

Ohne Erlaubnis dürfen Fremdarbeiter ihre **Arbeitsstelle nicht wechseln.** Und ohne offiziellen Arbeitsgeber verliert ihre Aufenthaltsgenehmigung die Gültigkeit. In Qatar und Bahrain gilt ein Rotationsprinzip, wonach ausländische Arbeitnehmer (mit Ausnahme derjenigen aus westlichen Industrieländern) sich **nicht länger als drei Jahre** im Land aufhalten dürfen und nach dieser Frist vom Arbeitgeber ausgetauscht werden müssen. Findige Gastarbeiter geben gegen entsprechende Vergütung ihre Stelle an Verwandte oder Bekannte weiter.

Dennoch: Durchhalten lohnt, denn **nach Rückkehr** in ihre finanzschwachen Heimatländer sind sie „gemachte Männer" und stehen auf der anderen Seite des Wohlstandszaunes.

Die Konzeption und Organisation des Landesaufbaus war – und ist – dagegen fest in den Händen **europäischer oder amerikanischer Experten.** Sie sind hoch angesehen und werden gut bezahlt. Sie arbeiten als Ingenieure, Techniker, Berater und Experten in nahezu allen wichtigen Wirtschaftsbereichen sowie in der Verwaltung, im Erziehungs- und Bankenwesen oder als Kaufleute und natürlich auch in der Öl- und Gasbranche. In Bahrain unterhalten die USA ihren größten Marinestützpunkt der Golfregion.

Wirtschafts- und Lebensformen

„Auf den Ölfeldern konnten die Bedu das Geld finden, von dem sie träumten. Sie konnten große Summen verdienen, indem sie im Schatten hockten und ein Depot bewachten oder eine Arbeit verrichteten, die gewiß leichter war als das Tränken durstiger Kamele an einem beinahe versiegten Brunnen mitten im Sommer. (...) Es war tragisch, daß diese Menschen durch äußere Umstände zu schmarotzenden Proletariern werden und im fliegenverseuchten Elend von Barackenstädten im Umkreis der Ölfelder dahinvegetieren sollten. "

(Wilfred Thesiger: „Die Brunnen der Wüste")

Tradition und Moderne

In den Golfemiraten und in Oman werden Besucher sehr schnell feststellen, dass **traditionell arabisches Leben und moderner Lifestyle nebeneinander** existieren. So nehmen viele die unumgänglichen und für sie nützlichen Errungenschaften des Fortschritts an und bewahren bewusst ihre kulturelle Eigenart und ihren Lebensrhythmus. Für fremde Beobachter mag manches seltsam anmuten, doch dies macht einen unverwechselbaren Charakterzug aller im Buch vorgestellten Länder aus.

Insbesondere in den **großen Städten der V.A.E. und Qatar** fallen viele neumodische Kontexte auf. So hat mancher reiche Wüstensohn im Innenhof seiner Villa am Stadtrand ein Beduinenzelt aufgebaut. Traditionelle Kleidungsstücke werden genauso selbstverständlich getragen wie Jeans oder Designeranzug. Ähnlich innig mutet das Verhältnis von Gebetskette und Mobiltelefon an. Beim Schlittschuhlaufen behalten Männer ihr bodenlanges Gewand an (knoten es gegebenenfalls um die Hüfte – sofern sie eine Turnhose darunter tragen). Frauen mit traditioneller Gesichtsmaske stöbern in Dessous-Läden oder kaufen ihren Kindern die neueste Play-Station. Insbesondere im öffentlichen Leben moderner Stadtumgebung dominiert diese eher westliche Lebensweise, wohingegen in **kleinen Dörfern** mehr traditionelle Bezüge ins Auge fallen.

Althergebrachte Gewohnheiten werden insbesondere im **familiären Bereich** gewahrt, was keinesfalls heißt, dass sie der heutigen Zeit unangemessen sind. So leben viele Einheimische wie eh und je mobil. Viele besitzen nicht nur ein Stadthaus, sondern auch einen Dattelgarten, ein Anwesen auf dem Land und ein Wüstencamp mit Viehbestand. Lange Wochenenden und Ferien werden meist außerhalb der Stadt zusammen mit der gesamten Familie verbracht. Der familiäre Bereich wird als Privatsphäre behandelt, über die man nicht spricht und in die Fremde nur selten Einlass finden. Getreu dem Motto „My home is my castle" schützen hohe Mauern und getönte Glasscheiben vor ungeliebten Blicken.

Anders dagegen im von Reichtum und materieller Verwestlichung geprägten **öffentlichen Leben.** Hier gehört es zum guten Ruf, modern zu sein und sich und sein Vermögen zur Schau zu stellen. Die Zeichen dieses Wohlstandes – Autos, Villen, Jachten, Pferde, Juwelen ... – können Locals sich erstehen, ohne den Zwängen der Lohnarbeit zu unterliegen. Der Kult um das Automobil ist die auffallendste Form des Modern Life: Schwerreiche Scheichs thronen hinter den getönten Scheiben edler Limousinen, vornehmlich solcher mit dem Stuttgarter Stern auf dem Kühler. Die PS-verliebte Jugend bevorzugt leistungsstarke Landcruiser und aller Wasserknappheit zum Trotz muss ein Auto immer blank geputzt sein und funkeln.

Im Gegensatz zu den V.A.E. und Qatar fühlt man sich in **Bahrain und Oman** nicht ganz wie im „Raumschiff Orient", dort geht alles einen gemäßigteren und ruhigeren Gang. Nicht „Modernisierung um jeden Preis" ist der sehnlichste Wunsch. Die nützlichen Errungenschaften des Fortschritts werden behutsam und kritisch angenommen – und kulturelle Eigenarten und Lebensrhythmen bewusst bewahrt.

Bis zu Beginn der Herrschaft von *Sultan Qaboos* im Jahr 1970 lebten die **Omanis fernab jeglicher Moderne.** Es klingt unglaublich, aber unter der Herrschaft seines Vaters *Sultan Said bin Taimur* gab es weder Rundfunk noch Fernsehen, es war verboten Fahrrad zu fahren, ein Radio zu besitzen oder Bücher aus dem Ausland zu beziehen. Die Menschen lebten in einfachen Häusern aus Lehmziegeln oder Hütten aus Palmblättern, Strom und Wasseranschlüsse gab es dort nicht.

1970 läutete *Sultan Qaboos* die so genannte **„Omanische Renaissance"** ein. Seither haben sich die Lebensbedingungen und die wirtschaftliche Situation der Menschen enorm verbessert. Schon bald konnte jeder ein Steinhaus errichten, einen Stromanschluss legen lassen, seinen Esel oder sein Kamel gegen ein Auto eintauschen, das Wasser für seine Felder mit Dieselpumpen fördern, eine Klimaanlage installieren und Nachrichten aus aller Welt im Fernsehen verfolgen.

Die Hauptstadtregion des **Sultanats zeigt sich heute** als großes Stadtgebiet mit allen modernen Errungenschaften – doch ohne den für die benachbarten V.A.E.-Metropolen typischen Gigantismus. Im weiten Rest des Sultanats setzte sich der Fortschritt allerdings nicht in dem Maße und nicht mit dieser Schnelligkeit durch, so dass ein „Kulturschock" weitgehend ausblieb.

Fallen die V.A.E., Qatar und Bahrain eher als moderne Länder auf, so überwiegt in Oman ein althergebrachtes Bild, das aber durchaus durch die Neuzeit beeinflusst ist.

Die **traditionellen Wirtschaftsformen** stehen seit jeher in engem Zusammenhang zur naturräumlichen Landesgliederung. Zu ihnen zählen Nomadentum, Oasenbewirtschaftung, Seefahrt und Fischerei. Den meisten Menschen gelang damit gerade einmal die Selbstversorgung. Von wirtschaftlicher Relevanz war weiterhin der Handel, wobei dem Seehandel stets eine größere Bedeutung zukam als dem Karawanenhandel. Das traditionelle Handwerk dagegen spielte eher eine Nebenrolle, wichtig war einzig der Schiffbau. In der Golfregion stellte das Perlengewerbe jahrhundertelang eine wichtige Einnahmequelle dar.

Die wenigsten Menschen lebten alleine von einer Beschäftigungsform. Beduinen waren oft auch Oasenbauern oder Fischer. Fischer verdingten sich saisonal als Perlentaucher oder Seefahrer, wohingegen manche Perlentaucher auch als Lohnarbeiter in Oasengärten arbeiteten.

Im Vergleich zu vergangenen Zeiten hat die althergebrachte **beruflich-soziale Gliederung** der Gesellschaft in Nomaden, Oasenbauern, Fischer/Seeleute und Städter heutzutage nicht mehr die ursprüngliche gesellschaftliche Relevanz. Zumindest in den Städten spielt die herkunftsbedingte und klassenmäßige Zweiteilung der Menschen in Einheimische und Gastarbeiter eine weitaus wichtigere Rolle.

Stadtleben

Obwohl **Ansiedlungen von Händlern und Fischern** bereits im vierten Jahrtausend vor der christlichen Zeitrechnung bestanden, gibt es keinerlei Anzeichen für eine entwickelte städtische Zivilisation in dieser frühen Zeit – sowohl am südlichen Golfufer als auch in Oman.

Vereinzelte, kleine Hafenstädtchen bestimmten das Siedlungswesen in den heutigen **Golfstaaten.** In diesen kleinen Küstensiedlungen gab es selten feste Bauwerke, meist bestanden sie aus Hütten, die aus geflochtenen Palmfasermatten gefertigt waren (arab. *Barasti*), Stein- und Lehmbauten (z. B. von Händlerfamilien) waren in der Minderheit, Souqs klein. Selten wohnten mehr als ein paar Hundert Menschen in diesen Dörfern und sie hatten keine überregionaler Bedeutung. Als Sitz lokaler Herrscher waren in einigen Küstenorten Paläste und Forts errichtet worden.

Eine Ausnahme bildet **Dubai,** das bereits seit der Entdeckung des Seeweges nach Indien zu Beginn des 15. Jahrhundert als Handelsplatz im Zentrum des internationalen Interesses stand.

Städtebau –
nationale Selbstdarstellung,
Pomp und Kitsch

Städtebau in den Golfemiraten, vor allem in Dubai und Abu Dhabi, beinhaltet meist den Willen zur nationalen Selbstdarstellung mit einer gepfefferten Prise Gigantismus, aber auch mit planerischer Weitsicht und architektonischer Eigenwilligkeit. Das Ergebnis ist ein äußerst interessantes Zusammenspiel von Tradition und Moderne.

Aber auch Prachtentfaltung ist stadtplanerisches Faible, wie die zahllosen spiegelglasfunkelnden Hochhäuser, die üppig grünen Parkanlagen, die palmengesäumten Prachtboulevards und die renovierten Souqs bezeugen. Als Privathäuser dominieren von hohen Mauern umschlossene Wohnpaläste in neoislamischem Stil – selbst die Siedlungen des sozialen Wohnungsbaus bestehen aus kleinen Villen mit Kuppeln, Arkaden, Zierfriesen und sichtverblendeten Klimaanlagen.

Neu und Neuer, Groß und Größer, Schön und Schöner lauten die Schlagworte am südlichen Golf. Kaum ein Monat vergeht, in dem nicht ein neues Einkaufszentrum, ein neuer Freizeitpark oder ein neues Luxushotel eröffnet wird. Riesige künstliche Inseln in Form von Palmen schaffen begehrtes Bauland mit Meerzugang und Yachtanlegestellen, in energieaufwändig auf den Gefrierpunkt herunterklimatisierten Hallen kann man Schlittschuhlaufen oder durch echten Schnee spazieren. Spiegelglasverkleidete Wolkenkratzer schießen in allen Golfemiraten wie Pilze aus dem kargen Wüstenboden. Diese prägen vor allem das Stadtbild Abu Dhabis – „Manhattan am Golf" lautet der scherzhafte Spitzname der in die Höhe wachsenden Stadt.

Vielerorts bemühen sich Architekten um eine Verbindung von modernen Materialien mit traditionellen Stilelementen. So sehen Hotels in Dubai aus wie eine gigantische Welle mit einem vorgelagerten Riesen-Segel, Clubhäuser von Golfplätzen wie im Grünen stehende Beduinenzelte oder auf dem Trockenen segelnde Stahlboote. In Kaufhäusern täuschen Plastik-Palmen, Plastik-Steine und Plastik-Wasserläufe die Idylle einer Oase vor.

Auch omanische Baumeister bemühen sich, eine Verbindung moderner und traditioneller Stilelemente zu schaffen. Doch hier fallen nur wenige Monumentalprojekte auf, man kann den Blick auf Kleinigkeiten richten. Besonders beliebt ist es, Elemente der allgegenwärtigen Festungsarchitektur aufzugreifen, z. B. Zinnen und kleine Wehrtürme als Schmuck von Telefonzellen. Dachterrassen sind häufig durch eine Mauerkrone eingefasst, Wassertanks auf den Terrassen den Wehrtürmen von Forts nachempfunden. Briefkästen haben die Form von Krummdolchgriffen.

Nationalstolz manifestiert sich in den sowohl in den Golfemiraten als auch in Oman allgegenwärtigen „Kunstwerken" der sog. Beautification. Diese englische Vokabel bezeichnet nicht nur staatliche Verschönerungsprogramme und stadtplanerische Herrlichkeitsideale, sondern steht fast schon als Synonym für den aktuellen Zeitgeist nationaler Selbstdarstellung. Getreu dem Motto „Unser Land soll schöner werden" trifft man am Rande der Straßen, inmitten von Verkehrskreiseln oder in Parks überall auf Monumente der modernen Landesfolklore: überdimensionale Weihrauchbrenner samt nachgebildeter Glut, Austerbrunnen mit Perlenschatz, Riesen-Rosenwassersprenkler, Torbögen aus Schwertern, exorbitante Krummdolche, funkelnde Schnabelkannen, überquellende Schatztruhen, Schiffsnachbauten auf

Kunstgischt, aufgeklappte Koran-Nachbildungen, lebensgroße Pferde, hohe Uhrtürme, wasserspeiende Fische, hausgroße Fortnachbauten, lebensecht wirkende Gazellen und noch viel mehr. In den Hauptstädten treten diese postmodernen Schaustücke außerordentlich häufig auf. Touristen sollten den praktischen Wert der Skulpturen als Orientierungshilfen nicht unterschätzen.

Doch wer glaubt, überall in den Golfemiraten und in Oman sei alles adrett und hübsch hergerichtet, der täuscht sich. Ein Blick hinter die Kulisse – und das Bild wandelt sich, beispielsweise in den Gassen der Altstädte und Souqs und überall dort, wo vornehmlich Gastarbeiter wohnen. Vergammelte Häuser, zusammengezimmerte Bretterbuden und windschiefe Wellblechhütten dominieren in etlichen Vierteln, auch mitten im als Luxusländle bekannten Dubai und nur einen Steinwurf weg von Dohas prachtvoller Corniche. Von den kleineren Städten in den V.A.E. wie Ajman, Ras al-Khaimah oder Umm al-Quwain ganz zu schweigen. In Oman ist zwar vieles aufwändig restauriert, aber wer nur eine Gasse von der Hauptstraße weggeht, wird mitunter bald auf verfallende Lehmhäuser treffen, in denen die Wasser- und Stromversorgung ähnlich marode ist wie die Bausubstanz.

In **Oman** hatte es neben aufstrebenden Hafenstädten im Landesinneren immer schon eine Vielzahl von größeren Oasensiedlungen gegeben. Im Zuge der Nutzung der Öleinnahmen setzte in der 2. Hälfte des vergangenen Jahrhunderts in allen Ländern ein moderner Landesausbau ein. Dabei wurden in Bahrain früher als anderswo am Golf **städtische (und industrielle) Ansiedlungen** mit moderner Infrastruktur errichtet. In den V.A.E. und Qatar geschah dies erst in der Mitte der 1960er Jahre, in Oman noch ein Jahrzehnt später. Städtisches Leben gibt es in Oman erst wenige Jahrzehnte. In den 70er Jahren des 20. Jahrhunderts gab es lediglich drei Siedlungen, welche die Bezeichnung „Stadt" verdienten: Muscat, Mutrah und Sur. Alle anderen Orte waren relativ klein und besaßen einen ländlichen Charakter.

Rund die Hälfte der Omanis waren **Nomaden.** Lebten einst auch in den Golfemiraten die meisten Menschen als Beduinen, so gibt es heute nur noch wenige, die dieser Daseinsform nachgehen. Nahezu alle sind sesshaft und wohnen in festen Siedlungen, entweder in einem der unzähligen Fischerdörfer, in einer der Hafenstädte, in einem Oasendorf oder in einer der großen Metropolen.

Urbanisierung in den Golfemiraten und Oman beinhaltete also zwei Prozesse: zum einen den Aus- und Aufbau von Städten, von denen manche zu regelrechten Metropolen herangewachsen sind. Zum anderen vollzog sich eine Wandlung von einer überwiegend nichtstädtischen (in Wüste, Oasen oder Fischerdörfern) zu einer weitgehend städtischen Lebensform der Menschen (vor allem in den Golfemiraten).

Beduinenleben

Die nomadisierenden Araber – im Arabischen *Bedu* genannt – repräsentieren die älteste und traditionsreichste Lebens- und Wirtschaftsform der arabischen Halbinsel. Die meisten Nomaden lebten als **Viehzüchter,** die meisten als Kamel-, Schaf- und Ziegenzüchter, in der unendlichen Weite des wüstenhaften Binnenlandes. In Südoman wurden – und werden – auch Rinder gezüchtet. Ziegen und Schafe sicherten als Milch- und Fleischlieferanten die beduinische Ernährung, waren aber auch wichtige Handelsgüter. Kamele dienten neben der Versorgung mit Milch und Leder auch als Transporttiere.

Tiere galten den Beduinen als Mitbewohner. Ihnen wurde viel Zeit und Aufmerksamkeit gewidmet, sie gehörten quasi zum Hausstand. Kleinvieh hatte seinen Platz neben dem Frauenzelt und Frauen und Kinder kümmerten sich um sie – die Kamelpflege oblag allein Jungen und Männern. Aus täglich frisch gemolkener Milch wurden Sauermilch, Quark, Butter und Trockenkäse hergestellt. Falken und Jagdhunde (arab. *Saluki*) waren so geachtet, dass sie sich bei ihrem Herrn im Zelt aufhalten durften (andere Hunderassen galten Muslimen als „unrein"). Das arabische Pferd war das edelste Tier der Beduinen.

Die meisten Beduinenfamilien lebten nicht allein von der Viehzucht, sondern zudem noch von anderen Wirtschaftsformen wie dem **Dattelanbau** in eigenen Gärten, dem **Fischfang** oder – wie in den Golfemiraten – der **Perlenfischerei.** Daher waren die wenigsten Vollnomaden, sondern besaßen einen oder mehrere Wohnsitze. Nahezu alle Angehörigen waren regelmäßig oder sporadisch an saisonalen Wanderungen zwischen dem Landesinneren und der Küste beteiligt. **Tauschhandel** spielte eine wichtige Rolle, um Waren zu bekommen, die man selber nicht erwirtschaften konnte. Zahlreiche im Landesinneren ansässige Stämme betrieben gar keinen Fischfang, einige bauten **Salz** ab und verkauften es Gewinn bringend auf Souqs oder bei Erzeugern von Trockenfisch. Eine für alle kamelhaltenden Nomaden lohnende Einnahmequelle stellte der **Karawanentransport** und der Verkauf von Lasttieren dar.

Der Sommer war die Zeit der Datttelernte, daher zogen die Nomaden dann mit ihren Familien und Tieren in die **Oasen.** Viele Gruppen besaßen dort eigene oder gepachtete Pflanzungen und führten die Ernte selbst durch oder überwachten sie. Weniger wohlhabende Bedu halfen als Pflücker. Einige Gartenbesitzer rekrutierten Oasenbewohner als Erntehelfer, während sie selbst der Tierzucht oder der Ausführung von Transportaufträgen, z. B. Datteln, Tierhäute oder Butterfett zu entfernten Märkten zu bringen, nachgingen. Zur Zeit der Ernte lebten die Nomaden in einfachen, aus Palmzweigen gefertigten Hütten, die zusammen mit Vorratshütten für Datteln und Heu in einiger Entfernung zu den Gärten standen. Ziegen und Schafe gehörten traditionell den Frauen, die sie mit Hilfe der Kinder täglich nach dem Tränken zu wechselnden Weiden trieben. Kamele waren im Besitz der Männer und wurden von Hirten auf entferntere Weiden geführt. Je länger die Nomaden in den Oasen verbrachten, desto größer wurde die Überweidung, die oft zu Streitigkeiten führte und in Futterknappheit endete. Daher blieben die Bedu nur so lange in Oasennähe, wie es die dort erforderliche Arbeit nötig machte.

Spätestens Ende September zogen die Familien oder Sippen wieder in ihre angestammten **Winterweidegebiete.** Die je nach Futter- und Wasserangebot im wechselnden Rhythmus aufgesuchten verschiedenen Winterlager befanden sich meist in der Nähe von Brunnen oder Wasserlöchern. In diesen Winterlagern hielten sich oft nur Frauen, Kinder und einige Hirten permanent auf. Die Männer zogen zeitweise mit einigen Lastkamelen an die Küste, um dort in der Fischerei zu arbeiten. Gesalzener Trockenfisch war neben Fleisch, Milch und Datteln ihr wichtigstes Nahrungsmittel. Außerdem diente er als Tauschobjekt, das in den Oasen gegen Datteln, Getreide oder andere landwirtschaftliche Produkte getauscht wurde.

Auch **Stammesfehden** um Wasserquellen, gutes Weideland und Einflussgebiete machten einen Teil des täglichen Beduinendaseins aus. Etliche Stämme waren als grausam, kämpferisch und streitsüchtig bekannt. Sie erpressten und beraubten schwächere Stämme, plünderten Reisende aus und überfielen Siedlungen und Oasen, die in der Wüste der Schlüssel zur Macht waren: Wer über das Wasser verfügte, hatte das Sagen über Leben und Tod von Mensch und Tier.

Dennoch herrschte ein **strenger Sittenkodex,** der sich zum Teil bis heute erhalten hat. Lüge, Diebstahl, Mord und Unzucht waren streng verboten. Nach ungeschriebenen Gesetzen und gewohnheitsrechtlichen Gebräuchen (arab. *Urf*) wurden Vergehen gegen den Sittenkodex oder gar schlimmere Verbrechen mit Verachtung und Ausschluss aus der Gemeinschaft geahndet.

Eine Ausnahme bildete das Töten im Rahmen der Blutrache (arab. *Qizzas, Koran 2:178*) und der Viehdiebstahl bei **Raubzügen** (arab. *Ghazu*). Zu Letzterem hier die Erlebnisse von J. R. *Wellsted* aus „Travels in Arabia": *„Nachdem ich von Schech Naßer, dem einsichtigsten Araber, den ich je getroffen, Abschied genommen, setzten wir um 11 Uhr 30 Minuten unsre Reise fort mit einer Bedeckung von ungefähr 70 Mann, da der Weg zwischen hier und Neswa von Räubern unsicher gemacht wird, welche kleine Karawanen am hellen Tage plündern. Unsre Richtung war W1/2N, und wir passierten mehrere Dörfer, die auf der Karte verzeichnet sind. Um 2 Uhr 20 Minuten machten wir drei Viertelstunden lang Halt in Okahil, um eine frische Bedeckung zu erhalten. Die Mannschaft, die sich zu diesem Zweck versammelte, bestand augenscheinlich aus Leuten, die freiwillig zusammentraten und den Scherz sehr liebten, obgleich sie an manchen Stellen mit angezündeter Lunte und zum Angriff fertig marschierten. Die Räuber, welche Dschilan beunruhigen, kommen aus der westlichen Wüste zu Haufen von 50 bis 100 Mann, meist auf schnellen Kamelen beritten. Unverhofft sind sie da, und nach dem Scharmützel eben so schnell wieder verschwunden. Sie bemächtigen sich oft der afrikanischen Sklaven, die die Araber in den Städten besitzen; sie lassen sie dieselbe Tracht tragen, welche sie selbst tragen, und geben ihnen auch wohl ihre Töchter zur Ehe. Das Leben nehmen sie selten bei ihren Überfällen. Doch sah ich viele Leute mit Säbel- und Schußwunden, die letzten indes sind nicht selten durch bloße Unvorsichtigkeit veranlaßt. Denn jeder führt auf der Reise eine brennende Lunte bei sich, und mit den geladenen Flinten gehn sie nicht vorsichtiger um als* *mit den ungeladenen, weshalb ich von meiner Mannschaft, wenn sie sich an einem verdächtigen Orte um uns her aufstellte, gewöhnlich mehr Gefahr als von den Feinden fürchtete."*

Einen hohen Stellenwert hatte die **Gastfreundschaft** und das **Gastrecht,** vorausgesetzt der Besucher hatte einen Friedensgruß ausgesprochen. Dann wurden jedem Fremden – egal ob Freund oder Feind und ohne nach dem Woher und Wohin zu fragen – drei Tage Unterkunft, Verpflegung und Wasser gewährt. Danach hatte der Besucher seine Reise fortzusetzen, stand aber noch drei weitere Tage unter dem Schutz seines Gastgebers. Und: Jeder reisende Beduine war berechtigt, von einem fremden Kamel Milch zu melken. Zur beduinischen Gastlichkeit hier ein Erlebnis von *Wilfred Thesiger* aus „Die Brunnen der Wüste": *„Am nächsten Morgen waren wir etwa drei Stunden geritten, als ein kleiner Junge eilig hinter uns her kam. Wir hielten an und warteten auf ihn. Nachdem wir uns förmlich begrüßt hatten, blieb er vor unseren Kamelen stehen, streckte seinen Arm aus und sagte: ‚Ihr dürft nicht weitergehen.' Ich dachte: ‚Verdammt noch mal, sollen wir uns wirklich von einem Kind aufhalten lassen!' Der Junge wiederholte: ‚Ihr dürft nicht weitergehen! Ihr müßt zu meinen Zelten kommen. Ich werde ein Kamel für Euch schlachten. Ich werde Euch Fleisch und Fett zum Mittagessen geben.'"*

Das Leben der Beduinen unterlag in den letzten Jahrzehnten einem starken Wandel. Nur noch wenige ziehen umher, die meisten sind **sesshaft geworden.** Ein Großteil von ihnen lebt in einer nomadischen „Zwischenform", insbesondere in Oman. Ihre Winterlager liegen nicht mehr als eine Geländewagen-Stunde von den Oasen entfernt. Dort wohnen die Familien in besseren Häusern, in der Wüste auch in einfachen Hütten. Die einstigen Wirtschaftsformen spielen kaum noch eine Rolle. Das Vieh wird von Gastarbeitern gehütet, Geländewagen haben das Kamel in seiner Funktion als Reit- und Lasttier ersetzt, viele Bedukinder werden auch aus weit entfernt gelegenen Winterlagern mit dem Auto in die Schule gefahren. Viehfutter wird mit dem Auto in die Wüstencamps transportiert, ebenso die Tiere, die auf dem Souq verkauft werden sollen. Selbst Wasser kommt in großen Tanks mit dem Pick-up. Wohlhabende Bedufamilien leisten sich sogar einen Zweitwagen für ihre Frauen, die damit zu den Weidegründen fahren.

Den traditionellen Tauschhandel gibt es nicht mehr, denn seit knapp einem Vierteljahrhundert regiert **Geld** auch die Beduwelt. So arbeiten viele Männer in den Städten der Golfregion, wenn auch zum Teil nur für einige Monate. In dieser Zeit kümmern sich die Frauen alleine um den Haushalt, jedoch bleibt die Pflege der Kamele reine Männersache – auch wenn dafür Gastarbeiter angestellt werden müssen. Die Ernährung

wird bestimmt durch die Faszination von neuen, importierten Lebensmitteln: Milchpulver statt frischer Ziegen- oder Kamelmilch, konservierte Ananas und Pfirsiche statt nahrhafter Datteln, Thunfisch und Sardinen in Dosen statt getrocknetem Fisch, amerikanisches Dosen-Corned-Beef statt Ziegenbraten ... Die Hoffnung, dass die einstigen Herren der Wüste ihre traditionelle Lebensweise nicht ganz aufgeben, wird mit jedem Tag geringer.

Frau beim Weben mit Ziegenhaar

Der britische Forschungsreisende *Wilfred Thesiger* fasste seine Gedanken zum **Wandel des nomadischen Lebens** so zusammen: *„Man hat mich oft gefragt: ‚Weshalb leben die Bedu in der Wüste unter den furchtbaren Bedingungen, die Sie schildern? Weshalb verlassen sie die Wüste nicht, um anderswo ein leichteres Leben zu führen?' Und ich stieß fast immer auf Unglauben, wenn ich antwortete: ‚Sie leben aus freien Stücken in der Wüste.' ... Ich war mir darüber klar, daß die Bedu, mit denen ich gelebt hatte und gereist war und in deren Gesellschaft ich mich wohlgefühlt hatte, dem Untergang geweiht waren. Manche Menschen sind der Ansicht, es wird den Bedu in Zukunft besser gehen, da sie die Entbehrungen und die Armut der Wüste gegen die Sicherheit einer materialistischen Welt eintauschen werden. Ich teile diese Ansicht nicht. Ich werde nie vergessen, wie oft ich mir diesen analphabetischen Hirten gegenüber armselig vorgekommen bin, weil sie soviel großzügiger, soviel mutiger, ausdauernder, geduldiger und ritterlicher waren als ich. Bei keinem anderen Volk der Erde habe ich je ein ähnliches Gefühl der Minderwertigkeit verspürt ... Dennoch wußte ich, daß die Menschen nicht an der Härte ihres Daseins zugrunde gehen würden, sondern nur an der Langeweile und Ohnmacht, die sie empfanden, wenn sie diesem Leben entsagen müßten. Die Tragödie bestand darin, daß die Entscheidung darüber nicht bei ihnen lag. Wirtschaftliche Faktoren, die sich ihrem Einfluß entzogen, würden sie schließlich in die Städte treiben, wo sie dann als ‚ungelernte Arbeiter' an den Straßenecken lungerten."*

Auch wenn in den heutigen Golfemiraten und Oman nur noch wenige Nomaden leben, so werden viele der **ideellen Werte,** die das Beduinentum einst prägten, hoch geschätzt. Zahlreiche Sitten der arabischen Gesellschaft haben ihren Ursprung im Wüstenleben, so auch die viel gepriesene Gastfreundschaft. Außerdem werden viele Aspekte der nomadischen Lebensweise als **Traditionen** gepflegt. Dazu zählen beispielsweise Falknerei, Kamelrennen, Handwerkstechniken, Heilkunde, Dichtkunst.

Handel

Schon in der Antike waren **Bahrain und Oman bedeutende Seehandelsnationen.** Vor etwa 5000 Jahren erlangte Bahrain unter dem Namen Dilmun Berühmtheit durch den Handel mit Perlen und in den nordomanischen Bergen lag allen archäologischen Vermutungen nach die durch Kupferhandel erblühte Hochkultur Magan. In den ersten sechs Jahrhunderten unserer Zeitrechnung fungierten zahlreiche Küstenplätze des Golfes als Bindeglied zwischen See- und Karawanenhandel. Gewürze, Duftstoffe, Weihrauch, Edelhölzer, Edelsteine, Elfenbein, Stoffe wurden umgeschlagen und auch Sklaven gehandelt.

In den nachfolgenden Jahrhunderten erlangte insbesondere **Oman eine überlegene Rolle im Orienthandel**, dessen Blütezeit sich bis ins 15. Jahrhundert erstreckte. Omanische Navigatoren segelten bis zu den Häfen des Indischen Subkontinentes, Ostafrikas und Chinas und Schiffe aus aller Welt legten in den damals blühenden omanischen Hafenstädten an.

Mit der Entdeckung des Seeweges nach Indien um das Kap der Guten Hoffnung (1498) begann eine Phase, in der verstärkt **internationale Mächte** (Portugiesen, Türken, Perser, Briten ...) die omanischen Küstenregionen kontrollierten, Handelsstützpunkte errichteten und um die Vorherrschaft im Indienhandel kämpften. Doch alle europäischen Fremdmächte konzentrierten sich lediglich auf die Küstengebiete.

In diesem Freiraum gelang es ab dem 17. Jahrhundert dem im Landesinneren Omans gelegenen **Imamat ein mächtiges Handelsimperium** aufzubauen. Zur Zeit seiner größten Ausdehnung in der Mitte des 19. Jahrhunderts umfasste dieses nicht nur die Landstriche des südlichen Golfes bis zum Roten Meer, Teile des nördlichen Golfes und das gesamte ost- und südarabische Gebiet am Rand des Indischen Ozeans, sondern auch die ostafrikanische Küste südlich des Kaps Guardafui und die Insel Sansibar. Die Städte Muscat, Sohar und Sur waren die Zentren dieses Handelsimperiums. Ab Ende des 18. Jahrhunderts übernahmen die Briten und ihre Handelsagenturen die Vorherrschaft über weite Teile des Areals, der Verfall des omanischen Handelsreiches setzte ein und gipfelte darin, das unter *Sultan Said bin Taimur,* dem Vater des heute herrschenden *Sultan Qaboos,* jegliche internationale Handelsaktivitäten untersagt waren.

Fischerei

An den langen Küstenlinien der Golfemirate und des Oman haben sich die Menschen in ihrer Lebensform schon seit Jahrhunderten seewärts orientiert. Durch das Meer reich wurden allerdings nur wenige **Händler und Seefahrer,** die breite Masse der Küstenbewohner musste sich mit den vergleichsweise bescheidenen Verdienstmöglichkeiten in der **Fischerei** oder im **Bootsbau** zufrieden geben.

Fischerei sicherte in vergangenen Zeiten die Nahrungsmittelversorgung der Küstendörfer. Fischer nutzten Einbäume aus Indien oder vor Ort aus Palmzweigen hergestellte Boote oder größere Holzschiffe, die unter dem Sammelbegriff *Dhau* bekannt wurden. Die **Fische** wurden in Reusen, Schlepp-, Wurf- oder Zugnetzen gefangen, frisch verkauft und zur besseren Lagerung in der Sonne getrocknet. Die heißen Sommermonate, in denen Fisch zu schnell verdirbt, bedeuteten für viele Fischer unfreiwillige Untätigkeit. In den Golfgebieten konnten viele diese Zeit mit der Perlenfischerei überbrücken.

Fische sicherten nicht nur die Ernährung der Küstenbewohner, denn getrocknet waren sie auch eine wichtige Proteinquelle für Oasenbewohner und Beduinen. Der Handel mit **Trockenfisch** stellte ein einträgliches Geschäft dar, an dem sowohl die Fischer als auch Oasenbauern und Beduinen beteiligt waren.

Als sich mit zunehmender **Modernisierung** auch Kühlanlagen etablierten, erfuhr die Branche eine wesentliche Veränderung. Nun konnte auch im Sommer gefischt werden und der Fang in Kühlwagen frisch ins Landesinnere transportiert werden. Dies glich die Tatsache aus, dass der Warenaustausch mit Trockenfisch seine Bedeutung verlor. Noch immer sichert der inzwischen modernisierte Fischfang das Einkommen zahlreicher Küstenbewohner. Dies gilt insbesondere für Oman, denn dort werden große Mengen von Fisch exportiert.

Perlentaucherei

Perlenfischerei und der Handel mit den so genannten „Tränen der Engel" war jahrhundertelang das **wichtigste Gewerbe der Golfregion.**

In einer Tiefe von ca. zwei bis 36 Metern sind der südlichen Golfküste zahlreiche **Muschelbänke** vorgelagert. Qualitativ hochwertige Perlen findet man in tiefen Gewässern mit felsigem Untergrund und starkem Wellengang. Insbesondere um Bahrain herum gibt es große und ertragreiche Muschelfelder. Der Grund liegt in der optimalen Wasserqualität, denn zahlreiche Süßwasserquellen reichern das Meerwasser an. Daher war seit Jahrtausenden das Perlengewerbe Bahrains wichtigste Erwerbsquelle. Noch 1910, kurz bevor preiswerte japanische Zuchtperlen den Markt überschwemmten, waren von den 75.000 Einwohnern Bahrains nahezu alle Männer im Perlengewerbe beschäftigt. Die Muschelbänke zählten in der Vergangenheit nicht zu den Besitztümern einzelner Scheichtümer, sondern konnten von jedem arabischen Schiff angelaufen werden.

Die Schiffe eines Hafens, die alle unter der Obrigkeit eines Scheichs standen und somit konkurrenzlos arbeiteten, brachen gemeinsam zur selben Zeit zu den Muschelbänken auf. Diese **Haupttauchsaison** dauerte etwa 120 Tage, von Anfang Juni bis Ende September. Doch einige Mannschaften starteten schon früher zur „kalten Taucherei", so genannt, weil Strömungen das Meerwasser zu dieser Jahreszeit kühlten.

Während der Monate auf See bildete die durchschnittlich zwanzig Mann starke **Schiffs-Crew** eine enge Einheit, in der Kooperation nicht nur dem wirtschaftlichen Erfolg diente, sondern auch das Überleben sicherte. Die meiste Autorität an Bord besaß der arab. *Nakoudah*. Er war neben der Koordinaton seiner Mannschaft auch für die Wahl der Tauchgründe und die Vermarktung des schillernden Schatzes verantwortlich. Der Kapitän des Schiffes war für die seefahrerischen Entscheidungen zuständig. Zur Crew gehörten Steuermänner, Segelsetzer, Ausgucker, Ankersteinwerfer, Taucher, „Zieher", Muschelöffner sowie ein Koch und ein „Mann für alles". Auf großen Schiffen begleitete sie noch ein Sänger.

Das Leben während der Tauchsaison war entbehrungsreich, hart und gefährlich – vor allem für die **Taucher.** Große Hitze, hohe Luftfeuchtigkeit, Salzwasser, Krankheiten (insbesondere Augenkrankheiten), Haiangriffe und giftige Quallen schädigten ihre Gesundheit. Wenn man historische Bilder betrachtet, so sieht man, dass die Taucher stets auffallend hager waren. Üppige Mahlzeiten waren die Ausnahme, denn wer viel isst, kann schlecht tauchen. Datteln, Reis und Fisch waren die Hauptnahrungsmittel – und Unmengen Tee. Die meisten Taucher waren nur mit einer kurzen Hose bekleidet, die wenigen, die es sich leisten konnten, hatten einen Anzug aus Segeltuch, der die Haut vor scharfkantigen Korallen und dem Nesselgift der Quallen schützte. Lederhandschuhe oder Lederbänder gehörten ebenfalls zur Arbeitskleidung. Die Ohren wurden mit Wachs, die Nase mit einer Klammer aus Horn oder Holz geschlossen und die Augen zum Schutz mit Öl eingerieben. Zum Abschneiden der Muscheln diente ein gebogenes Messer, zum Sammeln der Muscheln hatte der Taucher einen Korb um die Hüfte gehängt. Sechzig bis hundert Mal begaben sich die Taucher jeden Tag unter Wasser. Bis zu 17 Meter tief tauchten sie und konnten etwa drei Minuten unter Wasser bleiben. Wieder an Bord mussten sie sich, selbst im Sommer mit Temperaturen um 40 Grad, erst einmal eine Weile an einem Lagerfeuer aufwärmen.

Jeder Taucher hatte an Bord einen Partner, einen **„Zieher",** der ihn zwischen den Tauchgängen an die Wasseroberfläche ziehen musste. Zum schnelleren Abtauchen hatten die Taucher einen großen Stein am Fuß festgebunden, den sie am Grund angekommen aber losbanden.

Die Muschelschalen wurden am nächsten Morgen (nachdem die Muscheln gestorben waren und so ihr Schließmechanismus versagte) unter den wachsamen Augen des Kapitäns geöffnet. Er sammelte die **Perlen** ein, sortierte sie mittels eines Siebsets nach Größe, ermittelte ihr Gewicht und bewertete jedes Stück ausgiebig nach Form, Farbnuance und Glanz. Verkauft wurden sie vom *Nakoudah* entweder an Zwischenhändler, die oftmals die Perlenfischgründe direkt mit einem Boot aufsuchten, oder auf speziellen Perlenmärkten auf dem Festland.

Die Schiffscrew war zu unterschiedlich hohen Prozentsätzen am Umsatz beteiligt. Am wenigsten verdienten die Taucher und Zieher. Viele hatten ihr nicht allzu üppiges **Gehalt** im Voraus erhalten (um es der Familie zu geben, die ja bis zu vier Monate alleine war) und mussten stets mit dem Risiko leben, dass die Saison mit schlechten Fangergebnissen endete und sie einen Teil des Lohnes zurückzuzahlen hatten. Viele waren verschuldet und mussten ohne Lohn arbeiten. Manche schafften es trotz harter Schufterei nicht, zu Lebzeiten ihre Schulden zu begleichen, so dass ihre Söhne sie abtragen mussten.

Oasenwirtschaft

J. R. Wellsted beschreibt in „Travels in Arabia" das **Erlebnis einer blühenden Oase:** *„Minach unterscheidet sich von den andern Städten dadurch, daß hier das Land in offenen Feldern bebaut wird. Als wir diese durchschritten, hohe, herrlich duftende Mandel-, Citronen- und Orangenbäume zu beiden Seiten, brachen wir in Verwunderung und Staunen aus. ,Ist dies Arabien, riefen wir aus, dies das wüste Land, das wir bisher sahen?' Grüne Felder von Getreide und Zuckerrohr erstrecken sich meilenweit vor uns hin. Wasserströme fließen in allen Richtungen und kreuzen unsern Weg, und die glückliche und zufriedene Miene der Landleute vollendet das lachende Gemälde. Die Atmosphäre war wunderbar hell und rein, und wie wir so fröhlich dahin trabten, den Friedensgruß bietend oder zurückgebend, konnte ich mir fast einbilden, als hätte ich nun ,das glückliche Arabien' gefunden, welches ich bisher nur als Phantasiebild betrachtet hatte."*

Landwirtschaft ist nahezu im gesamten Gebiet der Golfemirate und des Oman nur mittels intensiver **künstlicher Bewässerung** möglich. Das Lebenselixier Wasser beziehen Oasen meist aus gegrabenen Brunnen.

In den Gebirgsregionen der V.A.E. und des Oman sowie in Bahrain wird Wasserknappheit aber auch mittels ausgeklügelter **unterirdischer Sammelsysteme** besiegt. Diese Bewässerungstechnik soll im 6. Jahrhundert vor unserer Zeitrechnung von den Persern eingeführt worden sein. Das Bauprinzip dieser Anlagen ist ähnlich: Quell- oder Grundwasser wird in unterirdischen Sickergalerien oder Stollen mit leichtem Gefälle mitunter kilometerweit talabwärts geleitet, um dann am Ende in die Gärten zu fließen. In gewissen Abständen befinden sich Einstiegsschächte, durch die man in das Kanalsystem hinabsteigen kann und die zur regelmäßigen Wartung und Reinigung wichtig sind. Diese traditionellen Sammelsysteme werden arab. *Aflaj* genannt, je nach Art kann man unterscheiden zwischen *Ghayl-* oder *Qanat-Aflaj.* Die Kunst, die vorhandenen Wasservorräte bestmöglich zu nutzen, ist von den Omanis über Jahrhunderte perfektioniert worden, die regelrechten Lebensadern der Aflaj-

Kanäle findet man in Oman in zahlreichen Oasen heute noch in voller Funktion (in den V.A.E. auch, aber selten).

Dagegen haben in den V.A.E., Qatar und Bahrain zumeist **Dieselpumpen** die Aufgabe der Wasserförderung übernommen. Durch diese neue Technik besteht die Gefahr, dass dem Boden zu viel Wasser entnommen wird und der Grundwasserspiegel schneller sinkt, als er sich auf natürliche Weise wieder auffüllen kann.

Wegen seiner großen ökonomischen Bedeutung ist die **Verteilung des Wassers** an die einzelnen Teilhaber genau geregelt. Kleine Tore, die wie Rechen aussehen, teilen einen Kanal in mehrere gleich große Rinnen. Je nachdem, wie groß die Wasserrechte eines Oasenbauern sind, bekommt er ein oder mehrere solcher Tore zugeteilt. Kleine Stauwehre, die mit Steinen geöffnet oder verschlossen werden können, bilden den Eingang in die einzelnen Gartenparzellen. Auch die Zeiten, zu denen Wasser in die Gärten geleitet wird, sind nach einem traditionellen Rotationssystem streng festgelegt. Über die Richtigkeit der Wasserverteilung, über das Kassieren der Wassergelder und über den Pflegezustand der Kanäle wachen einzelne Personen und sorgen dafür, dass alles seinen richtigen und gerechten Gang geht. Um ihren Wasserbedarf unabhängig von Rechten und Rotationszeiten zu decken, haben viele Garteneigner allerdings zusätzliche, mit Motorpumpen betriebene Brunnen installiert.

In Oasengärten werden die **Pflanzungen in drei Etagen** angebaut: Auf dem Boden gedeihen verschiedene Gemüsesorten und Futtergräser für die Tiere. Auf der mittleren Etage finden sich kleinere Obstbäume wie Bananen, Orangen und Zitronen, sowie Hibiskus- und Hennasträucher. Wie ein mächtiger Sonnenschirm schützen die ausladenden Palmwedel der Dattelbäume die unteren Pflanzen vor den sengenden Sonnenstrahlen.

Für die Wüstenbewohner war die **Nutzung der Dattelpalme** seit jeher von großer Bedeutung. Archäologische Ausgrabungen lassen den Schluss zu, dass ihre Früchte schon vor 8000 Jahren ein wichtiges Nahrungsmittel der Wüstenbewohner waren. Doch auch für Seeleute waren Datteln jahrhundertelang eine nahrhafte Energiequelle. Vor der Entdeckung des Erdöls waren Datteln einer der wenigen Exportartikel des Sultanats Oman – und noch immer sind sie begehrte und teure Handelsprodukte, die in der ganzen arabischen Welt wegen ihrer hohen Qualität besonders begehrt sind.

Aflaj-Kanäle leiten Wasser in die Oasengärten, hier in Nordoman

Für eine ertragreiche Dattelernte bedürfen die Bäume und die heran-
reifenden Früchte **mühevoller Pflege:** Neben regelmäßigem Wässern,
Düngen und Beschneiden des Baumes fällt vor allem der Bestäubung eine wichtige Rolle zu. Von allen Palmenarten sind nur wenige männlich.
Da sie keine Früchte tragen, werden sie auch nicht in den Dattelhainen
angepflanzt. So muss der Natur auf die Sprünge geholfen werden und
bei der Befruchtung der weiblichen Bäume selber Hand angelegt werden. Während der Blütezeit, die je nach Art zwischen Januar und März
liegt, werden zunächst die männlichen Pollen eingekauft – die hölzernen
Samenkapseln sind auf jedem Landmarkt zu haben. Wenn die weibli-

chen Bäume in voller Blüte stehen, werden in mühevoller Kleinarbeit immer mehrere Blütenrispen mit einer Pollenrispe zusammengebunden. Als Schutz dient ein umwickeltes Palmblatt oder eine Plastiktüte, denn schon ein einziger Regenschauer oder starker Sturm kann den Erfolg der ganzen Arbeit zunichte machen, und die Blüten müssen erneut bestäubt werden. Bis die Datteln zwischen Mai und Oktober ihre volle Größe erreichen, brauchen sie einen besonderen Schutz vor starkem Wind, der Sand auf die weichen klebrigen Früchte wehen könnte. Wenn alles gut geht, ist ein Ernteertrag von über hundert Kilo Datteln pro Baum pro Saison möglich.

Dattelbäume benötigen trockene Luft, viel Sonne und dauernd große Mengen Wasser. Ein altes arabisches Sprichwort besagt, sie gehören *„mit den Füßen ins Wasser und mit dem Kopf ins Feuer"*.

Doch eine Dattelpalme bringt nicht nur nahrhafte Früchte hervor. Ihr **Holz** ist ein wichtiges Material beim Hausbau und aus **Palmwedeln und Strünken** werden Dächer für Lehmhütten oder auch ganze Häuschen hergestellt und Gehöfte eingezäunt. Palmen liefern Brennmaterial und auch bei der Herstellung von Gebrauchsgegenständen wie Seilen, Matten, Säcken, Körben, Taschen, Kleiderständern, Kamelsätteln oder Fischreusen sind sie von Bedeutung. Selbst abgestorbene Blätter und Dattelkerne können an Ziegen, Esel und Kamele verfüttert werden.

Wegen ihrer immensen Bedeutung werden Dattelpalmen als Geschenk Gottes betrachtet und als **„Baum des Lebens"** bezeichnet. Von Muhammad stammt der Ausspruch: *„Wer eine Dattelpalme pflanzt, spendet Schatten in der Hölle und hilft einem hungernden Bruder zu überleben"*. Der Koran erwähnt den Baum mit seinen lebensspendenden Früchten in 26 Textstellen. Die arabische Sprache ehrt die Dattel-Frucht mit über 500 Namen und einer guten Köchin fällt es leicht, jeden Tag des Monats eine andere Dattel-Speise zu servieren.

In alten Zeiten wurden die Dattelgärten vom Eigner und seiner Familie selber bewirtschaftet. Häufig wurde die **Arbeit im Dattelgarten** aber auch von einem *Bidar* verrichtet. Dabei stellte der Besitzer alle Produktionsmittel und der Bidar brachte seine Erfahrung und seine Arbeitskraft in den Dattelpalmenanbau ein. Als Lohn stand ihm eine Erntebeteiligung zu, die meist in Naturalien ausgezahlt wurde. Für viele Arbeiten an der Dattelpalme gab es Spezialisten, z. B. zum Stutzen der Palmwedel und zum Pflücken.

Auf Grund zunehmender Landflucht leben heute in vielen Oasen überwiegend alte Menschen; und die Bewirtschaftung der Dattelhaine wurde an **Gastarbeiter** übertragen. Vielerorts sind damit die speziellen Finessen des Dattelanbaus verloren gegangen.

Familie

„Und der Herr hat bestimmt, daß ihr ihm allein dienen sollt. Und zu den Eltern (sollst du) gut sein. Wenn eines von ihnen (Vater oder Mutter) oder (alle) beide bei dir (im Haus) hochbetagt geworden (und mit den Schwächen des Greisenalters behaftet) sind, dann sag nicht ‚Pfui!' zu ihnen und fahr sie nicht an, sondern sprich ehrerbietig zu ihnen."

(Koran 17:23)

Familienstrukturen

Das Leben in der **Großfamilie** gilt in allen islamischen Ländern – so auch in der Golfregion und in Oman – als einzig mustergültige Lebensform und Garant für die Aufrechterhaltung der muslimischen Gesellschaftsordnung. Dass drei Generationen unter einem Dach leben, entspricht der Norm und erweckt, anders als in Mitteleuropa, keinerlei Staunen.

Familiäre Strukturen sollten auf der Anerkennung des Mannes als Patriarchen und der Ehrung betagter Angehöriger basieren. Unverkennbar ist eine **Trennung der Aufgaben von Frauen und Männern:** In der Familienorganisation werden nach muslimischer Tradition die innerfamiliären und häuslichen Dinge von den Frauen und die außerhäuslichen Angelegenheiten vom männlichen Familienvorstand geregelt. Männer sind dem Koran nach zwar das Haupt der Familie, aber nicht „Beherrscher" der Frauen.

Die **Stellung einer Frau** in der Familienhierarchie hängt davon ab, ob sie verheiratet ist und wie viele Kinder sie geboren hat. Bis zu ihrer Hochzeit leben junge Frauen in ihrem Elternhaus bzw. wenn ihre Eltern verstorben sind, in der Familie ihres Bruders oder eines anderen männlichen Verwandten. Frauen erhalten im fortgeschrittenen Alter einen besonderen Status, der ihnen den Zugang zur Männerwelt gestattet. Ein Höchstmaß an sozialer Achtung wird Großmüttern zuteil, insbesondere, wenn sie einen oder mehrere Söhne geboren haben, denn als Väter sind diese Söhne wiederum Oberhäupter ihrer Familien.

Kinder sind für das Prestige der Familie und als Garanten der elterlichen Altersvorsorge wichtig. Viele Söhne zu haben, erhöht dieses Prestige. Dem ältesten Sohn kommt die wichtige Rolle des Stammhalters zu und somit auch eine Art Vorrangstellung vor seinen Brüdern.

Da es in islamischen Gesellschaften eine strikte Trennung der Geschlechter gibt, unterscheidet sich auch die **Erziehung von Jungen und Mädchen** erheblich. Töchter werden von klein an in die Hausarbeit einbezogen und helfen bei der Betreuung jüngerer Geschwister. Knaben haben weit mehr Bewegungsfreiheit als Mädchen und sie werden ab einem gewissen Alter vornehmlich von ihren Vätern erzogen, die sie in die Welt der Männer samt ihrer Aufgaben einführen.

Können kleine Kinder noch unbefangen miteinander umgehen, so gehören sie **ab der Pubertät** mit allen Konsequenzen zur Frauen- bzw. Männerwelt. Junge Frauen werden streng überwacht, da eventuell unzüchtiges Verhalten die Familienehre nachhaltig beeinträchtigen kann.

Junge Menschen verlassen ihr Elternhaus meist nach dem Abschluss ihrer Ausbildung und der Gründung einer eigenen Familie. Eine **geschiedene Frau** kehrt meist wieder in ihr Heim zurück, bis sie erneut heiratet. Wenn es notwendig wird, sind Kinder ihren Eltern gegenüber **unterhaltspflichtig** – unabhängig von ihrem eigenen Familienstand.

In städtischen Ballungsräumen leben immer mehr **Kleinfamilien,** auch auf Grund der Wohnungssituation. Jedoch werden verwandtschaftliche Verhältnisse sehr intensiv gepflegt. Frei gewählte Ehelosigkeit und Singlehaushalte finden sich sowohl in den Golfemiraten als auch in Oman nur als Ausnahmefall.

Rolle der Männer

In den Händen arabischer Männer liegt die Aufgabe, sich um das Wohl der Familie sowie um die Angelegenheiten des Stammes und der Gemeinde zu kümmern. Sie besitzen dadurch **Privilegien,** tragen aber auch eine große **Verantwortung** und müssen vielen Verpflichtungen nachkommen – sowohl ökonomisch, als auch rechtlich und moralisch.

Männer müssen für den **Lebensunterhalt** ihrer Frauen und Kinder sorgen. Blutsverwandtschaft, Abstammung und **Familienehre** sind wichtige Werte, über die sie zu wachen haben. Diese Verantwortung hat ihre im Koran festgelegte Stellung gegenüber den Frauen verstärkt (4:34).

Die **väterliche Autorität** ist unantastbar. Eine Art Stellvertreterposition kommt dem ältesten Sohn zu. Er führt den Familiennamen und das Erbe weiter und er ersetzt die Rolle seines Vater im Falle dessen Krankheit oder Tod.

Zu dem Thema **Erziehung zur Männerrolle** eine anschauliche Erzählung von J. R. Wellsted aus „Travels in Arabia": *„Wir machten Besuch in der Wohnung des Schech, der uns zum Frühstück eingeladen hatte. Es war ein großes Fort, sehr fest gebaut aus demselben Material, wie die Häuser*

Stolzer Qatari mit seinem Sohn

der Stadt. Die Zimmer sind weit und hoch, aber ohne alle Möbel. (...) Unser Mahl war nach dem gewöhnlichen Stil kostbar und reichlich; aber so streng beobachten die Araber die herkömmlichen Gesetze der Gastfreundschaft, daß wir unsern Wirth, einen Mann von hoher Geburt, nur durch viele Bitten bewegen konnten, sich bei uns niederzusetzen. Man meint, der Wirth könne nicht so gut für seine Gäste sorgen, wenn er selbst am Mahle Theil nehme. Als ich zurück kam, fand ich das Zelt wie gewöhnlich voller Leute, die aber diesmal in leidlicher Ordnung gehalten wurden von einem kaum zwölfjährigen Buben, dessen Vater ein einflußreicher Mann gewesen und vor einigen Jahren von den Beduinen getötet worden war. Er hatte von unsrem Zelte vollständig Besitz genommen und niemand von seinen Landsleuten durfte ohne seine Erlaubniß eintreten. Er führte einen Säbel, der länger als er selbst war, und zugleich einen Stock, womit er gelegentlich um sich herumschlug. Es machte mir viel Spaß, die Gravität und das Selbstgefühl dieses jungen Mannes zu betrachten, der übrigens von der Anzahl, den Hülfsquellen und der Vertheilung der eingebornen Stämme sowie von andern Dingen in freier und sehr unterhaltender Weise Auskunft zu geben wußte. Man kann überhaupt bemerken, daß bei den Arabern und insbesondere bei den Beduinen die Knaben schon in frühem Alter an den Vertraulichkeiten und Berathungen der Männer Theil nehmen, und bei anderer Gelegenheit sah ich Jünglinge ihren Einfluß auf eine Art geltend machen, welche uns nach unsren Verhältnissen ganz verkehrt erscheinen würde. Aber bei ihnen gehört dies recht eigentlich zur Erziehung."

Arabische Namen und Titel

Die für westliche Ohren verwirrende arabische Namensfolge fügt sich traditionell aus drei bis sechs Elementen zusammen. Sie geben zunächst Aufschluss über den eigenen Namen sowie den des Vaters und eventuell auch des Großvaters und Urgroßvaters. In den einst übersichtlichen Gesellschaften der frühislamischen Zeit ließ sich durch diese Genealogie die Identität eines Menschen verlässlich feststellen. Bevor Familiennamen nach europäischem Vorbild gebräuchlich wurden, war die Abstammung fester Namensbestandteil – und dies setzt sich bis heute vielerorts fort.

Vornamen haben meist eine konkrete Bedeutung: *Abdallah* ist der „Knecht Gottes", *Mubarak* ist „gesegnet" und *Amira* eine „Prinzessin". Der wohl häufigste Name ist *Muhammad*, in nahezu jeder Familie kann man einen jungen oder alten Muhammad antreffen, denn die Segenskraft, die vom Namen des Propheten ausgeht, ist groß. Insbesondere Erstgeborenen wird diese Würdigung häufig zuteil.

Hinter dem Eigennamen folgen Verwandschaftsverbindungen: bei Jungen arab. *Ibn* („Sohn des ...") und bei Mädchen *Bint* („Tochter des ..."). *Munira bint Ahmad* ist also „Munira, Tochter von Ahmad". Für Väter gibt es die entsprechende arabische Bezeichnung *Abu* („Vater des"). Ein ehrenvoller arabischer Frauentitel ist *Umm* („Mutter von"), gefolgt vom Vornamen ihres ältesten Sohnes.

Arabische Frauennamen ändern sich nach ihrer Heirat nicht. Ein Ehemann wird seine Angetraute meist wie beschrieben als „Tochter des" und nur selten als „seine Frau" benennen.

Nach diesen verwandtschaftlichen Verhältnissen folgen Angaben über die gesellschaftliche oder geographische Herkunft, so etwa über einen Stamm, eine Familie, ein Herrschergeschlecht oder eine Stadt.

Auch der soziale Rang wird im Namen offenbart, ganz offensichtllich bei Staatsführern, die je nach Regierungsform Emir (arab. *Amir*), Sultan (arab. *Sultan*), König (arab. *Malik*) oder Präsident (arab. *Rais*) sein können.

Den Titel Emir (oft auch Amir umschrieben) tragen die regierenden Oberhäupter Qatars. Anders ist dies in den Vereinigten Arabischen Emiraten, auch wenn der Landesname augenscheinlich etwas anderes besagt. Die gegenwärtigen Herrscher der sieben V.A.E. nennen sich nicht Emir, sondern schlichtweg Scheich und auch

Rolle der Frauen

Dem Islam nach kommt Frauen biologisch und sozial die Aufgabe der **Mutter** zuteil. In dieser Gesellschaft werden Ehen meist jung geschlossen, weil die Heirat das Erstrebenswerteste im Leben einer Frau ist. Die erste Schwangerschaft wird herbeigesehnt, um von der Angst vor Kinderlosigkeit und ihren Folgen wie soziales Stigma, Scheidung oder Mehrehe (siehe unten) befreit zu werden.

Mütter haben viel Einfluss und eine starke Position, die weit über die Rolle der Hausfrau hinausgeht. Besonderer Respekt wird **alten Frauen**

an der Spitze des Föderationsstaates steht kein Emir, sondern der Präsident, *Scheich Zayed.*

Allen Gebietern der kleinen Golfstaaten gemeinsam ist es, dass sie stets mit dem englischen Hoheitstitel *His Highness* bzw. der Abkürzung *H.H.* betitelt werden. *H.H.* kann aber auch für *Her Highness* stehen und bezieht sich dann auf die Ehefrauen der Hoheiten. Der Sultan von Oman wird entsprechend *His Majesty*, Abk. *H.M.*, also „Seine Majestät" genannt. Der Rangfolge nach untergeordnet sind all die hochrangigen Angehörigen der Herrscherfamilien, entsprechend ausgedrückt mit „Seine Exzellenz", also *His Excellency* bzw. *H.E.*

Das arabische *Shaikh* kann übersetzt werden mit „Ältester", „Verehrungswürdiger". Mit diesem Titel bezeichnet man Stammesälteste und -oberhäupter, Vorstände von Familienverbänden, Adelige und deren Söhne. Scheich ist auch ein Würdentitel für Religionsgelehrte, die über geistige und rechtliche Autorität verfügen. Religionsgelehrte können neben Scheich auch arab. *Imam*, *Ulama* oder *Mufti* heißen.

Muslime, die ihre Pilgerfahrt zu den heiligen Stätten von Mekka und Medina unternommen haben, tragen den arabischen Ehentitel *Hajj*, allerdings ist dies in den Golfemiraten und Oman selten gebräuchlich.

Neben diesen verwandschaftlichen, gesellschaftlichen oder geographischen Elementen ist oft auch der Beruf Teil der Titulierung. Typische arabische Bezeichnungen sind beispielsweise *Imam* (Vorbeter einer Moschee), *Qadi* (Richter) oder *Hakim* (Arzt).

Für Geschäftsleute ist es sehr wichtig, Araber mit ihrem Titel anzusprechen. Möchte man an einen titellosen Araber informell und höflich das Wort richten, so kann man lediglich seinen Vornamen mit dem englischen Zusatz Mr. bzw. Mrs./Ms. wählen (z.B. *Mr. Muhammad* bzw. *Mr. Al-Rihab*). Auch Ausländer werden oft so angesprochen.

Übersetzungsbeispiel am Beispiel des Präsidenten der V.A.E.:
His Highness Shaikh Zayed bin Sultan bin Khalifa bin Zayed al-Nahyan al-Bu Falah
„Seine Hoheit Stammesoberhaupt Zayed, Sohn des Sultan, Enkel des Khalifa, Urenkel des Zayed aus der Familie Al-Nahyan vom Stamm der Al-Bu Falah"
(verkürzt kann man auch von *Shaikh Zayed* sprechen)

mit vielen Söhnen entgegengebracht. Ihre Ratschläge sind gefragt, ihren Worten wird Folge geleistet. In der weiblichen Familiengemeinschaft, *Harem* genannt, haben sie die zentrale Rolle inne.

Eine für Frauen wichtige „Einrichtung" ist das soziale Netzwerk aus weiblichen **Verwandten und Freundinnen,** in das sie sehr eng eingebunden sind.

Der Islam sieht **keine eheliche Gütergemeinschaft** vor. Eine verheiratete Frau hat das Recht auf eigenen Besitz und der Ehemann muss für den Unterhalt seiner Familie aufkommen. Nicht einmal für den Unterhalt ihrer Kinder oder ihres arbeitslosen bzw. arbeitsunfähigen Mannes kann eine Muslima verantwortlich gemacht werden. Dennoch werden insbesondere in armen Familien Frauen oftmals ihren Beitrag zum Einkommen leisten müssen.

Das Frauen **allein leben,** kommt selten vor, etwa bei geschiedenen oder verwitweten älteren Frauen mit eigenem Einkommen.

Heirat

Menschen die nicht heiraten, sieht die Gesellschaftsordnung des Islam nicht vor. Zwingende Argumente gegen eine Hochzeit sind lediglich schwere Krankheit und Unfruchtbarkeit.

Eine alte und nur schwer antastbare Tradition ist, dass **Ehen von den Eltern arrangiert** werden. Denn Heirat dient nicht nur der Legitimierung der Beziehung zwischen Mann und Frau, sondern auch der Fusion zweier Familien oder Stämme. Heiraten ist somit selten Privatsache, sondern oft ein Stück Stammespolitik und wird wie in alten Zeiten von Herrschern und Scheichs, aber auch von einfachen Stammesmitgliedern als Instrument der Diplomatie genutzt. Streitigkeiten können so beigelegt werden, das Vermögen kann in der Familie gehalten werden, neue Reichtümer können gewonnen werden und nutzbringende Verbindungen können geknüpft werden.

Bei solchen Ehearrangements kann es durchaus sein, dass sich die beiden Zukünftigen kaum kennen oder sogar noch nie gesehen haben. Die Eltern eines jungen Mannes haben oft schon jahrelang das passende Mädchen für ihn im Kopf. Ihr ethnischer und sozialer Status, die Stammeszugehörigkeit und insbesondere das Ansehen der Familie sind wichtige Kriterien für die **Auswahl der Braut,** aber auch die Wünsche des Sohnes werden berücksichtigt. Eines Tages wird der Vater des zukünftigen Bräutigams zusammen mit einem weiteren männlichen Verwandten die Eltern der Auserwählten besuchen, um diese von der beabsichtigten Heirat zu unterrichten. Akzeptieren die Brauteltern diese Pläne, so hält der Vater des eventuellen Bräutigams bei ihnen um die Hand ihrer Tochter an. Der Vater der Braut (oder falls dieser tot ist, ihr Vormund) wird das Angebot abwägen und in den Golfemiraten und Oman ist es meist gang und gäbe, dass die Braut nach ihrer Zustimmung gefragt wird und letztendlich ist es ihre Einwilligung oder Absage, die zählt.

Liebesehen und die freie Wahl des Partners kommen nur in Ausnahmefällen vor – und unter der strengen gesellschaftlichen Aufsicht haben junge Menschen meist nur wenig Möglichkeiten, sich intensiv kennen zu lernen. Daher ist in muslimischen Gesellschaften die emotionale Abhängigkeit der Ehepartner im Allgemeinen nicht so groß wie in Europa.

Gegen eine solche **Vernunftehe,** in der sich die Liebe später schon einstellen wird, sträuben sich immer mehr junge Menschen, was nicht selten in schweren Konflikten mit der Familie endet. Zwar darf dem Koran nach keine Frau gegen ihren Willen zur Heirat gezwungen werden, aber unter dem nicht ausbleibenden sozialen und psychologischen Druck beugen sich viele dem Wunsch der Eltern.

Als Entgegenkommen beliebt ist die Vereinbarung eines späten Hochzeitstermins, damit die **Verlobungszeit** möglichst lang ist. Während dieser Zeit können sich die Zukünftigen näher kommen und dann ist es auch gesellschaftsfähig, wenn beide miteinander ausgehen. Allerdings dürften sie sich nicht allein in einer Wohnung treffen, über Nacht zusammen wegbleiben oder gar sexuellen Kontakt haben. Der Verlust der weiblichen Jungfräulichkeit – sofern dies publik wird – vor der Hochzeit stößt ein Mädchen ins soziale Abseits und ruiniert nicht nur ihren Ruf, sondern – viel schlimmer – die Ehre ihrer Familie. Paradoxerweise kein Problem ist es, wenn junge Männer vorehelichen Sex haben. Offiziell sollen die Zukünftigen ihre erste gemeinsame Nacht nach der Hochzeit verbringen, doch daran halten sich weniger Paare, als man vermuten mag, die Trickkiste ist üppig ausgestattet.

Erst **nach der Eheschließung** darf die Braut mit ihrem frisch Vermählten zusammenleben. Hat der junge Bräutigam nicht genügend Geld für einen eigenen Hausstand, so ist es üblich, dass das Paar die erste Zeit bei der Familie des Mannes lebt. Mit der Hochzeit tritt die Frau aus der Obhut und Verantwortung des Vaters (oder falls dieser tot ist, seines Stellvertreters) in die ihres Angetrauten über.

In muslimischen Lebensgemeinschaften stellt die Ehe eine gegenseitige Verpflichtung dar, sie hat keinen sakramentalen Charakter. Dazu gehört der Abschluss eines **Ehevertrages,** in dem alle Bedingungen in Bezug auf Scheidung, Erbschaft und der Handhabung einer eventuellen Mehrehe mit anderen Frauen fixiert werden. Vielerorts werden aber auch allgemein-islamische Rechte und Pflichten aufgenommen, so der Anspruch der Frau, für die Dauer der Ehe versorgt zu werden und allein über ihr Vermögen verfügen zu dürfen. Frauen können sich beispielsweise auch zusichern lassen, ihr Studium beenden zu können oder außer Haus berufstätig sein zu können.

Auch die Höhe des **Brautgeldes** (arab. *Mahr*), einer Mitgift und Absicherung, die vom Ehemann bzw. seiner Familie an die Braut zu zahlen ist, wird im Ehevertrag festgeschrieben. Dieses Brautgeld diente in seinem historischen Ursprung als eine Art Ausgleich, den der Brautvater dafür erhielt, dass er eine Tochter großgezogen hatte, die im Gegensatz zu Söhnen ab dem Zeitpunkt ihrer Heirat in einer anderen Familie lebte und dort im Haushalt half. Es war auch eine Kompensation dafür, dass der Familie der Braut die Söhne, die sie gebären würde, verloren gingen. Heute gehört das Brautgeld der Ehefrau und dient zum größten Teil als Absicherung für den Fall der Scheidung (Koran 4:4, 4:24) oder Verwitwung. In den letzten Jahren wurden immer mehr Gesetze erlassen, die verhindern sollen, dass Brautgelder eine unermessliche Höhe annehmen. In den V.A.E. wurde die Höchstgrenze auf rund 13.000 US$ festgeschrieben, bei Überschreitung drohen hohe Geldbußen oder gar Gefängnisstrafen.

In den Golfemiraten und Oman erhalten junge einheimische Paare vom Staat ein Baugrundstück oder ein Haus oder Hochzeitsgeld als **Hochzeitsgabe** geschenkt. In den V.A.E. erhält jeder heiratende Emirati ein Haus und 70.000 Dirham (ca. 19.000 US$). Die Gelder stammen aus einem speziellen Fond, dem so genannten „Marriage Fund", der auf Initiative vom Präsidenten *Shaikh Zayed* ins Leben gerufen wurde. Dafür gab es zwei Hauptgründe: Viele junge Emiratis hatten sich für die Hochzeit so hoch verschuldet, dass ihnen der Start in das Berufs- und Familienleben sehr schwer fiel. Und zum anderen werden die Gelder des Marriage Fund nur bei der Heirat mit einer einheimischen Emirati-Frau vergeben. Damit soll verhindert werden, dass immer mehr Männer Frauen aus anderen Ländern ehelichen.

Muslime dürfen auch **Ehen mit Andersgläubigen** eingehen, allerdings nur in die Richtung, dass die Frau einer anderen Religion angehört. Eine Muslima darf nur einen Glaubensgenossen ehelichen. Der Grund liegt darin, dass die Religion des Mannes automatisch die Glaubenszugehörigkeit der Kinder bestimmt.

Durchaus oft üblich – und dem Islam nach legitim – ist die **Heirat unter Verwandten** zweiten Grades, wie zwischen Cousin und Cousine (Koran 4:22 ff.). So wird die Ebenbürtigkeit beider Ehepartner gesichert und das Familieneigentum zusammengehalten.

Polygamie

Über die Polygamie (eheliche Verbindung eines Mannes mit mehreren Frauen oder einer Frau mit mehreren Männern) werden hier zu Lande immer wieder hitzige **Diskussionen** geführt. Fakt ist, dass muslimische Männer bis zu vier Frauen ehelichen dürfen.

In **vorislamischer Zeit** war es gang und gäbe, dass ein Mann mehrere Geliebte oder Konkubinen unter seinen Sklavinnen hatte und Ehen nach Belieben schließen konnte. Bei Beduinen war die Ehe mit mehreren Frauen (lat. *Polygynie*) notwendig, um sich eine reiche Nachkommenschaft

zu sichern und den durch zahlreiche Kriege und Kämpfe entstandenen Frauenüberschuss auszugleichen.

Diesem Treiben setzten die **göttlichen Offenbarungen** (Koran 4:3) ein Ende. Das heute bei uns oft vorurteilhaft als „Vielweiberei" angesehene **Recht auf vier Ehefrauen** bedeutete in seiner Entstehungszeit eine Beschränkung auf „nur" vier. Und bei genauem Hinsehen zeigt es sich, dass der Korantext zugleich die Empfehlung zur Einehe (lat. *Monogamie*) gibt: *„Und wenn ihr fürchtet, in Sachen der (eurer Obhut anvertrauten weiblichen) Waisen nicht recht zu tun, dann heiratet, was euch an Frauen gut ansteht (?) (oder: beliebt ?), (ein jeder) zwei, drei oder vier. Wenn ihr aber fürchtet, (so viele) nicht gerecht zu (be)handeln, dann (nur) eine, oder was ihr (an Sklavinnen) besitzt! So könnt ihr am ehesten vermeiden, unrecht zu tun."* Die Mehrehe ist als Ausnahme gedacht, zur Versorgung von Witwen und Waisen, im Falle einer schweren Krankheit oder Unfruchtbarkeit. Nirgends wird die Ehe mit mehreren Frauen als Vorwand zur zügellosen sexuellen Erquickung propagiert.

Und laut Sure 4, Vers 129, müssen **alle Ehefrauen absolut gleich und gerecht behandelt** werden – was im selben Vers als nicht wirklich möglich ermessen wird: *„Und ihr werdet die Frauen (die ihr zu gleicher Zeit als Ehefrauen habt) nicht (wirklich) gerecht behandeln können, ihr mögt noch so sehr darauf aus sein. Aber vernachlässigt nicht (eine der Frauen) völlig,*

Nur die wenigsten Araber heiraten mehrere Frauen

so daß ihr sie gleichsam in der Schwebe laßt! Und wenn ihr euch (auf einen Ausgleich) einigt und gottesfürchtig seid (ist es gut). Gott ist barmherzig und bereit zu vergeben (oder: Aber wenn ihr euch bessert und gottesfürchtig seid, ist Gott barmherzig und bereit zu vergeben)." Islamische Reformisten und moderne Muslime legen diese Prämisse so aus, dass sie indirekt die Vielehe blockiert, denn welcher Mann vermag es schon, fair und ohne Unterschied seine Liebe und sein Geld aufzuteilen sowie bei jeder Frau in gleichem Maße den Pflichten und Freuden als Mann oder Vater nachzukommen?

In den Golfemiraten und Oman hat sich die **Tendenz zur Einehe** in den letzten Jahren merklich verstärkt, zumal es materiell immer schwerer wird, alle Ehefrauen gleich zu behandeln. In den V.A.E. haben beispielsweise rund 12 % der Ehefrauen unter 50 Jahren eine Co-Ehefrau und nur 3 % müssen sich ihren Mann mit zwei oder drei Co-Ehefrauen teilen.

Scheidung

Der Islam geht nicht von einer lebenslangen Ehe aus. Doch in den Golfemiraten und Oman sind **Scheidungen seltener** als etwa in Europa. Diese Tatsache ist nicht nur den komplizierten Scheidungsformalitäten zuzuschreiben, sondern vor allem der Tatsache, dass Familie hier noch einen anderen Stellenwert hat.

Beide Geschlechter haben das **Recht zur Scheidung,** allerdings kann sich ein Mann nahezu ungehindert trennen, wohingegen eine Frau an bestimmte Bedingungen gebunden ist (z. B. Verletzen der Unterhaltspflicht, Grausamkeit, geistige oder körperliche Krankheit, Impotenz oder Inhaftierung des Mannes, Verheiratung der Frau durch ihren Vormund ohne ihr Einverständnis).

Männer können dem islamischen Recht nach durch dreimaliges Aussprechen einer bestimmten Formel auch ohne Angabe von Argumenten ihre **Frauen verstoßen** (arab. *Talaq,* Koran 58:1 ff.), Frauen können ihren Mann um eine solche Verstoßung bitten oder vor einem Richter ihre Scheidungsgründe darlegen (arab. *Khul*). Die Praxis der Verstoßung durch den Eheman gilt zwar als sündhaft, ist aber dennoch rechtsgültig. Der Koran ruft an vielen Stellen dazu auf, Trennungen zu unterlassen und nach schlichtenden Lösungen zu suchen, doch zwischen Ideal und Wirklichkeit klafft meist eine erhebliche Diskrepanz.

Im Ehevertrag können bestimmte Scheidungsgründe festgeschrieben werden. Die konkreten Scheidungsrechte sind von Land zu Land anders, doch die Scheidung bedarf meist der Zustimmung eines Gerichtes. Damit soll die willkürliche Verstoßung der Ehefrau erschwert werden.

Nach der Scheidung hat die Frau **Anspruch** auf einen eventuell noch nicht gezahlten Teil des Brautgeldes, aber nicht unbedingt Recht auf Alimente. Ihre Versorgung ist mit dem Brautpreis abgegolten. Sofern sie keinen Beruf erlernt hat, kann sie zu ihrem Vater oder einem ihrer Brüder ziehen, der dann für sie verantwortlich ist. Hat sie ältere Kinder, so sind diese zur Versorgung ihrer Mutter verpflichtet. Im Islam geht man davon aus, dass geschiedene (oder verwitwete) Frauen erneut heiraten, was nach einer dreimonatigen Wartezeit, in der sichergestellt werden soll, dass die Frau nicht schwanger ist, möglich ist (Koran 2:228 ff., 65:1 ff.). Eine Unterhaltspflicht der Frau gegenüber ihrem Mann gibt es weder während noch nach der Ehe.

Beim **Sorgerecht** unterscheidet das klassische islamische Recht zwischen der Vormundschaft sowie der Inobhutnahme und Versorgung der Kinder. Während die Vormundschaft immer dem Vater (bzw. bei seinem Tod einem männlichen Verwandten) zugesprochen wird, bleiben die Kinder nach der Scheidung (oder dem Tod des Vaters) bis zu einem bestimmten Alter – das je nach Land variiert – bei der Mutter. Väter bleiben für ihre Kinder unterhaltspflichtig, für Töchter bis zur Eheschließung, für Söhne bis zu deren Erwerbstätigkeit. Auch nach dem Tod des Vaters erhält nicht die Mutter das Sorgerecht, sondern ein männlicher Vormund.

Familienfeste

Wichtige Familienfeste sind Geburten, Beschneidungen, Hochzeiten und Bestattungen.

Die **Geburt** eines Kindes wird von allen Muslimen als Geschenk Gottes angesehen und muss natürlich ausgiebig gefeiert werden. Besonders stolz sind Eltern, wenn ihr Erstgeborenes ein Junge ist und somit die Stammhalterschaft gesichert wird.

Unmittelbar nach der Abnabelung werden dem Neugeborenen der Gebetsruf und fromme Koranverse ins Ohr geflüstert. Der siebte Tag nach dem freudigen Ereignis gilt als besonders geeignet für die Namensgebung. Die Taufe als Aufnahme in die Glaubensgemeinschaft gibt es im Islam nicht. Muslime sind Kinder automatisch, wenn ihr Vater es ist. Jungen werden mit der Beschneidung in die Gesellschaft integriert, Mädchen mit der Heirat.

Die **Beschneidung,** bei der ein Teil der Penisvorhaut entfernt wird, symbolisiert eine kultische Reinigung. Für den Eingriff sprechen auch medizinische Gründe, wie die Vermeidung von Phimose, einer Verengung der Vorhaut. Kindern wird die Beschneidung als Entfernung von etwas Unreinem erklärt. Knaben werden oft am siebten Tag nach der Ge-

Traditionelle Hochzeitsriten in Oman

Auf Grund der ethnischen Vielfalt und der Größe des Landes haben sich im Laufe der Geschichte zum Teil unterschiedliche Hochzeitstraditionen und Riten entwickelt. Beduinen der Wüste Wahiba heiraten anders als die Balutschi in Mutrah, die Jebali im Dhofar, die Shihuh in Musandam oder auch als die Oasenbauern in den Bergen und die stark ostafrikanisch beeinflusste Bevölkerung im Osten.

Hier einige zentrale Elemente althergebrachter omanischer Hochzeitsbräuche, von denen einiges auch in den anderen Golfstaaten üblich ist.

Etwa eine Woche bevor das Brautgeld überreicht wird, unterrichtet eine weibliche Angehörige des Bräutigams die Dorfbewohnerinnen über den Hochzeitstermin. Damit haben sie genug Zeit, ihre Vorbereitungen zu treffen, denn am Tag der Brautgeldübergabe werden sie die Geschenke zu der Braut bringen. Sie überreichen sie auf mit Jasmin, Rosen und Basilikum dekorierten Tabletts, die sie auf ihrem Kopf balancieren. In ihrem Beisein packt die Braut alle Pakete aus. Die Hauptgeschenke sind natürlich die der Bräutigamsfamilie, sie bestehen aus Geld, wertvollem Schmuck, edlem Parfüm, hochwertigem Weihrauch, eleganter Kleidung, teuren Stoffen und diversen Ausstattungsgegenständen für das zukünftige Heim. In vielen Fällen entscheidet der Vater, wie das Bargeld zu verwenden ist.

Etwa eine Woche vor dem Hochzeitstag besucht der Mann zusammen mit Verwandten oder Freunden die Moschee, während die Frau mit ihren Verwandten zu Hause bleibt und dort auf die Ankunft des Scheichs wartet. Ihre Kleider sind grün, denn diese Farbe symbolisiert die Fruchtbarkeit. Bei dieser Gelegenheit trägt sie einen ebenfalls grünen Gesichtsschleier – was bei omanischen Frauen sonst selten üblich ist. Der Scheich fragt die Braut drei Mal, ob sie mit der Heirat einverstanden ist, und nachdem sie alle drei Fragen bejaht hat, geht der Scheich zum Bräutigam in die Moschee. Er rezitiert Verse aus dem heiligen Koran und gibt Anweisungen, wie er seine Frau behandeln und auf sie aufpassen sollte. Rosenwasser wird vergossen und Freunde und Verwandte gratulieren. Dann verlässt der Bräutigam den Gebetsraum, um die Zeremonien bei seiner Braut fortzuführen. Er legt seine Hand auf ihren (immer noch verschleierten) Kopf und sagt feierlich die wichtigsten Verse der ersten Koransure auf.

Wenige Tage vor der Hochzeit geht es darum, dass die Braut sich für ihren Zukünftigen möglichst schön und attraktiv herrichtet. Eine erste Zeremonie ist streng geheim, und nur die Braut und ihre engsten weiblichen Familienangehörigen dürfen davon wissen und mitmachen. Über viele Stunden werden sie den Körper und das Haar der Zukünftigen mit speziellen Ölen waschen und parfümieren. Die Brautkleider werden mit den besten Räucherstoffen aromatisiert und schließlich wird das Haar sorgfältig und lange gekämmt.

Die zweite Nacht ist die offizielle Feier, an der die Braut und alle weiblichen Verwandten und Freundinnen beider Parteien teilnehmen. Die Braut ist wieder verschleiert und nur ihre Hände und Füße sind unverhüllt. Ihre Schwestern, gute Freundinnen und ein professioneller Hennakünstler bemalen sie mit speziellen, besonders kunstvollen und aufwändigen Mustern. Auch die anderen Anwesenden schmücken sich gegenseitig ihre Hände und Füße. Die Braut sitzt auf einem Bett aus grünen Kissen und Stoffen, von dem kleine Spiegel oder glitzernde Pailetten herunterhängen, der Duft von verbranntem Weihrauch zieht sich durch den Raum.

Die Stimmung unter den Damen ist ausgelassen, es wird gesungen und getanzt. Das Auftragen und Trocknen der sehr feinen Hennamotive dauert mehrere Stunden. Während dieser Zeit besucht auch der Bräutigam mit einigen engen Verwandten seine Zukünftige. Er erweist ihr Ehrerbietung und streut symbolisch Papiergeld über sie. Zuvor wurde ihm in einer zeremoniellen Waschung das Kopfhaar abrasiert.

Einen Tag vor der Hochzeitsfeier unterzeichnen der Bräutigam und der Brautvater den Ehevertrag vor einem Richter, arab. Qadi.

Am Hochzeitstag trägt die traditionell gekleidete Braut ein grünes Gewand mit einem ebenfalls grünen Gesichtsschleier. In der Hauptstadt bevorzugen aber immer mehr Frauen ein blendend weißes und mit Spitzen verziertes modernes Hochzeitskleid, an dem der Schleier lediglich das Haar und nicht auch das Gesicht verhüllt. Die Mutter der Braut kleidet sich oft mit Absicht nicht sonderlich hübsch, damit drückt sie symbolisch ihren Schmerz über den Verlust ihrer Tochter aus. Verwandte und Freunde reisen von nah und fern an, und auch die Nachbarn sind herzlich zu diesem wichtigsten Familienfest eingeladen.

Die Feierlichkeiten der Familie des Bräutigams dauern insgesamt drei Tage, die der Braut dagegen nur ein oder zwei. Die Kosten beider Hochzeitsfeste zahlt der Bräutigam. In beiden Familien wird viel gesungen und getanzt, die Braut darf allerdings nicht mitmachen. Sie wartet, bis der Bräutigam sie am späten Vormittag zusammen mit seinen engsten Verwandten abholt. In einem Gesangsspiel fragen sie nach der Braut, doch deren Verwandte antworten, sie hätten keine Braut zu übergeben. Es dauert eine Weile, doch dann wird die Zukünftige mit einem heiligen Koran über dem Kopf zum Haus des Bräutigams geleitet. Vor der Eingangstür legt ein Freund seine Hände auf die Köpfe beider und der Bräutigam stellt seinen großen Zeh auf den seiner Braut, darüber wird ein Ei zerschlagen und mit Rosenwasser weggespült. Dann erst darf der Mann seine Frau ins Haus führen.

Lebt die Bräutigamfamilie auf dem Land, so verbringen manche Paare der Tradition folgend ihre Hochzeitsnacht in einer von Freunden des Bräutigams erbauten kleinen Hütte aus Palmzweigen. Im Inneren ist sie von den weiblichen Verwandten mit zahlreichen Kissen und Stoffen gemütlich eingerichtet und dekoriert worden. Die Jungfräulichkeit der Frau sollte am nächsten Morgen durch ein blutiges Taschentuch belegt werden. Andernfalls schadet das nicht nur der Ehre der Braut, sondern insbesondere dem Ansehen ihrer Familie. Sollte die Frau wider aller Erwartungen keine Jungfrau mehr sein (was aufgrund des fehlenden Blutes nach der Hochzeitsnacht manchmal auch fälschlicherweise angenommen wird), so kann sich der Mann scheiden lassen und den vollen Brautpreis zurückverlangen; möchte er verheiratet bleiben, so kann er den halben Betrag zurückfordern. Traditionell gesinnte Paare werden sieben Tage in Abgeschiedenheit verbringen.

In den meisten Fällen wird die Braut zunächst eine Weile bei der Familie ihres Mannes leben, bis die zwei ihren eigenen Weg gehen. In der ersten Woche wohnt auch oft ein Freund der Brautfamilie mit in dem Haushalt, um zu helfen und zu sehen, ob alles klappt. Eine Woche nach der Hochzeitsnacht verbringt die Frau oft einen feierlichen Tag mit ihrer Familie und ihren Freundinnen. Auch der Bräutigam feiert ein Fest, an dem oft sogar eine Ziege geschlachtet wird. Die Hochzeitsformalitäten sind damit beendet, und der Ehealltag kann beginnen.

burt oder sieben Jahre danach, was wesentlich häufiger der Fall ist, beschnitten. Die Begebenheit findet bevorzugt am Geburtstag des Propheten Muhammad statt. Traditionell werden Jungen in prachtvolle Gewänder gehüllt und durch die Straßen geführt bzw. gefahren. Ein großes Familienfest gehört unbedingt dazu, Geschenke helfen tröstend über den Schmerz hinweg.

Die **Eheschließung** ist eines der bedeutendsten Feste im Leben eines jeden Muslim. Die traditionellen Hochzeitsbräuche in den Golfemiraten und in Oman sind vielfältig, aber immer ist es ein großes mehrtägiges Fest im Kreise der Familie. Für das soziale Ansehen der Angehörigen ist die Ausgestaltung des Hochzeitsfestes so wichtig, dass viele sich über Jahre hinweg verschulden. Zentrale Ereignisse sind das Vorbereiten und Schmücken der Zukünftigen, ein festlicher Brautzug zum Haus des Mannes und ein großes Festmahl, zu dem neben möglichst allen Familienangehörigen auch Bedürftige geladen werden.

Viele junge Paare heiraten heute nicht mehr haarklein nach den althergebrachten, traditionellen Zeremonien, sie sind modernen und westlichen Einflüssen gegenüber bis zu einem gewissen Grad durchaus aufgeschlossen. Immer mehr heiraten, weil sie sich – unter Wahrung aller muslimischen Anstandsregeln – schon kennen gelernt haben und sich mögen. Und immer mehr junge Paare heiraten nach europäischer Mode, mit weißem Brautkleid, Hochzeitsfotos vor romantischer Kulisse, Festbankett, Musik und (mitunter sogar gemeinsamem) Tanz. Sehr beliebt ist es, Ballsäle großer Luxushotels anzumieten. Sowohl in den Golfemiraten als auch in Oman kann man auch auf bestimmten vom Staat eingerichteten Festtagsplätzen (arab. *Mussallat al-Eid)* feiern, dort stehen Hallen und große Zelte bereit. Bei Bauern oder Beduinen geht es eher schlicht zu, wohingegen bei entsprechender Finanzlage aufwändig und sieben Tage lang gefeiert wird.

Tod

Wie mit dem Christentum und dem Judentum teilt der Islam die Vorstellungen vom Jüngsten Gericht, vom himmlischen Paradies, der Hölle und der Auferstehung. Gott ist derjenige, der nicht nur das Leben spendet (Koran 4:1), sondern auch den Tod (Koran 3:145). Für Muslime bedeutet der Tod eine **Einkehr ins Jenseits** und eine **Rückkehr zu Gott.** Dabei stellt das Leben im Diesseits einen vorübergehenden Zustand dar und das Leben im Jenseits ist von Bestand (Koran 40:39 ff.). Der Glaube an göttliche Vorbestimmung lässt auch den Tod als vorbestimmt und gottgewollt erscheinen.

Muslime erwartet nach ihrem Ableben die **Positiv-Negativ-Bilanz ihres Erdendaseins** (Koran 4:13-14, 16:97, 46:19-20). Je nach Resultat wartet das Höllenfeuer oder der Garten Eden. Muslime glauben, das Paradies sei ein großer, üppiger Garten, der im siebten Himmel liegt. Wohl dem, der schlechte Taten durch gute Werke ausgeglichen hat und dort Einlass findet.

Der Islam schreibt die **Erdbestattung** vor (Koran 20:55, 30:19), andere Bestattungsformen, wie z. B. die Einäscherung, werden abgelehnt. Verstorbene sollten ohne Verzögerung bestattet werden, daher geschieht dies meist noch am Todestag, spätestens aber am Tag danach. Vor der Einbettung in die Erde wird der Leichnam einer rituellen Totenwaschung und langen Koranrezitationen unterzogen.

Muslimische **Bestattungszeremonien** sind eher schlicht. Meist wird der Leichnam auf der rechten Seite liegend, mit angewinkelten Beinen mit dem Gesicht nach Mekka gerichtet, ohne Sarg nackt in Stoff gehüllt, ins Grab gelegt. Oftmals üblich sind laute und mitunter dramatisch-theatralische Totenklagen von Ehefrauen oder weiblichen Verwandten, die ihre Trauer herausweinen und -schreien oder sich als Zeichen ihres unermesslichen Leids „verunstalten", indem sie ihr Gesicht schwärzen oder ihre Kleider zerreißen. Bevor das Grab verschlossen wird, sprechen alle Anwesenden, Verwandte, Freunde oder Bekannte das islamische Glaubensbekenntnis. Nach der Beerdigung wird ein Totenmahl zelebriert, bei dem Koranausschnitte vorgetragen werden.

Die **Trauerzeit** dauert in der Regel vierzig Tage und ist erfüllt mit Gebeten und Trauersitzungen. In dieser Zeit gilt es als besonders verdienstvoll, Almosen zu spenden.

Grabbesuche sind an den hohen Feiertagen, dem Fest des Fastenbrechens und dem Opferfest üblich. Wer einem Toten einen Dienst erweisen möchte, liest Suren aus dem Koran vor bzw. entlohnt einen friedhofseigenen Rezitator.

ALLTAG

In diesem Buchkapitel geht es um die Traditionen und das kulturelle Erbe in den Golfemiraten und Oman. In diesem Zusammenhang passt ein berühmtes Zitat des Präsidenten der V.A.E., *Shaikh Zayed: „Wer keine Vergangenheit hat, hat weder eine Gegenwart noch eine Verbindung zur Zukunft".* Auch zum Thema Sprache und zu vielen weiteren Dingen des Alltages geben die folgenden Texte Aufschluss.

Kulturelles Erbe

„Mit der Zeit verstand ich die Sprache jener Männer, aus deren Augen die Ruhe des unendlichen Sandmeeres strahlte. Am Abend an den Lagerfeuern wurde ich auf die Geschichten aufmerksam, die um die Geheimnisse der Wüste gesponnen wurden, und jedes Märchen, jede Erzählung rief mich nur wieder in diese unendliche jungfräuliche Fläche hinaus, wo das stählerne Lied der Maschine mit dem Heulen des Windes, dem rätselhaften Seufzer der Sanddünen, verschmilzt. Jetzt, da ich vor mir auf der Landkarte die Linien betrachte, die ich in die weiße Fläche zeichnen durfte, fühle ich, daß meine Radspuren den vorher unberührten Boden doch nicht entweiht haben, daß ich mit dem Enthüllen der Geheimnisse der Jahrtausende ihm keine Gewalt angetan habe. "

(Ladislaus E. Almasy: „Schwimmer in der Wüste")

Falkenjagd

Die Jagd gehörte einst zum **Lebensalltag der Beduinen,** denn so vermochten sie ihren kargen Speiseplan zu bereichern. Die Beizjagd, d. h. die Jagd mit Greifvögeln, hat sich in der Golfregion bis in die heutige Zeit als eine Verbindung zum ehemaligen Wüstenleben erhalten und ist fest im Brauchtum verwurzelt. Nahezu jeder Edelmann sowie viele reiche Familien halten Beizvögel und haben einen Falkner angestellt. Viele Scheichs trainieren ihre Lieblinge auch selbst.

Im Nahen Osten lassen sich die **Ursprünge der Beizjagd** anhand von assyrischen Reliefzeichnungen bis ins 8. vorchristliche Jahrhundert zurückverfolgen. Seit dem 5. Jahrhundert ist Falknerei im arabischen Raum verbreitet und in derselben Zeit, in der auch der Islam seine stärkste Ausbreitung erfuhr, gewann auch die Jägerei mit Falken, Habichten oder Adlern an Popularität. Weltweit stellte das Halten von Jagdvögeln bis zum Beginn des 20. Jahrhunderts das Privileg der Könige und Aristokratie dar. In allen Kulturen war diese Jägerei nicht nur ein Mittel zum Zweck, sondern traditionsbewusstes Kulturgut.

In der gesamten Golfregion hat sich die Jagd mit **Falken** durchgesetzt. Weibliche Tiere werden bevorzugt, denn sie sind größer und stärker als Männchen. Viele Falkner (arab. *Sakar*) schwören auf Ger- und Wanderfalken, auch Kreuzungen zwischen einem Ger-Muttertier und einem Wanderfalken Männchen sind populär.

Da alle Greifvögel, also auch Falken, nicht gezähmt werden können, verbringen die Falkner zu Beginn der Jagdsaison, die auf die Wintermonate beschränkt ist, sehr viel Zeit mit ihren Schützlingen. Während dieser Zeit sollen sich die Vögel an die streichelnden Hände und an die Stimme des Menschen gewöhnen. Nach und nach fassen die Vögel **Vertrauen zum Falkner** und zur fremden Umgebung. In den V.A.E. und Qatar ist es ein ungeschriebenes Gesetz, dass Falken in alle öffentlichen Gebäude und Hotels mitgenommen werden dürfen (aber sehen wird man solche Szenen sehr selten).

Um die sensiblen Tiere vor der Unruhe und Hektik der Umgebung zu schützen und zu beruhigen, wird ihnen eine aus Leder handgearbeitete **Haube** über den Kopf gestülpt. Die Kappe wird nur während der Fütterung – und später auch beim Trainings- und Jagdflug – abgenommen. Zu Hause und während der Trainingspausen sitzt das Tier mit verbundenen Augen auf einem transportablen Holzständer oder auf einem in den Boden steckbaren Pflock.

Unterwegs werden die Falken **auf dem Unterarm des Falkners** getragen, der durch einen aus dickem Stoff bestehenden Muff gegen Verletzungen durch die scharfen Krallen geschützt ist. Auch zur Fütterung nimmt das Tier auf dem Arm des Falkners Platz. Um sich an die **Handfütterung** zu gewöhnen, wird es immer wieder mit kleinen Fleischhappen verköstigt.

Draußen, in der Wüste, wird der Falke dazu trainiert, gemäß seinem natürlichen Jagdinstinkt eine spezielle **Beute zu erlegen.** Zur Prägung auf das zukünftige Beutetier werden künstliche Köder, bestehend aus an einem Seil angebundenen Fleischbrocken mit aufgesteckten Federn, über den Boden gezogen und durch die Luft gewirbelt. Zu Beginn dieser Ausbildungsphase ist der Falke an seinen Läufen festgebunden, doch später fliegt er frei, schlägt seine Beute und lässt sich, nachdem er sich mehr oder weniger an der Beute satt gefressen hat, wieder auf den Arm nehmen. Dabei passiert es schon mal, dass er nicht auf den Arm zurückkehrt, denn bei einem satten Vogel entfällt die Motivation, Futter aus der Hand des Falkners zu erhalten. Einige Tiere tragen deshalb einen Mini-Funksender, damit sie, falls sie entflogen sind, wieder gefunden werden können.

An so manchem Wochenende gehen **reiche Scheichs auf die Jagd.** Im Gegensatz zu früher tun sie dies nicht aus existenzieller Notwendigkeit, sondern aus Spaß, Freude am Luxus und zur Pflege der Traditionen. Es ist ein spannendes Spektakel, bei dem nicht die Größe der Beute zählt, sondern sportliche Aspekte wie die Grazie und die Geschwindigkeit des Verfolgens und die Kunstfertigkeit des Tötens. Statt auf Kamelen zu reiten, heizen heutige Generationen mit vollklimatisierten Geländewagen durch die Wüste. Letztendlich bringen sie auch die eigens zur Jagd gezüchteten Beutetiere, wie z. B. diverse Vogelarten oder Hasen, mit, denn auf Grund von Jagdverboten stehen etliche Arten unter Schutz. Oder begüterte Scheichs packen ihren gesamten Tross an Falken, Hunden, Gehilfen und Geländewagen in ihre Privatflugzeuge und fliegen auf die andere Seite des Golfes in die reichen Jagdgründe Pakistans.

Poesie und Dichtkunst

Arabisch ist eine überaus blumige und bildreiche Sprache, daher haben Poesie und Dichtkunst eine **bedeutsame Tradition.** In vergangenen Zeiten unterhielten sich Würdenträger, Stammesführer oder Dorfverwalter in dichterischer Form über so wichtige Angelegenheiten wie Stammesgrenzen, Karawanenwege, Friedensvereinbarungen oder Verwandtschaftsverhältnisse.

Einen hohen Stellenwert nimmt die **Beduinenlyrik** ein. Die in der Grandiosität der Wüste entstandenen Verse, die oft abends am Lager-

Bullenkämpfe in Oman – ein Erlebnisbericht

Hörner krachen aufeinander, durch Mark und Bein fährt dieses Geräusch. Kopf an Kopf ringen zwei Bullen und versuchen mit voller Kraft, sich gegenseitig wegzustoßen. Das unter ihrem Hals herabhängende Fell und ihre Nackenhöcker wippen wild im Takt ihrer Hufe. Wie ein Kreisel drehen sich beide und hüllen alles in eine dicke Staubwolke. Jeden Schritt verteidigend, stoßen sie sich gegenseitig nach hinten weg. Dabei verlieren sie das Gleichgewicht und knien mit verdrehtem Nacken auf den Vorderbeinen. Immer noch versucht jeder, seinen Gegner auf den Boden zu zwingen. Schließlich gelingt es ihnen, sich aus diesem Schwitzkasten zu lösen, doch nur um wieder mit voller Wucht die Hörner ineinander zu rammen ...

„Moment mal, ein Stierkampf? Hier?... Ich bin doch nicht etwa auf dem falschen Kontinent gelandet?" Doch doch, ich bin in Oman und nicht etwa in Spanien oder Portugal. Und mit der dortigen brutalen Tierquälerei haben die Bullenkämpfe im Sultanat nichts gemeinsam. Hier kämpfen die Stiere nicht gegen einen mit Schwertern bewaffneten Menschen, sondern ganz gerecht gegen ein gleichstarkes Tier – und ohne großes Blutvergießen behält der Verlierer sein Leben (er trägt höchstens ein paar Blessuren davon) und wird mit reichlich Futter belohnt.

In der gesamten nördlichen Küstenebene namens Batinah werden an so manchem Freitagnachmittag im kühleren Winter auf großen Sandplätzen Bullenkämpfe abgehalten – auch jenseits der Landesgrenze in den Vereinigten Arabischen Emiraten, genauer gesagt im Emirat Fujairah. Die Stadt Barka ist der berühmteste Schauplatz des omanischen Bullfight. Es ist auch der einzige Ort, der eigens dafür eine Arena samt Tribüne angelegt hat.

Showtime: Das Publikum besteht vornehmlich aus alten Männern, die sich in der Zeit bis zum Kampfbeginn angeregt unterhalten. In der Arena stehen die Bullen in etwa zehn Meter Abstand voneinander aufgereiht. Doch diese mächtigen Gestalten wirken alles andere als kampflustig: Ruhig und friedlich stehen auf der Stelle und dösen. Ihre Beine sind mit einem Strick zusammengebunden. Sie wirken, anders als so mancher Toro in Spanien, unelegant, schwerfällig und plump. Aber ihre dicken Muskelpakete lassen ungeheure Kräfte erahnen, die nur im Moment noch ruhig schlummern. Vor ihnen sitzen oder stehen ihre stolzen Besitzer. Der Strick, an dem der Stier an den Hörnern oder durch einen Nasenring angeleint ist, baumelt locker in ihrer Hand. Diesem Festtag angemessen tragen viele Männer ihren prächtigen, auf Hochglanz polierten und silberbeschlagenen Krummdolch (arab. *Khanjar*) und in der Hand halten sie einen kleinen, elastischen Holzstecken, den *Assa*. Manche lassen ihre edlen Kampfbullen auch von ihren Söhnen bewachen. Diese kleinen, wegen ihrer verantwortungsvollen Aufgabe stolzen Knirpse wissen ganz genau, wie sie mit den großen Tieren umzugehen haben.

Ich komme mit *Malik*, einem der Bulleneigner, ins Gespräch und er erklärt: „Die Tiere wurden einst in der Landwirtschaft zum Ziehen des Pfluges und der Ziehbrunnen eingesetzt. Dabei hatten zwei Bauern bemerkt, dass ihre Bullen gegeneinander kämpften, wenn man sie einem Konkurrenten gegenüberstellte. Immer mehr Männer fanden Spaß daran, und so breitete sich der Bullenkampf in der gesamten Batinah aus. Der Sport erfuhr allerdings einen Niedergang, als in den frühen 1970er Jahren moderne Bewässerungssysteme und Traktoren die Arbeit der Bullen ersetzten. Doch wenig später besannen sich die Landleute ihrer Traditionen und die Bullenkämpfe wurden populärer als je zuvor." An die Behauptung, die

Portugiesen hätten bei ihren Eroberungen im 15. Jahrhundert den Stierkampf in Oman etabliert, glaubt *Malik* nicht.

Die Kampfgegner werden ausgerufen und in die Mitte der Arena geführt. Die Bullen werden so aufgestellt, dass sie sich genau gegenüberstehen. Noch passiert nichts, die Kolosse stehen zwei begossenen Pudeln gleich da. Ihre Besitzer treten einige Meter beiseite und lassen die Leine los. Tief blicken sich die Tiere in die Augen und erst in diesem Moment entflammt ihr Kampfgeist: Ihre Augen funkeln, ihre Vorderhufe scharren erregt im Sand und sie stürmen mit gesenktem Haupt aufeinander los ...

Laut schreiend und aufgeregt mit ihren Holzstöcken fuchtelnd, rennen die Bullenbesitzer und ihre Helfer um die Ringer herum. Sobald ein Tier auch nur ein wenig locker lässt, schlagen sie mit den Stecken auf sein Hinterteil. Die Zuschauer grölen, während die anderen Besitzer – und auch ihre Stiere – das Geschehen eher gelassen verfolgen. Nach wenigen Minuten ist der Zweikampf vorbei. *Malik* sagt: „Der Stier, der zuerst einen Schritt nach hinten nachgibt, ist der Verlierer. Dann wird die Runde von den *aqeeds,* den Schiedsrichtern, beendet. Auch wenn ein Tier verletzt wäre, würden die Schiedsrichter den Kampf beschließen."

„Aber wie überzeugt man nun die beiden Widersacher davon aufzuhören?" frage ich. „Catcher", erwidert *Malik* schlicht und zeigt grinsend zu den zwei immer noch ringenden Kontrahenten. Mehrere Männer mit wehenden Gewändern stürmen auf die Tiere zu. Zwei schnappen sich den Schwanz und ziehen den

Bullen daran mit voller Kraft nach hinten weg. Andere tun dasselbe mit einem Hinterbein, während der Besitzer die Leine ergreift und sich mit seinem ganzen Körpergewicht gegen den Bullen stemmt. Die Zuschauer johlen und ich glaube, sie haben mehr Spaß an diesem Teil der Show als an der Kampfszene an sich. Nach einer gewissen Zeit geben die Bullen dem Gezerre der Menschen nach. Widerwillig und aufgeregt, aber dennoch folgsam, werden sie von ihren Besitzern an den Rand der Arena geführt.

„Was haben sie gewonnen?", möchte ich von *Malik* wissen. „Die Tiere haben an Wert gewonnen, denn ein Preisgeld gibt es nicht. Ihr Wert steigt auch, wenn sie gut trainiert sind und am Ende einer Runde sofort aufhören zu kämpfen, wenn man nur einmal kräftig am Schwanz zieht. Je höher der Wert des Tieres ist, desto größer ist das Ansehen des Besitzers, dies ist das Reizvollste für sie an diesem Sport." „Und woher weiß man, welche Stiere in der nächsten Runde gegeneinander antreten?" „Das ist die andere Aufgabe der Schiedsrichter", erklärt *Malik* weiter. „Eine wichtige Regel lautet, dass nur Bullen gleichen Alters, gleicher Größe und Rasse miteinander kämpfen dürfen."

Beim omanischen Bullfight gibt es mehr als nur eine Runde und so werden ohne Pause zwei neue Bullen, ein grau gescheckter und ein hellbrauner, in die Mitte geführt. Auch sie sehen zunächst alles andere als kampfesfreudig aus. Einige Augenblicke lang stehen die Bullen wie angewurzelt da und nichts passiert. Bis ihre Besitzer sie an den Hörnern packen und die Köpfe so drehen, dass sie sich zwangsläufig in die Augen blicken müssen. Das ist der Startschuss, denn jetzt beginnen sie ihre Attacke. Sie verkeilen ihre Hörner ineinander, wobei der Gescheckte den anderen kraftvoll mehrere Schritte zurück schiebt. Die Runde ist eigentlich schon zu Ende, doch die Catcher schaffen es trotz aller Mühe nicht, die Tiere zu trennen.

Der hellbraune Bulle schüttelt sich so wild, dass es ihm gelingt, sich loszureißen und das Weite zu suchen. Wütend und erregt galoppiert er quer über den Platz. Dort wo er hinrennt, springen alle verängstigt auf. Am anderen Ende dagegen haben die Leute einen Mordsspaß. Schließlich stürmt der Bulle genau auf eine dichte Menschentraube zu. Manche versuchen das Tier dadurch abzuschrecken und umzulenken, dass sie ihre Holzstöcke auf die Erde schlagen oder in der Luft herumschwenken. Aber der Bulle findet eine Lücke und flüchtet vom Platz weg in Richtung Meer. Alle sind aufgeregt und viele verfolgen mit hochgeraffter *Dishdasha* (knöchellanges Männergewand) das Tier. *Malik* sagt, das passiere nicht oft, ich hätte Glück, es mitzuerleben. Verletzt ist keiner, und so hatten alle ihren besonderen Spaß.

Nachdem sich die Aufregung etwas gelegt hat, beginnt die nächste, wieder nur wenige Minuten lange Runde. Es folgen noch ein Dutzend weitere, und das Ende des Kampftages wird durch die untergehende Sonne bestimmt. Die Stiere werden von der Arena in das Dorf geführt oder in Anhänger verladen. Alle verabschieden sich herzlich und lachend voneinander.

Maliks Bulle hat heute nicht gekämpft. Trotzdem wird er am Abend mit einem Festmahl aus Bohnen, Zuckerrohr, Rosinen, Datteln, getrockneten Sardinen, Milch und Honig verwöhnt – damit er bei Kräften bleibt und so Gott will den nächsten Kampf gewinnt. Getauft hat *Malik* seinen dicken Liebling übrigens „Al-Shiyoul" – „Der Bulldozer".

feuer rezitiert werden, zeichnen sich durch eine enge Naturbezogenheit und viel Gefühl aus. Liebespoesie wird sowohl von Männern als auch von Frauen gepflegt und sie quillt förmlich über vor schwärmerischer Leidenschaft. Ebenso werden der Wüste, dem Ort des Absoluten mit seiner unmessbaren Weite, unzählige Liebeserklärungen zuteil. Auch Aberglauben, Mystik, Legenden und phantastische Geschichten über die Einflüsse böser Blicke, guter Engel oder mysteriöser Geister fassen Beduinen seit Generationen in ausdrucksstarke Poeme.

Heute verbinden sich Elemente der beduinischen Dichtkunst mit der allmächtigen **Populärkultur** und nehmen Stellung zu Themen wie der Stammesidentität, dem gesellschaftlichen Wertewandel und dem multimedialen Computerzeitalter. Doch auch althergebrachte Inhalte werden gerne rezitiert.

Dass schöne Worte in der arabischen Gesellschaft ein so hohes Ansehen haben, liegt auch daran, dass der **Koran ein poetisches Meisterwerk** ist. Sein hoher literarischer Rang gilt als Beweis für seine göttliche Herkunft.

Kalligrafie

Die künstlerische Gestaltung der arabischen Schrift schafft eine formvollendete **Verbindung von Wort und Bild.** Doch durch diese Schönschreibkunst wachsen aus Buchstaben nicht nur elegante, verschlungene Formen oder kleine Kunstwerke, denn der eigentliche Kernpunkt ist der **religiöse Inhalt** des Textes. Kalligrafen schaffen aus frommen Lobpreisungen fantasievolle Muster oder Tiere oder traditionelle Gegenstände. Das Innere der Moscheen, insbesondere die nach Mekka gerichtete Gebetsnische (arab. *Al-Mihrab*), ist mit verschnörkelten Schriftbändern ausgeschmückt. In ihnen wird Gott gelobt, verehrte Personen werden gewürdigt oder Koransprüche rezitiert.

Das am häufigsten geschriebene Wort ist Allah und was im Christentum in etwa das Kreuz symbolisiert, dem entspricht im Islam **Gottes Schriftzug** – millionenfach schützend und segnend zu sehen beispielsweise auf Schlüsselanhängern und Autoaufklebern.

Zudem stellen die Kalligrafie und auch die Ornamentik eine Art **„Ersatzkunst"** dar, denn streng genommen sind im Islam bildliche Darstellungen von Gott, Heiligen,

Menschen und Tieren untersagt. In der heutigen Zeit mit ihren Massenmedien, Passfotos und Spiegeldekorationen ist das **Bilderverbot** nicht mehr ausnahmslos durchzusetzen und gilt oft nur noch im religiösen Zusammenhang.

Düfte

Düften kommt in der **Tradition** und Kultur der gesamten arabischen Welt eine große Bedeutung zu. Die Herstellung von aromatischen Duft- und Räucherstoffen sowie Parfum zählt zu den ältesten traditionellen Metiers.

Wohlgerüche prägen viele Bereiche des **Alltagslebens** und des sozialen Zusammenseins in den Golfstaaten und Oman. Bei **besonderen Ereignissen** wie Hochzeiten, Geburten, Festen oder Todesfällen kommt Duftzeremonien eine wichtige Bedeutung zu. Für jede Gelegenheit gibt es ein zugehöriges Aroma.

Jede Local-Frau besitzt eine Vielzahl an Flaschen, Flacons, Tiegeln oder Döschen mit aromatischen Duftstoffen, und auch Männer lieben es, **sich in Wohlgeruch zu hüllen** – anders als in unserer abendländischen Gesellschaft nicht unbedingt dezent, denn schwere Düfte oder auffällige Duftwolken gelten nicht als aufdringlich oder penetrant: Sie sind ein Odeur, das alle Sinne anregt.

Blumige Duftöle und auf Ölbasis hergestellte Parfumarten werden nicht nur auf die **Haut,** sondern auch auf **Kleidung und Kopfbedeckung** getropft. Jasmin-, Zitronen- und Limonenöle sind bevorzugte Aromen, Amber und Moschus als Aphrodisiaka sehr beliebt. Mit wässerigen Duftauszügen oder speziellen Duftcremes werden auch **Haare** parfümiert. In Oman beträufeln Herren gerne eine eigens dafür am Halsausschnitt angebrachte **Quaste** mit Duftölen oder Parfum – je nach Tageslaune wechselt das Bouquet.

Weihrauch ist der verbreitetste Duftstoff, der entweder pur verbrannt wird oder Bestandteil anderer Duftmischungen ist. Südoman stellt historisches Weihrauchland dar, denn hier findet der Weihrauchbaum seine optimalen Lebensbedingungen. Der Handel mit dem edlen Harz erlebte seine Blütezeit zwischen dem fünften Jahrhundert v. Chr. und dem ersten Jahrhundert n. Chr. Über die gesamte arabische Halbinsel bis nach Rom, Babylon, Persien, Ägypten und Griechenland trugen Kamelkarawanen den sagenumwobenen Duftstoff.

Es gibt eine Vielzahl von **Räuchermischungen** (arab. *Bukhur*) aus wechselnden Ingredienzen, wie Weihrauch, Sandelholz, Myrrhe, Moschus, Safran, Rosenblätter, Blütenöle oder diversen Dufthölzern. Die festen Zutaten werden mit einem Mörser zerstoßen und dann mit einem Sirup aus Rosenwasser, Duftwasser und Duftölen aufgekocht. Nach dem Erkalten wird die Masse in Stücke gebrochen. Jede Familie hat ihre eigenen, traditionellen Rezepte, die von der Mutter an die Töchter weitergegeben werden.

Auch **Oud,** ein wertvolles Duftholz eines 200–300 Jahre alten Baumes, der vornehmlich in Indien, Malaysia und Kambodscha wächst, ist ein wertvoller Bestandteil der Räuchermischungen. Es findet auch in Form von Duftöl Verwendung, vor den Zeiten des Aftershave war es ein beliebter Männerduft. Heute kommt dem Oud-Öl bei den rituellen Waschungen eines Leichnams als Vorbereitung für seine Verbrennung eine wichtige Bedeutung zu.

Mit Räucherstoffen oder Dufthölzern parfümieren Araber gerne Wohnräume und Kleidungsstücke. Viele verleihen ihren Haaren oder Bärten einen rauchigen Wohlgeruch. Dazu wird der Duftstoff auf einen **Räuchertopf** mit glühender Kohle gelegt, wo er langsam verglimmt. Traditionell sind diese Brenngefäße aus Ton gefertigt, heute gibt es aber auch strombetriebene, sogar solche mit 12-Volt-Anschluss für den Betrieb im Auto.

Kleidung wird oftmals nicht nur gereinigt und gebügelt, sondern auch einer speziellen Duftbehandlung unterzogen. Dazu werden die einzelnen Stücke über Nacht über einen etwa sechzig Zentimeter hohen, pyramidenförmigen Ständer aus Palmholz gehängt, unter dem das qualmende Brenngefäß steht. Das Gewebe wird vom Rauch durchzogen und nimmt einen angenehmen Geruch an. Der Duft wird über mehrere Tage hinweg abgegeben und überdeckt jeglichen Schweißgeruch. Zum Auffrischen heben Männer wie Frauen gerne auch zwischendurch ihre Gewänder einige Augenblicke über die wohlriechenden Rauchschwaden. Insbesondere an Festtagen oder zum Empfang von Gästen werden gerne die besten Räucherstoffe verglüht.

Ein ehrvoller Willkommens- oder Abschiedsgruß ist das Besprengen des Kopfes und der Hände mit **Rosenwasser.** Alternativ reicht man dem Gast auch ein Gefäß mit glimmendem Räucherwerk zum Zufächern oder eine Flasche Parfum, um die Handgelenke zu beduften. Diese Aromen anzunehmen gehört zur guten Kinderstube eines Gastes.

Aber nicht nur traditionelle oder lokale Substanzen kommen zur Verwendung, sondern auch moderne, „**westliche" Düfte** – französisches Parfum, Eau de Toilette, Eau de Cologne, Crèmes oder Rasierwasser – finden begeisterte AbnehmerInnen. Zu so mancher selbst gemischter Duftölmischung gehören Estee Lauder, Chanel, Gucci oder Dior genauso dazu wie Rosenwasser, Moschus- oder Sandelöl.

Souqs

Die traditionellen **Markt- und Handwerkerviertel** (arab. *Souq)* sind in nahezu allen arabischen Ländern das Zentrum des lokalen Handels und ein Mittelpunkt des sozialen Lebens. Hier erlebt der Besucher „Orient pur", mit all seinen wechselnden Eindrücken.

Warenhandel kam schon in **vorislamischer Zeit** eine große Wichtigkeit zu. In nahezu allen Winkeln des arabischen Raumes verdingten sich arabische Kaufleute im Fernhandel. Auf den Handelswegen wurden die edelsten Güter, darunter Gold, Seide, Gewürze, Weihrauch, Elfenbein, Teppiche und Pelze, transportiert und auf Märkten feilgeboten.

Auch weil der **Prophet Muhammad** Sohn eines Kaufmannes war, haben Souqs einen hohen Stellenwert.

Ursprünglich waren Märkte ein wichtiger Ort, an denen Oasenbauern, Fischer, Händler, Handwerker und Beduinen ihre Waren untereinander umschlagen konnten. Die meisten Souqs befinden sich in **abgegrenzten Vierteln,** die in alten Zeiten oftmals durch mächtige Tore verschlossen wurden. In diesen Bezirken liegen die meist eingeschossigen Geschäfte dicht an dicht und nach Branchen geordnet. Diese Ordnung gliedert sich nicht nur nach Geschäftszweigen, sondern sie nimmt auch Rücksicht auf Kundenbedürfnisse sowie Rohstoffversorgung und eventuelle Lärm- und Geruchsbelästigungen – insbesondere im Handwerk.

In den verwinkelten und oftmals zum Schutz vor der sengenden Sonne überdachten Gassen findet man ein vielfältiges **Warensortiment,** das von Zahnstochern über Gewürze, Bekleidung und Kunstgewerbe bis hin zu edlen Juwelen reicht. Der Großteil entfällt auf preiswerte Textilien, Stoffe, Schuhe, Taschen, Haushaltswaren, Uhren und Elektroartikel.

Konkurrenz belebt das Geschäft und die Kunden können prima vergleichen, ohne weit zu laufen. Die **Preise** variieren in verschiedenen Bereichen des Souqs, in großen Geschäften oder Boutiquen ist es sicherlich teurer als in den alten kleinen Läden entlang der Gassen im historischen Souqkerngebiet. Handeln ist ausdrücklich erwünscht und sollte stets Teil des Einkaufes sein.

Die meisten Geschäfte des Souq **öffnen** am frühen Morgen, sind über Mittag geschlossen und haben danach erst wieder ab etwa 16 Uhr bis zum Abend geöffnet.

Traditionelle Souqs haben einige Gemeinsamkeiten mit ihren neumodischen Nachfolgern, den **Shopping Malls** in amerikanischem Stil, die insbesondere in den Vereinigten Arabischen Emiraten wie Pilze aus dem Boden sprießen. In beiden verführen Waren aller Couleur auf raffinierte Weise zum Kauf und in beiden wohnt kein Mensch – nachts ist es fast schon ausgestorben hier. In beiden sorgen weitere Einrichtungen wie Wechselstuben, Lagerhallen und Büros für das weitere Funktionieren des Handels und der Finanzen. Im Souq übernehmen großzügige Stiftungen reicher Familien oder Zünfte sowie staatliche Zuwendungen die Rolle finanzkräftiger Immobilien- oder Kapitalgesellschaften.

Ganz anders als in traditionellen Souqvierteln der Altstädte oder in vollklimatisierten Einkaufszentren geht es auf den täglich- oder wöchentlich abgehaltenen **Märkten für Obst und Gemüse, Fleisch, Fisch oder Vieh** zu. Frischmärkte in großen Städten sind meist in klimatisierten, gekachelten Hallen untergebracht und warten mit allem auf, was die inländische Landwirtschaft zum Besten gibt. Obst und Gemüse werden dabei stets getrennt von Fleisch und Fisch feilgeboten. (Fisch wird vielerorts auch fangfrisch am Strand verkauft.) Ein Bereich auf dem Marktgelände dient zumeist als Großmarkt. Wochenmärkte finden meist auf einem Platz unter freiem Himmel statt, jeder Ort nennt einen bestimmten Tag der Woche seinen Eigen. Ein besonderes Erlebnis ist der Besuch eines Viehmarktes.

Kamele

Gefährten der Wüste

Kamele stecken in einem **„Wunderkörper"**, der den klimatischen Verhältnissen der Wüste kaum besser angepasst sein könnte. Hartnäckig hält sich die Mär vom körpereigenen Wasserreservoir; doch nicht „speichern", sondern „sparen" lautet die biologische Zauberformel. Selbst wenn die Temperaturen über 50 Grad steigen, brauchen Kamele nur jeden vierten Tag **Wasser,** ansonsten je nach körperlicher Anstrengung und Nahrungsangebot nur etwa alle zwei Wochen. Im Notfall können die Tiere bis zu 25 Tage ohne Wasseraufnahme auskommen und vertragen sogar Salzwasser. Aber wenn ein Kamel einmal trinkt, so können es durchaus an die 200 Liter sein. Bei extremen Temperaturen kann es seine Körpertemperatur um neun Grad auf bis zu 42 Grad ansteigen lassen. Dieses „kontrollierte Fieber" verhindert Schwitzen und spart Wasser.

Vor ca. 3500-4000 Jahren begann man in Süd- und Zentralarabien, diese robusten Tiere zu zähmen. Möglicherweise wurde das Kamel anfangs in einem der Küstenländer des nahen und mittleren Ostens, vielleicht sogar in Oman, **domestiziert.** Die alten Semiten nannten es in ihrer Umgangssprache *Gammalu*, benutzten beim Schreiben allerdings die Keilschriftzeichen für „Tier der Meerländer". Dies bekräftigt die Annahme, das Kamel sei vom Arabischen Golf, den man damals „Oberes Meer" nannte, auf die Arabische Halbinsel gekommen.

Erst die Domestizierung des Kamels ermöglichte es den **Menschen, in der Wüste zu überleben.** Aus endlosem Ödland wurden Meere, die man durchschreiten konnte. Mit Hilfe des „Wüstenschiffes" konnte sich eine nomadische Lebensform entwickeln. Als Reit- und Lastentier ermöglichte es Mobilität und die Durchführung von langen Wanderungen, Handelskarawanen und Raubzügen (arab. *Ghazu*).

Das **Wohl der Kamele** hatte bei den Beduinen stets Vorrang vor dem eigenen, so wurden bei der Ankunft an einem Brunnen nach einer harten Reise als erstes die Kamele entladen und mit Wasser versorgt. Der gesamte Lebensalltag von Beduinen und Karawanenführern war noch vor wenigen Jahrzehnten eng mit dem Kamel verknüpft. So maß sich die Dauer einer Reise in Kameltagen, Gewichtseinheiten wurden in Kamellasten gerechnet und ein Tag in zwei Melkzeiten eingeteilt.

Frisch gemolkene **Kamelmilch** war oftmals die einzige Nahrung, der **Dung** stellte wertvolles Brennmaterial dar und die **Wolle** wurde zu strapazierfähigen Stoffen weiterverarbeitet. Zur Fleischversorgung hielten die Beduinen Ziegen.

Kamelfleisch wurde nur zu besonderen Anlässen, wie Hochzeiten oder die Ankunft eines Gastes, aufgetischt. Meist wurden männliche Kamele geschlachtet, denn die weiblichen Tiere waren von größerem Nutzen, da sie Milch lieferten und letztendlich die Nachkommenschaft garantierten. Auch verkauft wurden die Tiere nur in Notzeiten oder wenn große Mengen Bargeld benötigt wurden.

Wild lebende Kamele gibt es nicht mehr. Jedes Tier, auch wenn es frei in (scheinbar) einsamen Wüstengegenden daherschreitet, hat einen **Besitzer.** Kamele gehören jedem einzelnen und sind kein Familien- oder Stammesbesitz. Die Tiere sind zwar meist mit einem Brandzeichen am Hals oder an der Flanke gekennzeichnet, doch da manche Stammesgruppen dieselben Zeichen benutzen, ist es gut, dass jedermann seine Tiere ohnehin am Körperbau und Gesichtsausdruck identifizieren kann.

Während der Brunftzeit, zwischen Dezember und März, ist es besonders wichtig, zu kontrollieren, welche Tiere zusammen sind. In einer Herde von 20–30 weiblichen Kamelen befindet sich ein **Hengst,** der – um die Herde zusammenzuhalten und unerwünschte „Kontakte" zu vermeiden – meist angebunden oder eingezäunt wird. Während dieser Zeit sind die Hengste stets darauf bedacht, ihre Potenz zu zeigen und ihre Weibchen zu verteidigen. Kämpfe mit Konkurrenzhengsten können bis zum Tod gehen. Entsprechend aggressiv sind sie: Sie brüllen, fletschen ihre Zähne und stülpen eine lose rote Schleimhautblase seitlich aus dem Maul heraus.

Kamele vollziehen den **Paarungsakt** im Sitzen und dabei muss ihnen der Mensch assistieren. Die Kamelfohlen werden über ein Jahr später geboren, nur alle zwei bis drei Jahre wird eine Stute trächtig. Zum Thema Paarung hat *Wilfred Thesiger* in „Die Brunnen der Wüste" eine originelle Schilderung parat: *„Dann ließ Khuatim den kleinen Hirtenjungen, der sein Sohn war, die vierjährige und die alte graue Kamelstute, die noch Milch gab, heranbringen. Die Tiere mußten niederknien, und Khuatim selbst löste den Strick, mit dem die Vorderbeine unsres Bullen zusammengebunden waren. Der Bulle war bereits in wilder Erregung und schlug heftig mit dem Schwanz, bleckte die Zähne, blähte die Backen und zog sie mit einem sabbernden Geräusch wieder ein. Ungeschickt besprang er, ein groteskes Bild ohnmächtiger Begierde, die gelbe Stute, während Khuatim neben ihm kniete und zu helfen versuchte. Bin Kabina erklärte mir: ‚Kamele können sich nicht ohne menschliche Hilfe begatten. Sie sind nicht imstande, die richtige Stelle zu finden.' Ich war dankbar, daß nur zwei Stuten zu decken waren. Es hätte auch ein Dutzend sein können, die unserem Bullen die Kraft raubten."*

Schon immer brachte der Besitz von möglichst vielen Kamelen mit möglichst edler Abstammung seinem **Eigentümer ein hohes Ansehen.** Die Durchführung von Handelskarawanen stellte zudem ein einträgliches Geschäft dar.

Dabei wurden Kamele nicht nur als Nutztier oder Statussymbol, sondern vielmehr **als Kamerad angesehen** und ihnen wurde viel Achtung und Zuneigung entgegengebracht. Die arabische Sprache kennt 160 verschiedene Bezeichnungen für das Kamel. Die gebräuchlichste, *Al-Jamal*, wird auch als Begriff für „Zuneigung", „Verehrung" und „Bewunderung" gebraucht. Der sprachliche Ursprung der Wörter „Kamel" und „Schönheit" ist derselbe.

J. R. Wellsted berichtet in seinem Buch „Travels in Arabia" über den **Zusammenhang von Kamelen und Ehre:** *„Um 7 Uhr 45 Minuten zogen wir in demselben waldigen Landstrich weiter. (…) Ich plauderte mit Hamed, der neben mir ritt, über seine Kamele. Er erzählte viel von der Anhänglichkeit, welche die Beduinen für diese nützlichen Thiere haben. Um ihn zu weitern Mittheilungen zu veranlassen, äußerte ich Zweifel über Manches, was er erwähnte. Mittlerweile näherte sich uns zufällig ein fremder Trupp Beduinen, und Hamed, etwas ärgerlich, wollte mir die Wahrheit seiner Behauptungen durch die That beweisen. ‚Der allmächtige Gott breche den Fuß deines Kamel's!' schrie er dem vordersten zu, der in einiger Entfernung vor den ändern her ritt. Ohne sich einen Augenblick zu bedenken, warf sich der Fremde von seinem Thier und ging mit dem Säbel in der Hand auf Hamed los, der seinen Versuch wohl zu bereuen gehabt hätte, wenn nicht einige der Unsern vor ihn getreten wären und die Geschichte dem Fremden auseinandergesetzt hätten. Dieser aber war noch immer tief beleidigt und wiederholte fortwährend seine Frage, ‚weshalb er sein Kameel beschimpft und was dieses ihm gethan habe?' Die Sache wurde endlich durch ein paar Geschenke beigelegt, und ich nahm mir vor, in Zukunft bei solcher Gelegenheit vorsichtiger zu seyn."*

Unzählbar viele Gedichte, Redensarten und Gleichnisse ranken sich um die Eigenschaften des treuen Wüstengefährten. Nichtzuletzt wird das Kamel als **Gottes Geschenk** angesehen, eine alte arabische Legende erklärt, warum: *„Allah schuf sich die Wüste, damit es einen Ort gebe, darinnen er in Ruhe lustwandeln könne. Aber bald sah er seinen Irrtum ein, und er korrigierte ihn. Er rief den Südwind, den Nordwind und alle anderen Winde und befahl ihnen, sich zu vereinigen. Sie gehorchten ihm, er nahm eine Handvoll des Gemisches und so entstand zum Ruhme Gottes, zur Schande seiner Feinde und zum Nutzen der Menschen das Kamel. Er band an dessen Füße das Mitleid, legte auf seinen Rücken die Beute, in seine Flanken den Reichtum und das Glück wurde an seinem Schwanze angeheftet. Er gab ihm auch ohne Flügel den Flug der Vögel."*

Kamele genießen auch ihrer **Weisheit** wegen viel Achtung. Diesen Zusammenhang beschreibt eine andere Legende: *„Es gibt hundert Namen für Allah, doch der Prophet Mohammed verriet seinen Anhängern nur* neunundneunzig davon. *Den hundertsten flüsterte er eines Tages seinem weißen Lieblingskamel ins Ohr als Dank dafür, daß es ihm im Momente einer Gefahr zur Flucht verhalf. Diese Nachricht wurde unter den anderen Kamelen alsbald verbreitet. So kommt es nun, daß sie nun alle den hundertsten Namen Gottes kennen, die Menschen jedoch nicht. Und dies ist der wahre Grund, weshalb alle Kamele so entsetzlich blasiert, stolz, überheblich und hochnäsig sind, denn sie sind wissend."*

Kamelrennen

Obwohl Kamele heute kaum noch von praktischem Nutzen oder zum Überleben in der Wüste notwendig sind, haben Emiratis, Qataris und Omanis die Loyalität zu ihrem treuen Begleiter mit in die **Gegenwart** genommen und an der alten Tradition der Kamelrennen festgehalten. In Bahrain allerdings werden keine Kamelrennen veranstaltet.

Im Kamelrennsport **mischt sich arabische Tradition mit einträglichem Geschäft.** Die Teilnahme an Rennen und Kamelzucht gelten als Zeichen nationaler arabischer Identität. Hauptsächlich geht es um Ruhm und Ehre, doch den Kamelbesitzern und Trainern bringt der Sport auch Reichtum und eine gesicherte Zukunft. Geldpreise von umgerechnet fünf- bis zehntausend Mark sind dabei nur ein kleiner Vorgeschmack auf weitaus wertvollere Preise, die bei den großen Rennen winken. Ironie der Geschichte ist, dass das alte Reittier seinem Halter bei einem Sieg oftmals zum Besitz einer teuren Luxuslimousine verhilft. Wie vor Jahrhunderten ernährt also seinen Eigentümer und ermöglicht ihm die zeitgemäße Fortbewegung.

Kamelrennen gleichen einem riesigen **orientalischen Tohuwabohu.** Nach dem Startschuss verläuft nur im seltensten Fall alles glatt. Immer wieder bleiben einzelne Kamele wie angewurzelt stehen, kreisen irritiert auf der Stelle oder drehen um und breschen in die entgegengesetzte Richtung los. Alle Beine wild um sich schleudernd und im Kontrast dazu den Hals bewundernswert still haltend, bieten die Wüstenflitzer wahrlich einen bizarren Anblick. Einzelne Champs rempeln sich im Zickzackkurs durch die Menge – auch gut trainierte Rennkamele sind unberechenbar und eigenwillig, da vermögen auch die energischen Peitschenhiebe der Jockeys nichts dran zu ändern.

Die **Jockeys** der Sprinter müssen möglichst leichtgewichtig sein und sind daher meist Kinder. Da jedoch kein Einheimischer seinem Sprössling die Torturen und Gefahren eines solchen Wettkampfes zumuten würde, sitzen ausländische Jungen auf den holprigen Rennmaschinen. Offiziell dürfen sie nicht jünger als zwölf Jahre sein und müssen mindestens dreißig Kilo auf die Waage bringen, doch zumindest bei den im

Winter jedes Wochenende stattfindenden Trainingsläufen kommen Zweifel an der Einhaltung dieser Bestimmung auf. Um Stürze zu vermeiden, tragen sie Helme und sind mit dem Po mit Klettband Marke extra stark auf dem Kamelsteiß festgeheftet. Dennoch hüpfen die meisten wie bunte Gummibälle auf und nieder.

Insbesondere in den V.A.E. und Qatar sind Kamelrennen ein „Big Business". Die heutige **Zucht von Rennkamelen** macht sich modernste wissenschaftliche Erkenntnisse zu Nutzen. Die Wüstenschiffe werden hoch- und kreuzgezüchtet, sie verwandeln sich in windhund-schmale Renntiere und sind nicht selten hypersensibel und neurotisch.

Internationale Expertenteams entwickelten Programme zur Vervielfältigung der millionenschweren Pistenstars. Möglichst viele, schnelle und gesunde Nachkommen lautet die Devise, die in speziellen „Reproduction Centers" in den V.A.E. Anwendung findet. **Selektive Auswahl und Embryonentransfer** bilden die Basis dieser Zucht für den Sieg. Die besten Eltern werden durch genetische Tests ermittelt. Der Samen von leistungsfähigen Rennhengsten liegt in tiefgefrorener Form vor (in −196 Grad kaltem, flüssigem Stickstoff) und die Eizellen berühmter Stuten werden nach ihrem Eisprung ausgespült. Da auch die schnellsten Kameldamen von Natur aus meist nur ein Fohlen gebären, verabreichte man ihnen zuvor eine Hormonbehandlung, so dass mehrere Eier reifen konnten. Mittels künstlicher Befruchtung in Reagenzgläsern entstehen so statt nur einem bis zu zwölf Embryonen. Diese werden entweder in die Gebärmutter von Leihmüttern transferiert oder bis zur weiteren Verwendung eingefroren. In beiden Fällen ist die ursprüngliche Mutter von 13 Monaten Austragen befreit und kann zurück auf die Rennbahn. Die Entwicklung der Embryonen im Mutterleib wird mittels Ultraschall genauestens überwacht.

Für die **Beurteilung** eines guten Rennkamels pflegen Araber ironisch zu sagen, zwischen den Lippen des Tieres müsse sich eine Mokkatasse halten können und keine Suppenschüssel versenken lassen.

Araberpferde

Arabische Pferde gelten wegen ihrer Schönheit, Ausdauer und Intelligenz als die **vollkommenste aller Pferderassen.** Angeblich war es Gott persönlich, der sie aus einer Hand voll Wind geschaffen haben soll. Das Glück ist in des Pferdes Mähne verflochten, und ohne Flügel soll es fliegen können. Alten Überlieferungen zufolge wurde der Prophet Muhammad nach seinem Tod von einer weißen Araberstute namens Burak in den Himmel getragen.

Für Beduinen war das Araberpferd seit jeher mehr als nur ein Reittier. Durch die gemeinsame Fähigkeit, in der Wüste zu überleben, entstand eine **tiefe Verbundenheit** und das Pferd wurde zum Freund und Partner der Beduinen.

Die Lobpreisungen in **Gesang, Poesie und Volkssagen,** welche die Grazie, die Anmut und den Mut der Pferde huldigen, sind genauso unendlich wie die Mythen und Legenden, die sich um diese göttlichen Geschöpfe ranken. Ausdrucksstarke Poeme erzählen auch von Ritterlichkeit und wagemutigen Heldentaten und dokumentieren, mit welcher Hingabe und Liebe die stolzen Besitzer ihren treuen Gefährten pflegen und beschützen.

Altes Erbe in neuem Gewand: Die Liebe zum Araberpferd hat auch in der heutigen Neuzeit ihren Platz gefunden. So erfreut sich der **Galopprennsport** in allen Golfemiraten großer Beliebtheit, insbesondere jedoch in den V.A.E. und in Qatar. Die Zucht arabischer Vollblutrennpferde ist ein millionenschweres Business und liegt in den Händen schwerreicher

Pferderennen sind in den Golfstaaten sehr beliebt

Scheichs. Seit Generationen ist die Herrscherfamilie Dubais in der **Vollblutzucht** und im Rennsport engagiert und verfügt über das weltweit größte Renn- und Zuchtimperium. Eine Reihe der weltbesten Vollblüter ist in Besitz der Familie Al-Maktoum und vor allem der europäische Rennsport wird von ihren Pferden und ihrem Sponsortum dominiert.

Die zahlenmäßig größte Pferdeschar ist im Besitz von *H.H. Dr. General Shaikh Maktoum bin Rasheed al-Maktoum.* Der Vollblut-Magnat gilt als reichster Pferdebesitzer der Welt und auf seine Initiative gehen die meisten **Aktivitäten des Maktoum-Hofes im internationalen Rennsport** zurück. *Shaikh Muhammad* ist auch der Begründer von „Godolphin", unter dessen Banner die Stargalopper von ihm und seinem Bruder laufen. Ein Kerngedanke des Projektes ist es, die aus weltweit diversen Rennställen stammenden, im Training stehenden Renner über Winter in das milde Wüstenklima Dubais zu holen und dort für die Saison vorzubereiten. In den hoheitlichen Ställen des Wüstenemirates führen die Lieblinge ein Luxusleben mit Klimaanlage, Swimmingpool, Duschkabinen, Solarien, individuellem Pfleger, hauseigener Futtermittelfabrik sowie Veterinärklinik samt Operationssaal. Und das Konzept geht auf: Die Godolphin-Farben finden sich bei nahezu jedem bedeutenden Rennen auf dem Siegertreppchen, die schnellen Rosse aus dem Imperium der Al-Maktoum kassieren weltweit mehr Gewinnsummen ab als die irgendeines anderen Rennstales.

Meist sind es auch Champions aus dem Hause Al-Maktoum, welche beim Pferderennen mit dem weltweit höchsten Preisgeld siegen – 2002 war es auf die stolze Summe von 6 Millionen US$ dotiert. Dieses Rekord-Rennen wird – wie könnte es anders sein – von den Al-Maktoum in Dubai veranstaltet. Der **Dubai World Cup** ist ein Group-1-Weltklasse-Ereignis von hoher internationaler Akzeptanz, bei dem die Besten der Besten an den Start gehen. Alljährlich im März findet dieses Event statt, zu dem sich zahlreiche Rennsportstars und -Fans aus aller Welt im Wüstenemirat treffen.

Kaffee

Was ist das bloß für ein Getränk, das in so vielen Hotellobbys in winzigen Porzellantässchen gereicht wird und dessen bitterer Geschmack den Atem stocken lässt? Klarer Fall: Es ist **original-arabischer Kaffee** – auf arabisch *Qahwa.*

Der Powerdrink ist ein **Paradesymbol arabischer Gastfreundschaft.** Wie ein Zaubertrank bringt er sowohl Freunde als auch Fremde und Feinde zusammen. Im gemütlichen Beisammensein tauschen sie Neuigkeiten aus, feilschen über Geschäfte oder diskutieren über Gott und die Welt. Heute noch genauso wie in vergangenen Beduinenzeiten.

Ihren **Ursprung** hat die Kaffeepflanze in Äthiopien, wo sie wild wächst. Doch schon im 15. Jahrhundert wurde sie nach Arabien importiert. Eine alte Legende besagt, ein Ziegenhirte bemerkte, dass seine Tiere nicht mehr schlafen konnten, nachdem sie die Blätter und Früchte eines seltsamen Busches gefressen hatten. So probierte er die Früchte und stellte fest, dass sie ihm Energie gaben und er nicht müde wurde. Er pflückte sich einige Beeren und nahm sie mit sich auf Wanderschaft. Nach einigen Tagen waren sie allerdings getrocknet und zum Essen zu hart. Bei dem Versuch, sie in Wasser weich zu kochen, entdeckte der Hirte das Getränk Kaffee. Lange Zeit konnten sich nur wohlhabende Beduinen das **Luxusgut** Kaffee leisten; große Stammesführer beschäftigten einen eigenen Kaffeekoch.

Kaffee kochen kann jeder, aber die **Zubereitung des traditionellen Qahwa** birgt Geheimnisse und Finessen: Zunächst Wasser kochen, am besten in der typischen Schnabelkanne (arab. *Dallah*) aus Metall oder in einem Tonkrug. In ihrer bildhaften Symbolik stellen metallene Schnabelkannen ein beliebtes Motiv der vielgerühmten Gastfreundschaft dar.

Dann heißt es **Rösten** – eine schwierige Angelegenheit, die viel Erfahrung benötigt. Eine Hand voll Kaffeebohnen pro Kanne genügt. Erst durch gleichmäßiges Bräunen entfalten die Bohnen ihr volles Aroma. Die Temperatur und die Dauer des Röstens beeinflussen das Ergebnis entscheidend. Außerdem muss man aufpassen, dass die Bohnen nicht verbrennen, also immer alles in Bewegung halten. Beduinen rösten über offenem Feuer, in einer Pfanne mit einem langstieligen Messinglöffel zum Wenden. Für milden Geschmack müssen die Bohnen nur kurz über dem Feuer bleiben, wer es stark liebt, röstet entsprechend länger. Wenn die Bohnen vom austretenden Öl anfangen zu glänzen, sollte man sie aus der Pfanne nehmen, denn sonst verdunsten die aromatischen Öle.

Noch heiß werden die Bohnen in einem Mörser zerstoßen. Danach zerkleinert man das, was dem Qahwa seinen unvergleichlichen Geschmack gibt: **Kardamom.** Schon wenige Samenhülsen dieses ursprünglich an der indischen Malabaküste wachsenden Gewürzes reichen.

Die gemahlene Kaffee-Kardamom-Mischung muss dann etwa fünf Minuten mit Wasser aufgekocht werden. Nach dieser Zeit setzt sich auch das Kaffeepulver ab. Kocht es zu lange, so wird der Qahwa zu bitter. Eine gewisse Bitterkeit ist aber typisch – und auch nicht durch Zucker zu überdecken, denn im Gegensatz zu Tee wird Qahwa **stets schwarz getrunken.** Besonders lecker schmeckt es, wenn einige Blüten Safran und ein Schuss Rosenwasser hinzugegeben werden.

Bekleidung und Schmuck

„Prophet! Sag zu deinen Gattinnen: Wenn euch der Sinn nach dem diesseitigen Leben und seinem Flitter (w. Schmuck) steht, dann kommt her, damit ich euch ausstatte und auf eine ordentliche (w. schöne) Weise freigebe!"

(Koran 33:28)

Traditionelle Garderobe erfreut sich bei nahezu allen Locals größter Beliebtheit, man sieht nur wenige in „neumodischen" Anzügen, Jeans, Kleidern oder Kostümen.

Überlieferte Gewandung wird nicht nur zu besonderen Anlässen getragen, sondern sie ist Alltagskleidung, zum einen überaus bequem und praktisch, vor allem aber ein Zeichen des tief verwurzelten Nationalstolzes. Nicht zuletzt dient sie auch als Mittel der Abgrenzung zu den mitunter zahlreichen Gastarbeitern.

Obwohl man in einzelnen Ländern der Golfemirate und des Oman deutliche **Unterschiede** in Ausführung und Farbe der Trachten erkennen kann, gibt es bestimmte Gemeinsamkeiten. Daneben haben diverse ethnische Gruppen eine völlig andere Kleidungskultur – wie natürlich auch die Gastarbeiter.

Frauen

Bekleidung

Arabische Frauen zeigen sich der Tradition und Religion entsprechend **körperbedeckt.** In der Öffentlichkeit soll Kleidung ein Zeichen von Anstand, Standesbewusstsein, Keuschheit und Frömmigkeit sein.

Das symbolische Musterstück der Damen in den Golfemiraten und Oman dazu bildet die *Abaya*, ein **schwarzer, bodenlanger Umhang.** Eine Abaya muss aber nicht zwangsläufig das Zeichen streng religiöser Gesinnung sein. Sie wird von vielen Frauen als schick angesehen, sozusagen als „schwarzer Rahmen" oder schlichtweg als „Schutzhülle"" für so manches teure, darunter getragene Gewand. Unter dieser klassisch schwarzen „Tarnkappe" geht es dagegen recht bunt zu.

Meist tragen Frauen ein weites **langes Kleid** (arab. *Kandoura*). Es reicht bis unter die Knie und ist farbenprächtig gemustert und reich mit Gold- oder Silberapplikationen oder Pailletten versehen.

Oftmals wird über das Kleid ein leichtes **Chiffon-Überkleid** (arab. *Thaub)* im gleichen Farbton gezogen.

Trotz Kleid wird stets eine **Hose** getragen, die sich *Sirwal* nennt und weit geschnitten ist. An den Waden verengt sich der Stoff und das Stück oberhalb der Knöchel ist stets mit aufwändigen gold- oder silberfarbenen Stickereien verziert.

Viele Frauen verhüllen in der Öffentlichkeit ihr Gesicht mit einem schwarzen **Schleier.** Es gibt dichte Schleier mit Sehschlitz, en vogue sind halbddurchsichtige Chiffonstoffe (arab. *Shayla*).

Ein **Kopftuch** (arab. *Lahaf)* tragen nahezu alle Araberinnen und dieses gibt es in allen erdenklichen Ausführungen, natürlich auch in klassischem Schwarz oder in Kunterbunt. Viele omanische Frauen hüllen sich in große farbenfrohe Tücher, sie reichen mindestens bis unter die Schultern, meist aber bis zur Taille oder sogar bis zu den Füßen. Die meisten wickeln die Stoffbahn einmal unter dem Kinn entlang um den Kopf und befestigen ihn mit einer Brosche neben der Stirn.

Aller **Tradition zum Trotz:** Unter etlichen Abayas schauen Jeans hervor, zu Hause tragen junge Frauen durchaus Miniröcke und zu festlichen Anlässen darf es gerne Haute Couture sein.

Modische **Schuhe** sind sehr wichtig, denn sie sind das einzige Kleidungsstück, das unter der Abaya herausguckt. Viele Frauen lieben schicke Lederschuhe, vor allem in Gold und Silber.

In Punkto **Bademode** haben Local-Damen andere Auffassungen als Europäerinnen. Badeanzüge oder Bikinis tragen sie nur an abgetrennten Frauenstränden, ansonsten steigen sie mit langen Hosen oder Röcken und einem Oberteil in die Fluten. An Hotelpools wird man sie nur in voller Kleidung unter Sonnenschirmen sehen, ins Wasser würden sie dort nie steigen. An etlichen Pools stehen Schilder mit der Aufschrift „No swimming in Abaya please", denn viele Hotelbesitzer fürchten eine stärkere Verunreinigung des Pools, wenn viele Menschen bekleidet baden.

Schmuck und Talismane

Nahezu jede Local-Frau in den Golfemiraten und Oman besitzt einen gewichtigen Fundus an **traditionellen und neumodischen Schmuckstücken,** der in Form und Design regionalen Eigenheiten unterliegt. Die Palette umfasst Halsketten, Armreife, Fußspangen, Broschen, Haaranhänger, Ohr-, Finger-, Nasen- und Zehenringe sowie Kopfschmuck.

Seit Jahrhunderten gilt Schmuck als **Absicherung der Frauen** und auch sozusagen als Versicherung für die ganze Familie, falls ein Familienmitglied von einer schweren Krankheit heimgesucht wird oder der Mann im Kampf fällt. Beduinenfrauen trugen ihre Wertstücke ständig am Körper und verwahrten sie nicht irgendwo im Zelt auf, denn im Falle eines Überfalls waren die Frauen sozusagen „unantastbar".

Ein Blick hinter die Maske

Bei Beduinenfrauen üblich war – und ist – das Tragen einer Gesichtsmaske, in der arabischen Sprache Burqa genannt. Doch im Gegensatz zum Schleier besteht der ursprüngliche Sinn der Burqa nicht darin, für die (angeblich) im Koran geforderte Gesichtsverhüllung der Frau zu sorgen. Der Hauptgrund liegt im Schutz der empfindlichen Gesichtshaut vor praller Sonne, Staub und Sandstürmen. Daher bedecken die Masken der in der Wüste lebenden Beduinen das gesamte Gesicht von der Stirn bis zum Kinn und lassen nur einen ovalen Sehschlitz frei. Viele junge Frauen bringen ihre dunklen Augen mit dicken Kajalstrichen besonders reizvoll zur Geltung. Manchmal reiben sie sich die freie Haut um die Augen mit einer Paste aus Safran und Wasser ein – sie schützt besser als jede Sonnencreme.

Doch auch viele ältere einheimische Frauen, die nicht als Nomaden leben, tragen Gesichtsmasken – vor allem auf dem Land, aber auch in den großen Städten. Diese Masken fallen wesentlich kleiner aus. Sie bestehen oft nur aus zwei schmalen Streifen, einem über den Augenbrauen und einem über dem Mund, die mit einem Querstreben über der Nase verbunden sind. Sie dienen eher als ein Zeichen der Tradition und Ehrbarkeit denn als Sonnenschutz.

Sie zeigen außerdem, dass „Frau" verheiratet ist. Natürlich erfüllt die Burqa in gewisser Weise auch den Zweck, Frauen vor den Blicken fremder Männer zu schützen. Meist legen die Frauen ihre Maske wenige Tage nach den Hochzeitsfeierlichkeiten das erste Mal an – aber dann immer, wenn sie ihr Haus verlassen.

Burqas bestehen aus festem, imprägniertem Leinentuch, häufig schimmert der Stoff in den Farben helles Gelb oder Violett, gelegentlich sind die Burqas auch schwarz.

Auch wenn die kleinen Masken die Haut nicht in dem Maße schützen wie die großen, und auch wenn weder Ehemann noch Familie verlangen, die Burqa anzulegen, so tun es viele Frauen, weil sie es möchten. Etliche Ältere fühlen sich ohne Maske unwohl, quasi nackt, und sie nehmen sie auch nicht ab, wenn sie mit ihren Schwestern oder besten Freundinnen alleine sind. Die Burqa verleiht ihnen mehr Selbstsicherheit, Schutz, Stolz und Würde.

Viele Frauen benutzen die Maske auch zur Verschönerung ihres Gesichtes. So verwenden sie viel Sorgfalt darauf, ihre Burqas millimetergenau zu nähen oder schneidern zu lassen. Manche Frauen möchten ihre Backenknochen höher oder niedriger erscheinen lassen, andere betonen mit der Maske ihr längliches Gesicht oder lassen sie so schneidern, dass es rund wirkt. Burqa ist also nicht gleich Burqa – jede ist individuell angepasst.

Viele europäische Frauen können nicht verstehen, dass diese „Papageienmaske" verschönern soll, doch genauso wenig verstehen viele arabische Frauen, warum dies eine teure Designerbrille oder braun gebrannte Haut angeblich tut. Eine omanische Frau sagte dazu: „Es ist nicht so, dass wir die Burqa tragen, weil es schamvoll ist, sich ohne sie zu zeigen, sondern weil es schön ist, sich mit ihr zu zeigen."

Das traditionelle Schmuckhandwerk der Golfregion und des Oman unterlag jahrhundertelang dem Einfluss der Silberschmiedestätten Omans und des Jemen. Jedoch ist **Silberschmuck** durch den in den letzten Jahrzehnten aufgekommenen Wohlstand immer mehr aus der Mode gekommen und durch Gold ersetzt worden.

In Serie gearbeitetes **Gold** ist beliebter als Mutters Silber. Aus einigen Silberschmieden sind Goldschmiede geworden, die zumindest einen Teil der traditionellen Formen und Muster des Silberschmucks imitieren. Doch den Großteil der Arbeit übernehmen Gastarbeiter und auch Importe bestimmen den Goldmarkt.

Immer wieder kann man Araberinnen in Juwelierläden beobachten, die sich Pretiosen gleich pfundweise einpacken lassen. Während Europäer Gold eher aus ästhetischen Gründen kaufen, ist es für Araberinnen eine **wichtige Wertanlage.** Goldschmuck stellt den größten Teil des Brautpreises dar.

Viele Schmuckstücke sind im **Stil** des alten traditionellen Beduinenschmucks gestaltet, viele aber auch ganz en vogue im Stil großer Goldschmieden in der Schweiz oder Italien. Das Angebot ist natürlich auch auf den Geschmack der europäischen Touristinnen, die schlichte und kleinere Kostbarkeiten bevorzugen, ausgerichtet. Bei ihnen am beliebtesten sind 14- und 18-karätige Schmuckstücke, unter Indern erfreuen sich 22-karätige Geschmeide größter Wertschätzung, wohingegen Araber 21 oder pure 24 **Karat** bevorzugen.

Durch Goldschmuck wird auch Reichtum zur Schau gestellt, keine Araberin würde zu Feiertagen oder Familienfesten auf ihre Bijouterie verzichten. Charakteristisch sind große Schmuckstücke, so etwa ein **Handgeschmeide,** bei dem Fingerringe und Armband durch Kettchen auf dem Handrücken miteinander verbunden sind, oder **Kopfschmuck,** der mit Steinen, Perlen, Glöckchen und Ketten verziert ist und vom Scheitel über die Stirn bis zum Nasenrücken fällt. Auch typisch ist ausladender Goldschmuck, der das gesamte **Dekolletee** bedeckt.

Arm- und Fußreife sind meist sehr dick, und da sie massiv sind, auch entsprechend schwer. Aus diesem Grunde werden sie meist nur zu besonderen Anlässen getragen. Beide gibt es immer paarweise, manche können aufgeklappt und mit einem Pin verschlossen werden. In hohlen Varianten sorgen kleine Steinchen bei jeder Bewegung für rasselnde Geräusche, Kinder tragen oft Fußreife mit Glöckchen.

Traditionell bestehen **Fingerringe** der Damen aus einem Set von je fünf Ringen, an jeden Finger gehört ein bestimmter Ringtyp. **Nasenringe** werden in Oman vornehmlich von Frauen ostafrikanischer Herkunft getragen.

Seit Jahrhunderten weit verbreitet ist es, **Talismane und Amulette** zu tragen. Oftmals enthalten kleine Silberdöschen, die an einer Kette um den Hals getragen werden, segenbringende Sprüche aus dem Koran (arab. *Hirz*). Schmucke Anhänger und „magische" Materialien wie Zähne, Münzen, Quarz oder Korallen sollen Glück und Gesundheit bescheren, Feinde fern halten, vor Unfällen bewahren, Schlangenbisse und Skorpionstiche abwehren oder die Fruchtbarkeit steigern. Sie sollen auch den „Bösen Blick" abhalten, der von Personen übertragen wird, die irgendwie „suspekt" erscheinen. Schützend wirken sollen türkisblaue Schmucksteine sowie die „Hand der Fatima", ein Amulett in Form einer Hand mit ausgestreckten Fingern. Verständlich, dass in unzähligen Autos

Emiratische Goldmarie

blaue Keramikhände am Rückspiegel baumeln. Schon Neugeborenen und Kleinkindern werden Amulette umgehängt, meistens Halbedelsteine oder Korallen.

Auch **Edelsteinen** werden vielfältige Fähigkeiten und Kräfte nachgesagt; sie werden allerdings vornehmlich von Männern getragen.

Henna

Malereien mit dem Naturstoff Henna (arab. *Al-Hinna*) sind bei uns in den letzten Jahren stark in Mode gekommen. Sozusagen als „Tatoo-Light" werden sie verkauft, was allerdings nicht ganz korrekt ist, denn mit dem Prinzip des Tätowierens hat die Hennakunst, außer der Abbildung von farblichen Mustern auf der Haut, nichts gemein. Hennamuster verschwinden wieder und tun nicht weh.

In den Golfemiraten und in Oman ist Henna Alltag und hat eine **lange Tradition.** Überall fallen arabische und indische Frauen auf, die ihre Hände und Füße mit filigranen Mustern aus brauner Farbe verziert haben.

Araber glauben, Henna sei eine **Gabe Gottes** und übertrage *Baraka*, „Segen". Einer von Prophet Muhammads Ratschlägen besagt, dass sich Männer ihre grauen Haare mit nichts anderem als Henna färben sollten.

Der Brauch, Henna zum **Verschönern der Hände** zu benutzen, soll von Muhammads Tochter *Fatima* etabliert worden sein. Sie war arm und besaß keinen Schmuck, so bemalte sie ihre Haut mit eleganten Ornamenten und Arabesken.

Daher wird Henna nahezu im gesamten arabischen Kulturraum schon seit den frühen Tagen des Islam benutzt, aber nicht nur von Frauen, sondern auch von Männern. Letztere überdecken ergraute **Kopfhaare** oder verleihen ihren **Bärten** mit Henna eine rötlich-braune Farbe. Auch Frauen nutzen den Naturfarbstoff, um ihren Haaren eine besondere Farbnote, Gesundheit und Glanz zu verleihen.

Neben der Färbeeigenschaft hat das Kraut auch eine **naturheilkundliche Wirkung.** Eine spezielle Mischung von Hennakräutern pflegt und heilt raue, beanspruchte Haut wirksam und langanhaltend. Viele Männer und Frauen, die mit ihren Händen harte Arbeit verrichten, schmieren den gesamten Handteller mit Hennapaste ein. Dabei wird das Farbpigment von der Haut aufgenommen und färbt sie dunkelbraun. Das Ganze ist wasserfest und ohne Folgeschäden: Nach etwa drei Wochen ist das Pigment vollständig abgebaut.

Mit der Hennapaste lassen sich geometrische, ornamentartige und blumenförmige **Motive** auftragen. Typisch sind Girlanden aus Blumen, Ranken und Blättern. Solche perfekt und fein angefertigten Malereien werden von den arabischen Frauen und ihren Männern als Schönheitsmerkmal angesehen. Meist sind die Handinnenflächen, die Fingerkuppen und die Fingernägel bemalt, zu besonders feierlichen Anlässen auch Füße und Knöchel.

Zu religiösen Feiertagen und zu privaten **Festen** ist Henna für einheimische Damen obligat. Vor einem großen Fest treffen sich die weiblichen Familienmitglieder und üben dieses Schönheitsritual gemeinsam aus. Bei Hochzeiten wird die Braut mit besonders schönen und aufwändigen Mustern herausgeputzt. Heutzutage ist Henna aber oftmals auch Alltagsschmuck.

Zunächst werden die getrockneten Blätter des Hennastrauches zu feinem **Pulver** zermahlen und mehrmals durch ein feines Musselin-Tuch gefiltert. Man kann das grüne, staubfeine Pulver für wenig Geld in jedem Supermarkt oder Gewürzladen kaufen. Anschließend wird es mit Wasser, Eukalyptusöl und Limonensaft zu einer **weichen Paste** angerührt. Statt Öl und Limone kann man wahlweise auch den Saft von gekochten Tamarinden- oder Teeblättern zugeben. Diese Stoffe bewirken, dass der rötliche Farbstoff des Henna seine Wirkung besser entfaltet. Noch besser ist es, die schlammartige Mixtur vor dem Gebrauch ein bis zwei Stunden in der Sonne gären zu lassen.

Meist wird der zähe, nach nassem Heu riechende Brei mittels eines Beutels mit abgeschnittener Spitze **aufgetragen.** Aber auch mit in Henna getunkten Holzstäbchen oder Dornen kann gemalt werden. In den Souqs werden auch gebrauchsfertige Mischungen in einer Metalltube mit beiliegender Plastikspritze angeboten.

Ein **originelles Souvenir** können Touristinnen in Form einer formvollendeten Henna-Malerei mit nach Hause nehmen. Zahlreiche Schönheitssalons in allen Golfemiraten und in Oman bieten diesen Dienst an. Zu erkennen sind sie an der Aufschrift „Henna Artist and Hair Dressing", „Facial and Bridal Make Up", „Beauty Parlour", „Beautician" oder „Henna and Beauty Saloon".

Gut Henna braucht Zeit, nicht unbedingt zum Auftragen, was bei geschickten Hennamalerinnen wirklich wieselflink geht, aber um so mehr zum **Trocknen.** Knapp zwei Stunden sind bemalte Hände ein echtes „Handicap". Wenn die Paste vollständig getrocknet ist, kann man sie am besten mit einem stumpfen Messer abschaben. Keinesfalls sollte sie abgewaschen werden – etwa einen halben Tag lang sollte die Haut nicht mit Wasser in Berührung kommen. Übrigens nicht erschrecken, wenn nach dem Abkratzen des getrockneten Hennas die Haut in einem grellen Orange leuchtet: Über Nacht wandelt sich dies in einen natürlichen Braunton, der rund drei Wochen hält, allerdings in den letzten Tagen eher wie ein Hautausschlag aussieht.

Männer

Bekleidung

Das unverkennbare Kleidungsstück nahezu jedes Mannes in den Golf-emiraten und Oman ist die **Dishdasha,** ein meist schneeweißes, lose fallendes, knöchellanges Gewand, das stets gerade geschnitten und langärmlig ist. Egal ob Fischer oder Minister, für jeden ist die Dishdasha standesgemäß und jeder findet sie äußerst bequem. Auch bei wichtigen Geschäftsterminen und selbst bei Staatsgesprächen werden Locals selten auf ihre Dishdasha verzichten. Je nach Region gibt es unterschiedliche **Varianten:** mit Hemdkragen (Qatar) oder ohne (Bahrain), mit Stehbünd-chen (V.A.E.) oder einer Knopfleiste mit abschließender Kordel samt parfümierbarer Quaste (Oman).

Die meisten Dishdashas bestehen aus dünner Baumwolle, vielen **Stof-fen** ist aber auch ein hoher Prozentsatz Synthetik zugewebt. Weiß ist die formelle **Farbe,** aber in der Freizeit sind modische Pastelltöne sehr be-liebt, Städter bevorzugen helle Farbtöne, Beduinen dagegen dunklere.

Unter der Dishdasha werden je nach Klima und persönlicher Vorliebe meist ein T-Shirt oder Unterhemd und Shorts oder Turnhosen getragen. Viele Männer bevorzugen den **traditionellen Wickelunterrock,** den *Wizar* bzw. *Lunghi.* Diese lange Stoffbahn besitzt keine Knöpfe, wird wie ein Badetuch fest um die Hüfte geschlungen und dann mehrere Male nach unten gefaltet, bis sie sicher und bequem hält. Doch um durch eventuell rutschende Unterröcke hervorgerufene Peinlichkeiten zu ver-meiden, bedienen sich viele Männer eines Gummibandes – in aller Dis-kretion natürlich.

Kaum ein einheimischer Mann der Golfemirate oder des Oman geht „oben ohne". Die Vielfalt der **Kopfbedeckungen** ist erstaunlich, so dass jeder Mann persönliche Akzente setzen kann, auch wenn manche ge-sellschaftliche Auflagen einzuhalten sind.

In den Golfemiraten tragen viele ein **weißes Tuch** (arab. *Gutra*), das von **schwarzen Kordeln** (arab. *Aqal)* gehalten wird. Häufig weisen die Kopftücher feine Stickereien auf. In konventionellem Stil fallen alle drei Enden lose herunter, eines auf den Rücken und zwei auf die Schultern. Manche Männer schlagen die über die Schulter fallenden Ecken hoch, so dass Ohren und ein Teil des Haares sichtbar werden.

Insbesondere in den „kühleren" Wintermonaten bevorzugen viele statt des dünnen, weißen Tuches ein dickeres, mit Karos gemustertes, **fran-sengesäumtes Kopftuch** (arab. *Kufiya,* bei uns auch als „Palästinenser-tuch" bekannt, obwohl es nicht allein von Palästinensern, sondern nahe-zu im gesamten arabischen Raum getragen wird) samt Aqal.

Klassisch emiratisch ist es, die weiße Gutra ohne Aqal zu einem **Turban** zu wickeln. Dagegen typisch omanisch ist ein Turban aus feinem Kaschmirstoff mit besticktem Rand (arab. *Massar*), doch dieser wird auch vereinzelt in den Golfemiraten getragen. Solch ein Kaschmirtuch nutzen viele Männer auch als Schultertuch. Qualitativ hochwertigen Stoff muss man durch einen Fingerring ziehen können.

In Oman ebenfalls allgegenwärtig sind **buntbestickte Kappen,** *Kumma* genannt. Eine Kumma besteht aus zwei Teilen: einem runden „Deckel" mit einem angenähten Rechteck als Seitenteil. Beide Stücke sind mit bunten Stickereien verziert, aber erst bei näherem Betrachten erkennt man zahllose fein umstickte Löcher. Die Vielfalt der Farben und Ornamente ist erstaunlich, man wird kaum zwei gleiche handgearbeitete Kappen finden. Traditionell ist es die Aufgabe der Frau, für ihren Mann und ihre Söhne Kummas herzustellen. Obwohl ein solches Stück sehr wertvoll sein kann, ist es nicht die richtige Kleidung für formelle Anlässe. In solchen Fällen ist ein Kaschmirturban schicklicher, daher sieht man auch *Sultan Qaboos* meist mit solchem Kopfschmuck.

Auch typisch Sultan ist das Anlegen eines **Umhangs** (arab. *Bisht*). Doch auch Regierungsvertreter, Scheichs oder Kaufleute, die offizielle Funktionen ausüben, können sich in einen Bisht kleiden – sowohl in Oman als auch in den Golfemiraten. Von der Qualität und Farbe kann man auf den sozialen Status des Trägers und auf die festliche Gelegenheit, zu der er getragen wird, schließen: Morgens favorisiert man helle Farben, abends dunkle. Die Umhänge werden aus feiner Gaze oder Kamelhaar hergestellt und vorn mit einer Goldbordüre eingefasst.

Harmonische Eintracht besteht bei der **Fußbekleidung,** denn nahezu jeder Mann trägt luftige Ledersandalen.

Natürlich bleibt der **Einfluss westlicher Mode** nicht ganz aus. Auf Reisen ins westliche Ausland tragen viele Männer europäische Kleidung. Und mitunter kann man junge Leute und selbst Angehörige hoch angesehener Familien bei inoffiziellen Anlässen, z. B. bei einer Strand-Party oder Sportveranstaltung, in Jeans und T-Shirt sehen.

Accessoires

Viele arabische Männer tragen mit Steinen eingefasste **Fingerringe;** einst waren sie aus Silber, heute sind sie oft aus Gold.

Tradition ist es auch, eine **Gebetskette** (arab. *Misbah*) mit sich zu führen – je nach Geldbeutel aus Plastikperlen oder handgearbeiteten Edelsteinen gefertigt. Gebetsketten haben 33 Perlen, wenn man sie drei Mal durch die Finger gleiten lassen hat, steht das für die 99 arabischen Namen Gottes.

Ein traditionelles Accessoire der Golfemirate und des Oman sind dünne **Kamelstecken** aus gebogenem Bambus (arab. *Assa*). Beduinischen Ursprungs sind auch silberne Pfeifen, kleine Tabakdosen oder Messer.

In den zurückliegenden kriegerischen Zeiten trug man mit Stolz **Waffen,** so zum Beispiel Schwerter, Dolche, Vorderladergewehre oder Pistolen und entsprechend Schießpulverdosen oder Patronengürtel. Auch heute sieht man diese Waffen als Zeichen hoher Manneswürde noch beim Zelebrieren traditioneller Kriegs- oder Hochzeitstänze.

In Oman schmücken sich Inhaber hoher Ämter, Scheichs, angesehene Würdenträger und ältere Männer zu offiziellen oder festlichen Anlässen sowie am Wochenende mit einem handgearbeiteten, silbernen **Krummdolch** (arab. *Khanjar*). Dieser wurde auch von den Beduinen zu Zeiten der alten Scheichtümer um die Hüfte geschnallt. Diente der Dolch früher als Waffe, so ist er heute ausschließlich Statussymbol und Festtagsschmuck. An der Reichhaltigkeit der Verzierung und der Art des Materials können Rückschlüsse auf das Ansehen und die Herkunft seines Besitzers gezogen werden. Die Klinge eines guten Dolches sollte aus Vollstahl geschmiedet sein, preiswertere Ausführungen sind aus dünnen Stahlblechen zusammengesetzt. Die Scheide besteht aus Silber oder in seltenen Fällen sogar aus Gold. Als Griff dienen heute meist Tierknochen oder Horn, manchmal auch Holz, wohingegen früher viele aus Rhinozeroshorn gefertigt waren. An den meisten Griffen kann man wegen des üppigen Silberbeschlags aber nichts mehr von diesen Materialien sehen. Das Schönste und Wertvollste an einem omanischen Krummdolch ist seine fast rechtwinklig gebogene Scheide, die vollständig mit Silber dekoriert ist. Der dazugehörige Gürtel wird in kunstvoller, aufwändiger Kleinarbeit mit Silberfäden bestickt.

Je nach gesellschaftlichem Status sind Marken-Armbanduhren, Designer-Sonnenbrillen und Mini-Mobiltelefone eine Art **neumodische „Pflichtbekleidung".**

Bambusstöckchen zum Kameltreiben

Essen und Trinken

„Die Stammesleute, Neffen und Vettern, scharten sich um uns, um zu helfen und an der Mahlzeit teilzunehmen. Eines unserer armseligen Hähnchen wurde geopfert und im Reistopf begraben. Es lag uns daran, sie möglichst bald zu verspeisen, denn sie konnten jeden Augenblick sterben und sich gegen das Gesetz versündigen dadurch, daß ihnen die Kehlen nicht im Namen Allahs durchgeschnitten wurden; sie hatten bereits alles Interesse an den Vorgängen dieser Welt verloren und starrten nur noch mit glasigen Augen ins Leere.“

(Freya Stark: „Die Südtore Arabiens“)

Religiöse Vorschriften

Der Islam verbietet seinen Anhängern den Konsum des „Teufelswerks" **Alkohol** (Koran 2:219, 5:90 ff.): *„Ihr Gläubigen! Wein, das Losspiel, Opfersteine und Lospfeile sind (ein wahrer) Greuel und des Satans Werk. Meldet es! Vielleicht wird es euch (dann) wohl ergehen. 91 Der Satan will (ja) durch Wein und das Losspiel nur Feindschaft und Haß zwischen euch aufkommen lassen und euch vom Gedenken Gottes und vom Gebet abhalten. Wollt ihr denn nicht (damit) aufhören?"* (Koran 5: 90-91).

Der öffentliche Genuss von hochprozentigen Getränken ist in vielen Ländern – einschließlich der Golfemirate und Oman – verboten, dies gilt auch für Nicht-Muslime. Wenn Spirituosen verkauft werden, dann dürfen sie nur dort getrunken werden, wo sie verkauft werden, also in den dazu lizensierten Restaurants, Bars, Discos und Nachtclubs sowie natürlich in Hotelzimmern und Privatwohnungen (eine Ausnahme bildet das Emirat Sharjah, in dem ein totales Alkoholverbot gilt). Doch davon gibt es zumeist genug (siehe „Als Tourist unterwegs"/„Reisealltag"/„Nachtleben"). Speist man zusammen mit strenggläubigen Muslimen, so wäre es unachtsam, Alkoholika anzubieten.

Ein weiteres Speisegesetz (Koran 5:3, 16:115, 2:173) verbietet Muslimen den Verzehr von **Schweinefleisch.** Ein Schnitzel ist also bestimmt nicht das richtige Festmahl, wenn man einen Muslim einladen möchte. In einigen großen Supermärkten wird das sündige Fleisch in abgetrennten „Pork-Rooms" verkauft.

Beide Verbote begründen sich damit, dass diese Nahrungsmittel eine rituelle Reinheit verwehren.

Nach islamischem Brauch sollte **Schlachtvieh geschächtet** werden (Koran 5:3, 16:115, 2:173). Dem nach Mekka gerichteten Tier wird nach

Rezitieren religiöser Formeln mit einem scharfen Messer die Halschlagader durchgeschnitten, so dass es schnell stirbt und gut ausblutet.

„Verboten hat er euch nur Fleisch von verendeten Tieren (w. Verendetes), Blut, Schweinefleisch und Fleisch (w. etwas), worüber (beim Schlachten) ein anderes Wesen als Gott angerufen worden ist. Aber wenn einer sich in einer Zwangslage befindet, ohne (von sich aus etwas Verbotenes) zu begehren oder eine Übertretung zu begehen, trifft ihn keine Schuld. Gott ist barmherzig und bereit zu vergeben." (Koran 2:173)

Der Koran gebietet allen erwachsenen und gesunden Muslimen, dass im heiligen **Fastenmonat Ramadan** tagsüber nicht gegessen, getrunken und geraucht wird. Zugleich führen sie während dieses Monats, in dem Muhammad am 27. Tag seine erste göttliche Offenbarung erfuhr, ein besonders religiöses und besinnliches Leben. Auch Touristen sollten diesen Monat respektieren (siehe „Als Tourist unterwegs"/„Religion respektieren"/„Ramadan").

Typische Speisen und Getränke

Eine – oder die – **arabische Küche** gibt es genauso wenig wie eine einheitlich-europäische. Dieser Begriff umschreibt eine Vielzahl an Speisen aus diversen arabischen Ländern. Von überregionaler Bedeutung und auch in den Golfemiraten und Oman vielfach anzutreffen sind die Kochkünste der Libanesen und Syrer.

Natürlich hat jedes der beschriebenen Länder eigene Spezialitäten. In den Golfemiraten hat die **Beduinenküche** Tradition, im Landesinneren von Oman ebenso, aber entlang seiner ausgedehnten Küstenregion haben jahrhundertelang **fremde Einflüsse** (Indien, Pakistan, Persien, Ostafrika) Fuß fassen können.

Die meisten Nomaden waren arm und mussten aus dem Wenigen, was ihnen zur Verfügung stand, eine sättigende Mahlzeit zubereiten. **Grundnahrungsmittel** sind Datteln, Kamelmilch, Fleisch, einheimische Gemüsesorten, Brot und aus Indien importierter Reis. In vielen Local-Haushalten wird immer noch gerne typisches Beduinenessen serviert, speziell zu großen Festlichkeiten und Hochzeiten. An der Küste erfuhr der Speiseplan eine Bereicherung durch Fisch (arab. *Samak*) und Importgüter des Überseehandels.

Reis und Brot bilden die Grundlage der meisten Gerichte. Reis ist nicht gleich Reis, es gibt eine Vielzahl von Sorten, die auf unterschiedliche Weise zubereitet und serviert werden. Weißer Reis, schwarzer Reis, ungeschälter Reis, Bamasti-Hochlandreis oder Langkornreis wird entweder körnig gekocht oder in Öl gebraten, dann mit unterschiedlichen Gewürzen verfeinert sowie mit Gemüse, Nüssen oder Rosinen vermischt. Arabisches Brot – arab. *Khobs* – ist stets Weißbrot, rund, flach und gar nicht oder nur leicht gesäuert.

An **Fleisch** – arab. *Lahm* – wird gewöhnlich Lamm, Rind-, Huhn oder Ziege gegessen, bei Muslimen verpönt ist Schweinefleisch.

Auch **Gemüse und Hülsenfrüchte** spielen eine wichtige Rolle. Gemüse ist mehr als nur eine Beilage, und insbesondere in den heißen Sommermonaten bevorzugen viele leichte Gemüsegerichte. Wegen ihres hohen Nährwertes sind Bohnen, Erbsen und Linsen beliebt. Zudem halten sie in getrockneter Form lange.

Nüsse, Mandeln und Rosinen dienen dem Verfeinern und Garnieren, z. B. in Reisgerichten und Süßspeisen. Besonders beliebt sind Mandeln, Wal- und Haselnüsse, Pinien- und Cashewkerne.

Eier werden als Omelett gern zum Frühstück zubereitet, zu anderen Mahlzeiten werden sie zusammen mit Gemüse und Gewürzen gebraten.

Bevorzugt werden würzige, aber nicht allzu scharfe Speisen. Kardamom, schwarzer Pfeffer, Kurkuma (Gelbwurz), Safran, Zimt und Rosenwasser sind prägende **Gewürze.** Als säuerliche Zutaten kommen in viele Speisen Tamarinde oder getrocknete Limonen (ganz oder die abgeriebene Schale). Knoblauch ist nicht nur wegen seines Geschmacks, sondern auch wegen seiner antibakteriellen Wirkung beliebt.

In den letzten Jahrzehnten hat sich die Palette der Nahrungsmittel und das **Essverhalten stark gewandelt** – wie ein Blick in die Regale der Supermärkte und auf die Tische der zahlreichen amerikanischen Fast-Food-Restaurants zeigt.

Ein zu jeder Tageszeit konsumiertes Getränk ist **Tee,** schwarz mit viel Zucker, mit oder ohne Milch. Kein Essen ist richtig abgeschlossen, ohne einen Tee danach zu trinken.

Zu den meisten Mahlzeiten werden **Wasser, Limonaden** oder **Fruchtsäfte** gereicht.

Ein beliebtes Getränk ist arab. *Laban,* eine Art **Buttermilch** oder Trinkjoghurt. Ein Getränk eher begüterter Familien oder in der Wüste lebender Menschen ist mit Ingwer gewürzte, warme **Kamelmilch;** in Restaurants wird sie nicht angeboten, aber in vielen großen Supermärkten kann man sie in Plastik abgepackt kaufen.

Wasserpfeife

Wasserpfeifentabak kann **viele Aromen** haben: Pfefferminze, Apfel, Aprikose, Erdbeere und natürlich purer Tabakgeschmack. Die meisten Cafés offerieren fertige Mischungen aus Ägypten, aber einige stellen auch ihre

Arabische Gaumenfreuden

Vorspeisen: Vorspeisen (arab. *Mezze*) werden mit arabischem Brot gelöffelt.
- *Achar* – eingelegtes Gemüse
- *Hummus* – Paste aus Kichererbsen mit Sesam
- *Tahina* – Sesamsoße
- *Felafel* – frittierter Kichererbsenbrei
- *Tabouleh* – Petersilien-Tomatensalat mit zermahlenem Weizen und mit Minze gewürzt
- *Fatush* – ähnlich wie *Tabouleh*, allerdings mit beigemischtem geröstetem Weißbrot
- *Foul* – gekochter Bohnenbrei
- *Mutabbal, Babaghanouj* – gebratene und pürrierte Auberginen mit Zitrone und Knoblauch
- *Warra Einab* – mit Reis gefüllte Weinblätter
- *Kousah Mashi* – gefüllte Zucchini
- *Sambousa* – mit Fleisch gefüllte Teigtaschen
- *Samousa* – mit Gemüse gefüllte Teigtaschen
- *Kubbeh* – gefüllte Fleischklöße
- *Fatush* – Salat mit gerösteten Brotstücken

Hauptgerichte: Typisch sind Fleisch- und Fischgerichte mit Beilagen wie Reis, Gemüse und Salat.
- *Makbous, Hareis* oder *Kabsa* – delikat gewürztes Lammfleisch auf Reisbett
- *Koufa Kebab* – gegrilltes Hackfleisch, oft mit Pinienkernen
- *Shish Kebab* – mariniertes, gegrilltes Lammfleisch am Spieß
- *Shish Tahouk* – mariniertes, gegrilltes Hühnerfleisch am Spieß mit Yoghurt-, Knoblauch- oder Tomatensoße
- *Kibda* – gebratene Leber
- *Showarma* – in kleine Stücke geschnittenes Grillfleisch vom Drehspieß
- *Samak* – Fisch, im Ganzen serviert oder in Stücken auf Spießen mit Gemüse; kleine Fischarten werden meist mariniert, gegrillt und mit Dip serviert
- *Sayadiaya* – Fisch auf Reis mit Tomaten- oder Zwiebelsoße
- *Gambari* – Krabben
- *Malukhiya* – spinatartige Beilage
- *Kabouli* – Reisgericht mit Rosinen, Pinienkernen und Lamm, Huhn oder Fisch
- *Ouzi* – ein besonderer Festschmaus: am Spieß gegrilltes ganzes Lamm mit Reis, getrockneten Früchten und Nüssen gefüllt, besonders häufig am Ramadan-Abend serviert

Desserts: Supersüß ist Trumpf!
- *Baklawa* – honigübergossenes Gebäck, teilweise mit Pistazien gefüllt
- *Umm Ali* – Milch-/Brotauflauf mit Nüssen, Kokosraspeln und Rosinen
- *Mahlabaiya* – Pudding mit Pistazien und Rosenwasser
- *Aish Asaya* – süße Käsekuchenart
- *Halwa* – weiche Süßspeise auf der Basis von Butterschmalz, karamellisiertem Zucker, Stärke und Eiern, je nach Sorte mit Pistazien, Kardamom, Safran oder Rosenwasser

Tagesrhythmus

Für den Tagesrhythmus maßgeblich sind die Tagestemperaturen. Entsprechend viel los ist in den – zumindest in den Wintermonaten noch kühlen – Morgenstunden. Zu dieser Zeit hat nahezu alles offen, Geschäfte, Behörden und staatliche Stellen (anders natürlich am Wochenende, siehe unten). Auch Frischmärkte mit Obst, Gemüse, Fleisch und Fisch finden oftmals nur vormittags statt.

Weil es mittags sehr heiß werden kann, halten viele nach dem Mittagsgebet eine orientalische Siesta.

Wenn dann am späten Nachmittag die Temperaturen abkühlen, nimmt die Geschäftigkeit wieder ihren Lauf. Viele nutzen diese Stunden auch für Freizeitvergnügen, Familien gehen Schaufensterbummeln, Freunde treffen sich im Café, Kinder spielen Fußball und Freundinnen bummeln durch den Park.

Abends ab ca. 23 Uhr leeren sich die Straßen der Städte, in kleineren Orten werden naturgemäß etwas früher „die Bürgersteige hochgeklappt". In den großen Städten wappnen sich nun zahllose Kneipen, Diskos und Nachtclubs zum Nightlife – insbesondere in Dubai und Manama „steppt der Bär". Im Emirat Sharjah gibt es auf Grund eines Alkoholverbotes kein Nachtleben dieser Art.

eigene Komposition her. Üblich ist das Untermischen von Honig, unüblich und verboten sind (allen Vorurteilen zum Trotz) aber Rauschmittel.

Das **Geheimnis** beim Wasserpfeiferauchen besteht darin, dass man keinen „heißen" und beißenden Rauch einatmet, sondern dieser zuvor durch einen teilweise mit Wasser gefüllten Behälter (aus Glas, Keramik oder Metall) geleitet und somit „kühl" und mild inhaliert sowie zudem gefiltert wird. So können auch Nicht-Raucher ohne Hustenkrampf aromatischen Tabak genießen.

Ein Tipp zum ungetrübten **Anrauchen** einer gerade frisch aufgelegten Tabakportion: Mit langen, tiefen, ruhigen Atemzügen klappt es am besten. In Cafés gehört dieser Dienst meist zum Service und im privaten Rahmen ist dies Aufgabe des Gastgebers.

Wasserpfeife rauchen – genauer gesagt *Shisha* schmauchen – kann man in unzähligen kleinen Caféhäusern oder auch in vielen arabischen Restaurants und Nachtclubs. Die meisten Wasserpfeifen finden sich in **Bahrain;** in den **V.A.E.** und **Oman** muss man ein wenig suchen, wird aber sicherlich auch fündig. In **Qatar** werden auch Wasserpfeifen offeriert, aber hier war es lange Jahre gesetzlich verboten, dass Frauen in der Öffentlichkeit Wasserpfeife schmauchen. Doch die meist sehr traditionell gesinnten Local-Damen Qatars nehmen auch nach der Streichung dieses Gesetzes heute nur sehr selten einen für fremde Augen sichtbaren Zug aus der engl. *Hubbly Bubbly.*

Zum Thema Öffnungszeiten: Die meisten Geschäfte und Boutiquen entlang der Straßen und Läden der Souqs oder Einkaufszentren, Apotheken, Reisebüros und Fluggesellschaften haben mit einer langen Mittagspause (ca. 13–16 Uhr) vor- und nachmittags geöffnet. Am ersten Wochenendtag allerdings nur während der ersten Tageshälfte. Supermärkte und Lebensmittelläden öffnen ihre Pforten oft auch durchgehend, mitunter bis zum späten Abend. Private Firmen arbeiten vor- und nachmittags, meist auch mit langer Mittagspause.

Im muslimischen Fastenmonat Ramadan gelten eingeschränkte Öffnungszeiten. Zur Zeit des wichtigen Gebetes am Freitagmittag haben viele Geschäfte, Geldwechsler, Restaurants, Imbisse oder sonstige Einrichtungen etwa zwischen 11.30 und 13.30 Uhr geschlossen.

Wie in den meisten muslimischen Ländern fällt der arbeitsfreie Tag auch in den Golfstaaten und Oman auf den Freitag. Entsprechend bilden Donnerstag (nachmittag) und Freitag das Wochenende.

Sprache

„Schöne Schrift von deiner Hand, prachtgebunden, goldgerändet, bis auf Punkt und Strich vollendet, zierlich lockend mancher Band."

(Goethe: „West-östlicher Divan")

Arabisch

Bedeutung

Offizielle **Landessprache** in den Golfemiraten und Oman ist Arabisch.

Die dem Semitischen zugerechnete Sprache breitet sich über einen weiten Teil des islamischen Kulturkreises aus. Von der Arabischen Halbinsel über den Nahen Osten und Irak bis nach Nordafrika ist Arabisch **Muttersprache** der meisten Bewohner.

Da der Koran in Arabisch verfasst ist, sind muslimische Religionsgelehrte auch in nicht-arabischen Ländern dieser Sprache mächtig. Arabisch ist **Bildungssprache** jedes akademisch erzogenen Muslim.

Und ähnlich wie Latein für die Sprachen Europas stellte Arabisch **für alle Sprachen der muslimischen Welt** einen Fundus dar, aus dem immer wieder Fremdwörter für den akademischen und wissenschaftlichen Bereich geschöpft wurden. Im nicht-arabischen muslimischen Kulturraum

Das Wort „Gott" im alltäglichen Sprachgebrauch

- *Al-Hamdu li-Allah,* „Der Lobpreis für Gott": Wird immer ausgesprochen, wenn einem Gutes widerfährt; auch als Antwort auf die Frage nach dem Befinden, denn der Höflichkeit halber geht es immer allen gut und Gott hat dieses Wohlergehen beschert.
- *'In Sha'a Allah,* „So Gott will": Allgegenwärtige Redewendung in verschiedenen Bedeutungsnuancen, die allen Bemerkungen über Ereignisse in der Zukunft angefügt wird. Sie kann alles heißen von „Ja, okay" über „vielleicht" bis hin zu „das glaubst du doch wohl selber nicht" und kann daher auch eine Allerweltsentschuldigung für Pleiten, Pech und Pannen sein. Da alles, und vor allem alles Zukünftige, in Gottes Hand liegt, steht *'In Sha'a Allah* auch beispielhaft für die gottergebene Lebens- und Schicksalshaltung vieler Muslime.
- *Allahu 'akhbar,* „Gott ist allmächtig": So beginnt der Ruf zum Gebet (arab. Adhan), der fünf Mal täglich von den Moscheetürmen zu hören ist.
- *Ya Allah!,* „Oh Gott!": Wird in der freudigen Bedeutung von „Wie schön!", „Wie herrlich!" ausgerufen.
- *Fi 'amani Allah,* „Im Schutze Gottes": Sehr formelle Form, um „Auf Wiedersehen" zu sagen.

haben sich viele arabische Elemente sogar im alltäglichen Sprachgebrauch eingebürgert, beispielsweise Begrüßungen, Glückwünsche, Danksagungen, Lobpreisungen und religiöse Redensarten.

Arabisch ist eine sehr **wortreiche, ausdrucksstarke und bildreiche Sprache,** weswegen Poesie und Prosa einen hohen kulturellen Stellenwert besitzen und der Koran quasi ein sprachliches Wunderwerk ist.

Spracharten

Arabisch ist nicht gleich Arabisch, denn man unterscheidet drei Arten: Das **klassische Arabisch** ist die Sprache, in welcher der Koran niedergeschrieben ist. Es ist eine geheiligte Schriftsprache, die sich seit der Lebzeit des Propheten Muhammad im 7. Jahrhundert nicht verändert hat.

Darauf aufbauend ist das **moderne Hocharabisch,** allerdings gilt es nicht als auserwählt und hat eine vereinfachte Grammatik sowie zeitgemäße Vokabeln. Es ist zugleich die gemeinsame Schriftsprache aller Araber, die in den Medien, im innerarabischen Handel und in der Politik gesprochen und in den Schulen gelehrt wird.

Zudem gibt es verschiedene **Regionaldialekte,** die nicht geschrieben, sondern nur gesprochen werden. Der Unterschied zwischen den Umgangssprachen und der Schriftsprache kann so groß sein wie der zwischen einer modernen romanischen Sprache und dem Lateinischen. Würden sich ein Omani und ein Marokkaner in ihrem Dialekt unterhalten wollen, gäbe es etliche Verständigungsprobleme.

Transkription und Aussprache

In diesem Buch erscheinen einige zentrale arabische Begriffe des Islam und Eigennamen in einer **vereinfachten Umschreibungsform** für arabische Schriftzeichen. Eine solche Transkription mit ähnlich klingenden Lettern oder Sonderzeichen ist nötig, da es im Arabischen Sprachlaute gibt, die im Deutschen unbekannt sind und für die daher einfach nicht die passenden Buchstaben vorhanden sind. Nicht verwirren lassen, denn da **keine allgemein gültige Transkription** der arabischen Sprachlaute in unsere lateinische Schrift existiert, kann es vorkommen, dass ein arabisches Wort in verschieden Publikationen unterschiedlich umschrieben wird.

Wie für alle semitischen Sprachen sind auch für das Arabische **zahlreiche Kehl- und Gaumenlaute** charakteristisch – und bescheren Anfängern etliche Aussprachschwierigkeiten. In diesem KulturSchock sind manche dieser Laute außer Acht gelassen.

Zur **Vereinfachung** sind in diesem Buch viele arabische Begriffe – sofern nicht anders gekennzeichnet – in der Singular-Form gebraucht. Wenn auch grammatikalisch nicht korrekt, sind die meisten arabischen Mehrzahlformen nach den Regeln der deutschen Sprache gebildet (z. B. Souqs, Suren). Arabische Begriffe, für die es bereits **eingedeutschte Schreibweisen** gibt, erscheinen in diesem Buch der Einfachheit halber in der bekannten Form (z. B. Allah, Islam, Koran, Muezzin, Muslim, Moschee, Ramadan, Kalif, Sure, Sunna, Scheich ...).

Die in diesem Buch verwandte Transkription, also die Umschreibung arabischer Laute in unsere lateinische Schrift, lehnt sich an die in den Golfemiraten und Oman gebräuchliche **Orientierung an die englische Sprache** an. So bedeuten:

ee	langes i (wie im engl. „feel")
ou, oo	langes u (wie im engl. „moon")
sh	"sch" (wie im engl. „ship")
th	scharf betonter, lispelnder „s"-Laut (wie im engl. „think")
dh	weicher, lispelnder „ds"-Laut (wie das engl. „this")
kh	Kratzlaut wie „ch" in „Bach" (nicht wie in „ich")
gh	nicht gerolltes „r" (wie im franz. „rouge")
r	auf der Zungenspitze gerolltes „r" (wie im ital. „pronto")
j	"dsch" (wie im engl. „John")
h	immer auszusprechen (kein Dehnungslaut wie im Deutschen)
q	tiefes, aus der Kehle gesprochenes „k" (wie in „karg")
z	weiches „s" (wie in „See")
s	scharfes „s" (wie in „Gras")

In diesem Abschnitt zur arabischen Sprache gilt zusätzlich:

'	Stimmabsatz (wie in „Be'amter")

Buchstaben und Zahlen

Das arabische Alphabet besteht aus **28 Buchstaben,** die je nach Stellung im Wortgefüge unterschiedliche Formen aufweisen. Es gibt nur drei Vokale: a, u und i, die betonend-lang oder verschwindend-kurz gesprochen werden. Tückischerweise werden in der arabischen Schrift nur die langen Vokale geschrieben.

Alle Wörter basieren auf Wurzeln, die meist aus drei Konsonanten bestehen, sinnverwandte Begriffe haben dieselbe Wurzel und weisen lautliche Ähnlichkeiten auf. Arabische Worte werden **von rechts nach links geschrieben**.

Seit dem 8. Jahrhundert benutzen Araber aus Indien stammende **Zahlzeichen** und rechnen mit dem indischen Dezimalsystem. Vermutlich haben sich im Laufe der Zeit die Anfangsbuchstaben der indischen Zahlwörter zu den heute gebräuchlichen Zahlzeichen entwickelt. Die arabischen Ziffern, mit denen wir zählen und rechnen, stammen von westarabischen Zahlzeichen ab. Diese wiederum sind Abwandlungen der indischen Ziffern, die heute in allen arabischsprachigen Ländern benutzt werden. Doch anders als die arabische Schrift, die ja von rechts nach links läuft, werden Zahlen wie bei uns **von links nach rechts gelesen.**

Transkriptionstabelle
Arabischer Buchstabe / Name / Transkription

١	alif	a	ر	ra	r	غ	ghain	gh
ب	ba	b	ز	za	z	ف	fa	f
ت	ta	t	س	sin	s	ق	qaf	q
ث	tha	th	ش	shin	sh	ك	kaf	k
ج	jim	j	ص	sad	s	ل	lam	l
ح	ha	h	ض	dad	d	م	mim	m
خ	kha	kh	ط	ta	t	ن	nun	n
د	dal	d	ظ	dha	dh	ه	ha	h
ذ	dhal	dh	ع	'ain	'	و	waw	w, u
						ي	ya	y, i

Buchtipp

Wer sich mehr mit der arabischen Sprache beschäftigen möchte, kann das mit folgenden **Sprechführern** aus der Reihe Kauderwelsch des Reise Know-How Verlages Bielefeld: „Arabisch für die Golfstaaten – Wort für Wort" und „Hocharabisch – Wort für Wort" (siehe auch Anhang).

Englisch

Sowohl in den Golfemiraten als auch in Oman ist Englisch die **gängige Geschäftssprache,** die unter Einheimischen und Gastarbeitern weit verbreitet ist. In den Hotels, bei den lokalen Tourveranstaltern und in den Reisebüros, in Apotheken und Krankenhäusern, in Banken, Wechselstuben und Postämtern wird fast überall Englisch gesprochen. Im internationalen Businessleben ist Englisch gang und gäbe. Viele im Dienstleistungssektor und Handel arbeitenden Inder können es ebenfalls fließend, wenn auch mit seltsamer Betonung und einigen fremden Vokabeln. Aber auch wer nicht perfekt Englisch spricht, versteht und spricht meist einen **Grundwortschatz.** Außerdem ist nahezu alles, vom Straßenschild bis zur Speisekarte, auch **in englischen Lettern geschrieben.**

Zahlen

Arabische Zahl / Aussprache/ Bedeutung

١	wahid	1	٢٠	'ishrin	20
٢	'ithnin	2	٣٠	thalathin	30
٣	thalatha	3	٤٠	arba'in	40
٤	'arba'a	4	١٠٠	mi'a	100
٥	khamsa	5	٢٠٠	mitain	200
٦	sitta	6	٣٠٠	thalatha miya	300
٧	sab'a	7	٤٠٠	arba'a miya	400
٨	thamanya	8	١٠٠٠	'alf	1000
٩	tis'a	9	٢٠٠٠	'alfain	2000
١٠	'ashara	10	٣٠٠٠	thalathat alaf	3000

Höflichkeiten auf Arabisch

Die aufgeführten „du"-Formen unterscheiden sich nicht von der „Sie"-Form.

- **Friede sei mit euch (=Guten Tag):** *As-salam 'alaikum*
  Antwort: Und Friede sei mit euch – *Wa 'alaikum as-salam*
- **Guten Morgen:** *Sabah al-khair*
  Antwort: *Sabah an-nur* (einen Morgen des Lichtes)
- **Guten Abend:** *Msa al-khair*
  Antwort: *Msa an-nur* (einen Abend des Lichtes)
- **Hallo:** *Marhaba*
  Antwort: *Marhaba*
- **Willkommen:** *'ahlan wa sahlan* (siehe: „Als Tourist unterwegs"/„Gastfreund-schaft"/„Herzlich Willkommen")
  Antwort: *'ahlan wa sahlan*
- **Auf Wiedersehen:** *Ma' as-salama*
- **Wie geht's?:** *Kayf al-hal?*
  Antwort: *Al-hamdu li-Allah* (Gott sei's gelobt, siehe: Exkurs Das Wort „Gott" im alltäglichen Sprachgebrauch) oder *Kwayis* (gut)
  dann stets Gegenfrage anschließen:
  Wie geht es Ihnen? – *Kayf al-hal 'ant* (zu einem Mann),
  Kayf al-hal 'anti (zu einer Frau)?
- **Wie heißt du ?:** *Ma 'ismak* (zu einem Mann), *Ma 'ismik* (zu einer Frau)?
  Antwort: Ich heiße ... – *'ismi ...*
- **Woher kommst du?:** *Min ayna 'anta* (zu einem Mann), *Min ayna 'anti* (zu einer Frau)?
  Antwort: aus Deutschland – *Min 'almaniya/*
  aus der Schweiz – *Min swisra/*
  aus Österreich – *Min an-nimsa*
- **Sprichst du Englisch/Arabisch?:** *Takhi 'inglisi/'arabi?*
  Antwort: ein bisschen – *Shwayya/*
  ich spreche kein ... – *Ma 'atakallam ...*
- **Haben Sie Kinder?:** *Hal 'indak 'aulad?*
  Antwort: Ja, ich habe drei – *Na'am, 'indi thalatha/*
  Nein, ich habe keine Kinder – *La, laissa 'indi*
- **Bitte (von jemandem erbitten):** *Min fadhlak* (zu einem Mann), *Min fadhliki* (zu einer Frau)
  Antwort: Danke – *Shukran*
  Gegenantwort: Keine Ursache – *'afwan*
- **Bitte (jemandem etwas anbieten):** *Tafaddhal* (zu einem Mann), *Tafaddhali* (zu einer Frau)
  Antwort: Danke – *Shukran*
- **Wenn sie erlauben:** *Lau samaht* (zu einem Mann), *Lau samahti* (zu einer Frau)
  Antwort: Bitte – *Tafaddhal* (zu einem Mann), *Tafaddhali* (zu einer Frau)
- **Entschuldigung, es tut mir Leid:** *'ana 'asif* (als Mann), *'ana 'asifa* (als Frau)
  Antwort: keine Ursache – *'afwan*
- **Darf ich fotografieren?:** *Mumkin sura?*

Andere Sprachen

Unter **Gastarbeitern** oft zu hörende Sprachen sind Hindi (Indien), Malayalam (Kerala), Urdu (Pakistan), Farsi (Iran), Bengali (Bangladesh) und Tagalog (Philippinen).

Im Tourismussektor oder an den Rezeptionen großer Hotels wird mitunter auch **Deutsch oder Französisch** gesprochen.

In den Souqs von Dubai sowie in den preiswerteren Hotels sieht man auffallend viele Schilder oder Speisekarten in kyrillischen Buchstaben und viele geschäftstüchtige Händler und Hoteliers haben sich in den letzten Jahren einen erstaunlich großen Grundwortschatz in **Russisch** angeeignet. Der Grund liegt darin, dass Dubai bei auffallend vielen Russen oder Bewohnern anderer ehemaliger Sowjetrepubliken als Shoppingdestination sehr beliebt ist.

In Oman haben diverse **Volksgruppen ihre eigene Sprache** bewahrt. Im Osten des Landes hört man häufig das ostafrikanische Swahili, in der nördlichen Provinz Musandam pflegen die Shihu und die Kumzari ihre Sprachen, die eine Mischung aus arabischen und persischen Elementen darstellen. Im südlichen Dhofar haben die Jebali ihre eigene, dem Arabischen nahe Sprache und es sind Menschen ansässig, deren Mutterdialekt nicht arabisch ist bzw. einer dem Semitischen zuzuordnenden Sprache unbekannter Herkunft entstammt. In einem ummauerten und Fremden unzugänglichen Wohndistrikt in der Hauptstadtregion (Sur Lawatiyah) verständigen sich die ansässigen, einst aus Pakistan zugewanderten Lawatis in ihrem eigenen indo-iranischen Wortschatz.

ALS TOURIST UNTERWEGS

Dieses Kapitel besteht aus zwei Schwerpunkten: Zuerst wird beleuchtet, **was die Golfemirate und Oman Urlaubern zu bieten haben.** Eine Vorstellung von „Orient" hat sicherlich jeder im Kopf. Wahrscheinlich campen darin Beduinen, Märkte quellen über mit wohlriechenden Gewürzen, Menschen in langen Gewändern durchschreiten enge Gassen und die Wüstensonne brennt erbarmungslos, während ein Kamel im Schatten eines Baumes döst. All das existiert auch in Wirklichkeit – doch darüber hinaus noch vieles andere mehr, was nach der Ankunft vielleicht wie eine Überraschung (doch hoffentlich nicht wie ein Schock oder ein Kulturschock) wirken kann. Ganz auffällig: In den Golfemiraten und Oman verschmelzen Orient und Okzident miteinander. Und für Touristen interessant: In keiner anderen Region kann man so viel Unterschiedliches so bequem erleben und erkunden.

Doch wie verhält man sich in dieser unbekannten – wenn auch reizvollen – Welt? Die **Sitten und Umgangsformen** stehen ebenso im Fokus dieses Kapitels. Wie grüßt man am höflichsten? Was tun, wenn man zum Essen eingeladen wird und ist es angebracht, Geschenke mitzubringen? Was passiert im Fastenmonat Ramadan? Und warum wackeln bloß alle mit ihren Mokkatassen? Ein guter Gast zu sein ist mitunter gar nicht so einfach.

Es sollte jedem Reisenden bewusst sein, dass aller äußerlichen Modernität zum Trotz die Vorschriften und Moralvorstellungen des Islam das Alltagsleben und viele Handlungsregeln prägen. Sicherlich sind Gäste von Gott gesandt, doch wer Taktgefühl an den Tag legt und Etiketten beachtet, erhöht seine Chancen, den Herzen der Einheimischen einen großen Schritt näher zu kommen.

Touristische Highlights

„Wer heute nach dem Leben suchen wollte, das ich in der arabischen Wüste geführt habe, wird es nicht finden; denn nach mir kamen die Ingenieure und die Ölsucher. Heute ist die Wüste, durch die ich reise, von den Spuren der Lastkraftwagen gekerbt und von den Abfällen der Importe aus Europa und Amerika übersät. "

(Wilfred Thesiger: „Die Brunnen der Wüste")

Gemeinsamkeiten in allen vier Ländern

Wer **bequem „urlauben" und ausspannen** möchte, wer Wert legt auf vollklimatisierten Mittelklasse- oder Luxusurlaub, der ist sowohl in den Golfemiraten als auch in Oman richtig. Das Angebot ist je nach Land mal mehr, mal weniger vielfältig – allen gemeinsam ist, das man für sein Geld reichlich Komfort und selbstverständlichen Service bekommt. Doch das ist längst noch nicht alles, denn auch **Natur- oder Kulturliebhaber** finden Gefallen und überall bieten sich auch für Urlauber mit einer nicht so üppig ausgestatten Reisekasse Möglichkeiten.

Alle Länder sind ein **exzellentes Einstiegsziel für Reise- und Arabien-Anfänger** und auch das ideale Reiseland für Arabien-Fans, die neugierig auf eine Mischung von traditionellem und modernem Orient sind und außerdem die Annehmlichkeiten der Neuzeit nicht missen möchten. Richtig sind auch diejenigen, die Erholung nach westlichem Standard, gewürzt mit einer Prise arabischem Abenteuer, suchen.

Alle Golfemirate und Oman sind **sehr sichere Reiseländer,** Gefahren durch Kriminalität, politische Krisen oder soziales Elend sind unbekannt. Eine für viele Länder – doch insbesondere für arabische Gefilde – ungewöhnliche Erfahrung ist es zu wissen, dass Einheimische nicht selten wohlhabender sind als man selber.

Vielfalt ist Trumpf. Die Golfemirate und Oman empfangen ihre Besucher mit **Hotels** aller Preisklassen, vielseitigen **Einkaufsmöglichkeiten** in eleganten Shoppingzentren und auf orientalischen Souqs, einer **kulinarischen Mannigfaltigkeit** und **günstigem Winterklima** mit angenehmen Temperaturen bei garantiertem Sonnenschein.

Auch die **Sportmöglichkeiten** sind abwechslungsreich: Tennis und Squash spielen, schwimmen, segeln, surfen, Jetski und Wasserski fahren, Hochseefischen und tauchen kann man überall – in den V.A.E. und Oman kommen auch Bergwanderer oder Mountainbiker auf ihre Kosten. Weitere Vorteile sind, dass es eine Vielzahl attraktiver **Direktflüge** gibt, mit denen man in rund sieben Stunden vor Ort ist, und dass man sich dort angekommen problemlos in **Englisch** verständigen kann.

Die touristische Infrastruktur ist in allen Ländern sehr gut ausgebildet. Wer seinen Urlaub nicht bereits in der Heimat pauschal buchen möchte, der kann bei einem **ortsansässigen Tourveranstalter** einzelne Stadtrundfahrten, Ausflüge oder mehrtägige Touren mitmachen. Man kann sich auch ein individuell an den eigenen Interessen orientiertes Programm organisieren lassen. Die Tourbegleiter sprechen meist Englisch oder auch Deutsch.

Für Individualisten lohnt es, einen **Mietwagen** zu leihen, wozu diverse internationale und lokale Firmen alle erdenklichen Wagenklassen anbieten, denn die Preise sind für die meisten Modelle niedriger als in Deutschland.

Verglichen mit anderen Wüstenstaaten, kann man in den Golfemiraten und in Oman sehr **komfortabel reisen.** Wer Wert darauf legt, kann in 5-Sterne-Hotels logieren, an üppig gedeckten Büffets der Gourmet-Restaurants Delikatessen aus aller Welt kosten, sich von einem Chauffeur umherfahren lassen oder einen Turn auf einer Yacht buchen.

Auch **erschwinglichere Alternativen** bieten sich an, etwa preiswerte Hotels im Souq oder Jugendherbergen, einfache und hygienisch einwandfreie Restaurants und Imbissstuben, zahllose Märkte und Supermärkte für die Selbstversorgung sowie ein gut funktionierendes Netz an öffentlichen Bussen und Sammeltaxen. Von allen vorgestellten Ländern bieten die V.A.E. das breiteste Spektrum von Reisemöglichkeiten an.

Unbedingtes Muss ist es, einen Eindruck von der Einmaligkeit der **Wüste** zu bekommen. Am höchsten türmen sich die Sandberge in den V.A.E., Qatar und Oman, in Bahrain fehlt das klassische Dünenmeer. Bei Touristen sehr beliebt ist z. B. ein abendliches Barbecue in der wogenden Weite. Andere sehen das Ganze eher als einen großen Outdoor-Abenteuerspielplatz und ein Testgelände für Japans PS-stärkste Geländewagen. Zum Erlebnis Wüste hier eine Erkenntnis von *Wilfred Thesiger: „Eine Wolke zieht sich zusammen, Regen fällt, die Menschen leben; die Wolke löst sich auf, ohne Regen zu spenden, und Mensch und Tier sterben. In den Wüsten Südarabiens gibt es keinen Wechsel der Jahreszeiten, kein Steigen und Fallen der Säfte, sondern nur öde Wüsten, in denen nichts als der Wechsel der Temperatur den Lauf der Jahre anzeigt. Es ist ein strenges knochentrockenes Land, das weder Milde noch Behaglichkeit kennt. Dennoch leben dort seit Urzeiten Menschen. Generationen von Nomaden haben an ihren Lagerplätzen verrußte Steine, auf den weiten Kiesebenen ihre kaum mehr erkennbaren Wegspuren zurückgelassen. Anderswo hat der Wind die Fußspuren verwischt. Die Menschen leben hier, weil sie in diese*

Welt geboren wurden. Das Leben, das sie führen, gleicht dem Leben ihrer Vorväter. Sie nehmen Entbehrungen und Mühsal auf sich, sie kennen es nicht anders. (...) Niemand kann dieses Leben leben und unverändert daraus hervorgehen. Er wird für immer, mehr oder weniger deutlich, das Zeichen der Wüste, das Zeichen des Nomaden tragen; und er wird immer das Heimweh nach diesem Leben spüren, leise oder brennend, je nach seiner Veranlagung. Denn dieses grausame Land kann einen Zauber ausüben, dem ein gemäßigtes Klima nichts Vergleichbares entgegenzusetzen hat."

Angenehm für Reisende ist, dass neuzeitliches Denken nicht im Wettstreit mit traditionell arabischer Kultur und religiöser Tiefe steht. **Toleranz und Weltoffenheit** sind in allen Ländern nichts Neues und religiöse Restriktionen sind durchaus moderat und weit entfernt von den strikten Reglements der großen Nachbarländer Saudi-Arabien oder Iran. Wer durch die Golfemirate oder Oman reist, sollte auch ein Auge für die verschiedenen Formen der **Symbiose von traditioneller und moderner Lebensweise** haben. Dank dieses Phänomens können Urlauber sowohl die Annehmlichkeiten einer modernen Infrastruktur genießen als auch auf Entdeckungstour nach Traditionellem gehen.

Zu guter Letzt muss noch die **arabische Gastfreundschaft** erwähnt werden, die sich auch in der heutigen Zeit des materiellen Aufschwungs erhalten hat und Reisende herzlich empfängt.

Besonderheiten in den einzelnen Ländern

V.A.E.

Von allen vorgestellten Ländern tummeln sich in den V.A.E. die meisten europäischen Touristen.

Das Land bietet eine außergewöhnliche **Kombination von Tausendundeiner Nacht, Exotik und Prachtentfaltung.**

Insbesondere **Dubai** hat sich dank hervorragender Werbestrategien und extravaganter Hotels einen Namen geschaffen. Sowohl Luxusliebhaber als auch Otto-Normal-Touristen kommen auf den Geschmack, denn das Emirat ist nicht nur ein Fünf-Sterne-Ziel, sondern auch eine preiswerte Last-Minute-Bade- oder Shopping-Destination. Als kosmopolitischer und dynamischer Handels- und Finanzplatz strahlt Dubai rund um die Uhr Leben aus. Nachtschwärmer können sich in den zahlreichen Clubs, Bars und Diskos „austoben".

An **Sport- und Freizeitaktivitäten** ist in den Emiraten alles geboten, was das Sportlerherz begehrt, neben den gängigen Hotelangeboten und vielfältigen Wassersportofferten kann man auch Schlittschuh laufen, Fallschirm segeln, Buggy- oder Sanddünenski fahren. Golfspieler aus aller

Welt strömen in das Wüstenland, welches zweifellos *das* Golferparadies am Golf ist. Weiterhin locken Freizeit-, Vergnügungs- und Wasserparks und viele hochrangige Sportereignisse.

Die Emirate sind auch ein **Einkaufsparadies.** Das Warenangebot ist groß und die Einkaufsmöglichkeiten sind vielfältig. Ob in elegant gestylten Boutiquen, in ultramodernen Einkaufszentren und Malls oder aber in den orientalischen Läden des traditionellen Souqs: Was auch immer man sucht – edle haute couture aus Paris, Mailand und London oder preiswerte Bekleidung aus China und Indien, exklusive Armbanduhren aus der Schweiz oder billige aus Hongkong, wertvolle Juwelen und fein gearbeitete Goldstücke oder antiker Beduinenschmuck – nahezu alle Wünsche können erfüllt werden. Der Dubaier Goldmarkt ist der größte des Mittleren Ostens und berühmt für seine Auswahl, Qualität, Handwerkskunst sowie die überaus attraktiven Preise. Viele kommen allein des edlen Metalles wegen.

Die Emirate eignen sich hervorragend für einen **Badeurlaub.** An langen Strandabschnitten bieten zahllose Hotelresorts Sun & Fun – dank dieser großen Hotelkapazitäten kann sich jeder genau nach „seinem" Hotel umsehen und überfüllte Strände sind ein Fremdwort.

Glaspaläste und Holzboote – Stadtansicht von Dubai

Wem dies aber auf Dauer zu fade ist, der kann auch ein paar Tage im Land herumreisen, denn schließlich erstreckt sich jenseits der Häusergrenze der Großstädte eine **grandiose Landschaft** aus unendlichen Sandmeeren, unwirklichen Gebirgsmassiven und ursprünglichen Oasendörfern.

Über sechzig **Nationalitäten** leben in den V.A.E. zusammen. Nur etwa 20% aller Einwohner sind Emiratis, der Rest sind Ausländer bzw. Gastarbeiter, meist aus anderen arabischen Ländern und vom indischen Subkontinent. Gelassenheit und Toleranz gegenüber anderen Kulturen und Lebensweisen sind groß, wenn auch nicht unerschöpflich.

Qatar und Bahrain

Im Gegensatz zu den V.A.E. sind Qatar und Bahrain keine Massenreiseziele, sondern genau das Richtige für Individualisten oder solche, die nicht so viel Zeit haben und Ruhe und **Beschaulichkeit** bevorzugen. Beide Staaten sind ideal, um auf dem Weg in andere Länder der Region oder auf dem Flug nach Südostasien einen **Zwischenstop** einzulegen – viele Fluglinien bieten dies ohne Aufpreis an.

Qatar ist das vielleicht unbekannteste aller hier vorgestellten Länder. Das kleine Wüstenemirat und seine Hauptstadt Doha kann man in wenigen Tagen erkunden. Reisen ist eine einfache und stressfreie Sache. Man kann alles bequem von Doha aus erkunden und wird niemals viel Zeit für weite Anfahrten vergeuden.

Bahrain ist das passende Reiseland für alle, die einen abwechslungsreichen Kurzurlaub wünschen. Man kann teilhaben an arabischer Kultur und bahrainischer Historie und wird auffallend freundliche und aufgeschlossene Menschen kennen lernen. Im Gegensatz zu Qatar kann man sich in Bahrain ausgiebig dem Nachtleben hingeben. Allzu viel Zeit braucht man nicht für den Inselstaat, fünf bis sieben Tage sind ideal.

Oman

Mehr Zeit sollte man sich nehmen, wenn man das Sultanat Oman kennen lernen möchte. Das Land ist viel zu schade, um nur an einem Ort zu verweilen, es ist ein erstklassiges **Rundreise-Ziel.**

Eine der Hauptattraktion dieses faszinierenden Morgenlandes ist zweifelsohne die Schönheit und Vielfalt seiner **Landschaften,** die zudem durch ihre Ursprünglichkeit bestechen. Die beeindruckende Szenerie beinhaltet schroffe, zerklüftete Bergformationen mit (mal ausgetrockneten, mal überfluteten) Flusstälern und tiefen Schluchten, goldgelbe Sandwüsten mit haushohen Dünen, verträumte Oasen in sattgrünen Palmenhainen oder subtropischen Gärten, majestätische Festungen aus vergange-

nen Zeiten, endlose Steppen, deren Leere unglaublich scheint, lange Sandstrände mit steilen Küstenklippen, ein kristallklares, azur- oder türkisblaues Meer mit einer artenreichen Unterwasserwelt.

Nicht zu vergessen ist die breite, kontrastreiche Palette an **kulturellen Sehenswürdigkeiten,** die alte Lehmfestungen, historische und moderne Paläste, Souqs, Märkte und Museen präsentiert.

Oman hat Urlaubern viel zu bieten – und in Zukunft soll der Tourismus eine immer finanzkräftigere Rolle in der Wirtschaft des Sultanats spielen. Die Regierung ist sich jedoch durchaus der negativen Folgen einer zu starken „Vermarktung" des Landes und zu großer Besucherzahlen bewusst. Massentourismus soll es in Oman nicht geben – „Qualitativ hochwertiger Fremdenverkehr" lautet die Zauberformel der omanischen **Tourismuspolitik.** Auch der Umweltschutz soll nicht zu kurz kommen, so arbeitet das Umweltschutzministerium eng mit der Tourismusabteilung zusammen, um Umwelt- und Naturschäden beim Bau neuer Tourismusprojekte abzuwenden.

Die meisten aller **ausländischen Gäste** kommen aus den benachbarten Golfstaaten in das Sultanat. Viele von ihnen reisen während des Sommermonsuns in den Süden des Landes, um sich dieses auf der Arabischen Halbinsel einmalige vernieselte Naturschauspiel nicht entgehen zu lassen.

Das Wadi Dayqah im Oman

Besondere Feste

Nationalfeiertage

In allen Ländern haben die Nationalfeiertage (engl. *National Day*) eine besondere Bedeutung, markieren sie doch ein **wichtiges Datum der Landesgeschichte** und geben Grund zum stolzen Feiern. Natürlich sind sie arbeitsfreie Feiertage.

Lichterketten, Staatsflaggen und Herrscherfähnchen flankieren große Straßen und zentrale Plätze. Paraden sind nur ein Teil der Veranstaltungspalette, zum anderen werden auch zahlreiche folkloristische Darbietungen vorgeführt – meist in den Hauptstädten oder bedeutsamen Orten.

Nationalfeiertage der einzelnen Länder:

- **V.A.E.:** 2.12. (2.12.1970 – Staatsgründung der V.A.E.)
- **Qatar:** 3.9. (3.9.1971 – Unabhängigkeitserklärung Qatars)
- **Bahrain:** 16.12. (16.12.1962 – Beginn der Regentschaft von *Shaikh Isa bin Salman Al Khalifa,* des verstorbenen Vaters des heutigen Herrschers)
- **Oman:** 18.11. (18.11.1940 – Geburt des jetzigen Herrschers *Sultan Qaboos bin Said Al Said*)

Eid al-Fitr

Nach Entbehrungen ist fröhlich feiern doppelt so schön und so finden zum Eid al-Fitr **am Ende des Fastenmonats** Ramadan an vielen Orten Eid-Feste statt. Auf Märkten, Kamel- oder Pferderennen, Tanzvorführungen und Kulturveranstaltungen amüsieren sich Groß und Klein und genießen ihre Eid-Ferien (siehe auch „Religion respektieren"/„Ramadan").

Dubai Shopping Festival

Einen Monat lang steht die emiratische Stadt Dubai Kopf. Während dieses alljährlich im März abgehaltenen größten Events der Region kann man weitaus mehr als nur günstig einkaufen: Die ganze Stadt ist voller Attraktionen, und es gibt so viel zu sehen und zu erleben wie zu kaum einer anderen Zeit. **Kulturveranstaltungen, Straßenfeste, Verlosungen, Sportevents** ziehen die Besucher in Millionenzahlen an. Familien finden ein breites Angebot an Veranstaltungen vor, die auch – oder gerade – Kindern gefallen. Unzählbare Darbietungen geben Gelegenheit, die emiratische Kultur, Geschichte und Tradition kennen zu lernen. Hotels offerieren **Sondertarife** und alles in allem ist Dubai zu dieser Zeit voll ausgebucht. Denn zu guter Letzt ist auch das Klima zu dieser Zeit so eben noch ideal.

Dubai Summer Surprise

Dieses zwischen Juli und September veranstaltete Festival soll Dubais Position als Ganzjahresdestination stärken. Vornehmlich richtet es sich an Familien aus den Golf-Nachbarländern, doch auch Europäer finden interessante Angebote. **Unterhaltung und Erholung für Groß und Klein** bilden die Schwerpunktthemen, und so kann man sich auf zahlreichen Veranstaltungen amüsieren. Diese finden jedoch anders als beim Shopping Festival vornehmlich in den **klimatisierten Innenräumen** statt. Auch bei diesem Ereignis offerieren Dubais Einkaufstempel zahlreiche **Sonderpreise** oder Verlosungen und Hotels locken mit reduzierten Zimmerpreisen und Extra-Serviceleistungen.

Qatar Eid Festival

Das Qatar Eid Festival in Doha ist **das größte Fest des Landes.** Es finden nationale und internationale Shows statt, Qataris tanzen zu traditioneller Musik in Nationaltracht, Kulturdörfer und Beduinencamps öffnen ihre Pforten sowie Zirkusse ihre Zelte, Laserstrahlen und Feuerwerksraketen steigen in den Abendhimmel, Buchmessen oder Kunstausstellungen werden organisiert, unzählige Fressbuden bieten Snacks an, Ballons schweben (pardon: fahren) gen Himmel, Magier bezaubern ihr Publikum und und und ... Kinder haben Spaß an Puppenspielen, Verlosungen, Gokart-Rennen, Kamel- und Ponyreiten, Spielveranstaltungen, Fahrradwettläufen, Karussellfahren, Mickey-Mouse- oder Schlumpf-Shows und zahllosen Eisbuden.

043go Foto: kk

Party, Party

Europäische Touristen und in den großen Städten lebende Ausländer aus westlichen Landen schätzen vor allem die vielfältige Wunderwelt des Entertainments – in vollen Zügen zu genießen in Dubai, Abu Dhabi und Manama.

So kann man sich neben den zahlreichen Sportveranstaltungen oder bei Open-Air-Konzerten vergnügen, bei Besuchen von englischsprachigen Kinofilmen oder beim Nightlife in Bars, Nachtclubs, Diskos, Jazzclubs und Irish Pubs. Nicht zu vergessen die kulinarischen Höhepunkte bei den schier unendlichen Special Events und Buffets in den Restaurants. In den Nachtclubs der Hotels geht es bei arabischem Bauchtanz, russischem Ballet, senegalesischer Folklore, spanischem Flamenco und irischer Folkmusik besonders international zu.

Im Winterhalbjahr halten europäische Kulturableger verstärkt Einzug: Weihnachtsgänse werden zum Sound von „I'm dreaming of a white christmas" unter teuer importierten und lamettabehangenen Tannenbäumen in großen Hotels verspeist, Kaufhäuser und Supermärkte verwandeln sich in bunte Weihnachtsbasare, zum Neujahr wird der Himmel von Feuerwerken erhellt. Zu Halloween verkleidet man sich mit Hexenmasken, zum Oktoberfest wird die Lederhose geschnürt, zum Karneval die rote Pappnase aufgesetzt ... Alaaf in Arabien!

Bahrain Heritage Festival

Für Touristen klasse ist das alljährlich Ende März/Anfang April in der Landeshauptstadt Manama stattfindende **Kultur-Festival,** das jedes Jahr unter einem anderen Motto steht. In den vergangenen Jahren waren es z. B. Musik, Pferde oder Perlentaucherei. In einem Volkskundedorf neben dem Nationalmuseum findet dieses Fest der Bräuche und Traditionen rund zehn Tage lang jeden Nachmittag statt. Zahlreiche Handwerker und Künstler üben ihr Gewerbe aus, Frauen kochen traditionelle Speisen, Kinder demonstrieren eine Koranschule, Sänger geben Konzerte, Falkner spazieren mit ihren Schützlingen umher, Kinder amüsieren sich beim Ponyreiten oder einer Eselkarrenfahrt und vieles mehr.

Muscat Festival

Oman präsentiert seine **Volksbräuche und Folklore** alljährlich im Januar auf dem vornehmlich in Parks der Hauptstadtregion abgehaltenen Muscat Festival. Knapp einen Monat lang werden traditionelle Berufe vorgestellt, Handarbeiten und Leckereien zum Verkauf feilgeboten, Musik- und Theaterstücke aufgeführt, Tänze präsentiert, Kamelrennen und Pferdeshows veranstaltet, Kinder-Unterhaltungsprogramme organisiert, Kunstausstellungen eröffnet und etliches mehr. Besonders sehenswert ist der nachgebaute traditionelle Souq. Omanische Familien besuchen dieses Fest sehr gerne, die Stimmung ist locker und ausgelassen – meist geht's ab den späten Nachmittagsstunden los.

Reisealltag

„Solche jungen Herren, die die Bequemlichkeit und eine wohlbesetzte Tafel lieben, oder ihre Zeit angenehm in Gesellschaft von Frauenzimmern zubringen wollen, müssen gar nicht nach Arabien reisen."

(Carsten Niebuhr: „Reisebeschreibung nach Arabien")

Unterkunft

Sowohl in den Golfemiraten als auch in Oman finden sich **Hotels aller Luxus- und Preisklassen.**

Die meisten Herbergen stehen in den **V.A.E.,** alleine in Dubai gibt es über 270 Stück. Und um den steigenden Besucherzahlen gerecht zu werden, werden die Kapazitäten stetig erweitert. Die Palette reicht von den weltweit exklusivsten De-Luxe-Hotels über internationale Strandresorts mit breitem (Wasser)sportangebot, Vier- und Drei-Sterne-Unterkünfte in der City und Billigherbergen im Souq. Wer möchte, kann in den V.A.E. auch in einer der diversen Jugendherbergen nächtigen, dies ist die preiswerteste Art.

In **Bahrains** Kapitale Manama ist das Angebot ebenfalls sehr umfassend, allerdings stehen hier verhältnismäßig weniger De-Luxe-Häuser und vermehrt Mittelklassehotels. Immerhin gibt es über 80 Hotels in dem kleinen Inselstaat. Die meisten Gäste sind Saudi-Araber auf Kurzurlaub, Europäer sind deutlich in der Minderheit.

In **Oman** gibt es eine ähnlich große Zahl von Hotels wie in Bahrain, allerdings ist das Land um ein mehrfaches größer. Ist das Angebot in der Hauptstadtregion vielfältig, so können während der Hauptreisezeiten auf dem Lande mancherorts Engpässe entstehen.

In **Qatar** ist die Anzahl der rund zwei Dutzend Hotels überschaubar, nahezu alle stehen in Doha.

In den V.A.E., Bahrain und Oman können Urlauber **Apartments** aller Couleur anmieten – auf Tages-, Wochen- oder Monatsbasis – in Qatar muss dazu mitunter ein inländischer Arbeitsvertrag vorgelegt werden.

Taxen

Die praktischsten und wichtigsten öffentlichen Verkehrsmittel für Urlauber sind Taxen.

In den **V.A.E. und Qatar** sind die meisten Taxifahrer Gastarbeiter aus fernen Landen, sie sprechen überwiegend recht gut Englisch und kennen sich zumindest einigermaßen aus. Hotels, große Firmen oder Kaufhäuser zu finden ist meist kein Problem, aber bei kleineren Restaurants oder Büros könnte es etwas länger dauern.

In **Bahrain und Oman** sind alle Taxifahrer von Gesetzes wegen Einheimische. Doch wo auch immer: Oft stammen sie aus ärmeren Gesellschaftsschichten und viele können nur ihre Muttersprache lesen oder sind Analphabeten, so dass sie mit Straßenschildern, vorgelegten Stadtplänen oder notierten Adressen nichts anfangen können. Daher kann es hilfreich sein, einen in der Nähe des Wunschziels gelegenen **Orientierungspunkt** zu nennen (Stadtteil, Hotel, Brücke, Kreisverkehr, Einkaufszentrum, markantes Bauwerk etc.).

Sollte man mit dem Service seines Fahrers zufrieden sein, so kann man dies mit einem angemessenen **Trinkgeld** belohnen, Richtwert sind etwa 10% des Fahrpreises.

Besseren Kundendienst als „Straßentaxen" bieten **Funktaxen** und **Limousinenservices,** auch mit Chauffeurinnen, damit die Damenwelt unter sich bleiben kann, falls dies erwünscht ist.

Mietwagen

Wer **Individualität** liebt, kann sich in seinem Urlaubsziel mit dem eigenen Mietwagen fortbewegen. In allen im Buch vorgestellten Ländern bieten internationale und nationale Agenturen ihren Service an.

Die Golfemirate und Oman sind **bestens auf Autoverkehr eingestellt.** Begrünte Boulevards durchschneiden die Städte und Schnellstraßen die Wüsten- und Gebirgslandschaften. Die Beschilderung ist überall sehr gut und zweisprachig in Arabisch und Englisch. Überall herrscht Rechtsverkehr und es besteht Anschnallpflicht. Radarkontrollen sind häufig und die Strafen für zu schnelles Fahren saftig.

Besonders der Verkehr **in den großen Städten** wie Dubai, Abu Dhabi, Sharjah, Doha, Manama oder Muscat erscheint dem Neuling sehr chaotisch. Zum einen wegen der nicht ausbleibenden Orientierungsschwierigkeiten, die man als Neuling überall hat, zum anderen wegen des dichten Verkehrsaufkommens (Dubai, Abu Dhabi, Sharjah). Doch daneben gibt es noch die teilweise sehr offensive Fahrweise der Einheimischen (öfter unangenehm in den V.A.E. und Qatar, weniger ausgeprägt in Bahrain und Oman). Die V.A.E. zählen zu den Ländern mit der weltweit höchsten Todesrate bei Verkehrsunfällen.

Die oberste Grundregel lautet: **defensiv fahren und Ruhe bewahren,** auch wenn sich mancher noch so frech oder rücksichtslos einordnet, die Fahrspuren wie wild und ohne zu blinken wechselt, beim Umspringen der Ampel sofort hupt, wenn man nicht mit einem Kavalierstart losdüst. Ebenso wenn Taxifahrer plötzlich anhalten, um einen Fahrgast ein- oder aussteigen zu lassen oder junge Männer in großen Geländewagen und im Schatten ihres Rammschutzes extrem dicht auffahren und mit der Lichthupe spielen, weil man ihnen zu langsam (an)fährt.

Für Selbstfahrer etwas gewöhnungsbedürftig sind die vielen **Kreisverkehre** (engl. *Roundabout*, Abk.: R/A). Eine wichtige Verkehrsregel lautet, dass Wagen im Kreisverkehr immer (!!!!) Vorfahrt haben, auch wenn sie auf der innersten Spur sind. Man sollte also nur in einen Kreisel einfahren, wenn alle (!) Fahrspuren frei sind. Nach unserem ordentlich-europäischen Verkehrsdenken sollte es eigentlich so sein, dass die rechte Kreiselspur von Rechtsabbiegern, die linke und die mittlere von Geradeausfahrern benutzt wird. Doch in der arabischen Realität muss man vor jeder Ausfahrt damit rechnen, dass Autos von der inneren Spur ausscheren und den Kreisel verlassen. Ebenso muss einkalkuliert werden, dass Wagen der äußersten Spur den Kreisverkehr nicht verlassen, sondern geradeaus weiterfahren – all dies oftmals, ohne zu blinken und in einem Affentempo.

In der Nähe bedeutsamer Paläste und Regierungsbüros kann es jederzeit sein, dass die Straße wegen eines Herrscher- oder Ministerkonvois gesperrt ist. Doch man braucht nicht nervös werden, der Spuk ist gut organisiert und meist schnell vorbei.

Außerhalb der Städte sollte man höchstens 120 km/h fahren – zum einen wegen der hohen Strafen für zu schnelles Fahren. Zum anderen kann es insbesondere auf Fernstraßen theoretisch vorkommen, dass plötzlich ein **Kamel auf der Straße** steht. Autobahnen in den V.A.E. sind oft mit einem Kamelzaun abgeschirmt, aber auch der kann Lücken haben oder irgendwo aufhören. Generell ist es üblich, bei Sichtung von Kamelen nahe oder gar auf der Straße sofort das Warnblinklicht anzuschalten und langsam zu fahren. Stets ist größte Vorsicht geboten, denn die Tiere sind alles andere als scheu oder ängstlich, sie latschen seelenruhig und mit hoch erhobenem Kopf auf die Teertrasse, egal ob dort gerade Autos entlangfahren oder nicht. Eine Kollision geht selten glimpflich aus, meist werden Insassen schwer verletzt und das Auto stark beschädigt. Hinzu kommt, das Kamele – insbesondere Rennkamele und trächtige Muttertiere – sehr wertvoll sind, nicht nur in materieller Hinsicht. So gesellen sich zu möglichen Verletzungen, einem kaputten Auto und den Geldforderungen des Kamelbesitzers (der Wert von so manchem Wüstenschiff kann das Durchschnittsjahreseinkommen eines deutschen Staatsbürgers leicht übersteigen) auch der Zorn darüber, dass eines seiner hoch angesehenen Tiere verletzt oder gar getötet wurde.

Kulinarische Weltreise

In den Golfemiraten und in Oman gibt es unglaublich viele Gaststätten, Speisekneipen, Imbisse, Fast-Food Restaurants, Cafés und Eisdielen mit einer entsprechend großen **kulinarischen Vielfalt,** die keine Ländergrenzen kennt. Je nach Geschmack und Geldbeutel kann man man zwischen einem mehrgängigen 5-Sterne-Festmahl oder einem preiswerten Snack wählen – zumindest in den großen Städten, denn in den kleinen Orten ist das Angebot eingeschränkt. Insbesondere in **Dubai, Abu Dhabi und Manama** gleicht die Restaurantszene einem wahren Schlaraffenland. In **Qatar und Oman** ist es sicherlich nicht langweilig, aber im Vergleich zu den V.A.E. und Bahrain sieht das Angebot doch bescheidener aus.

Ein **Erlebnis der besonderen Art** ist es, der Abendsonne auf einem traditionellen Holzschiff entgegenzusegeln und dabei zu schlemmen. Oder wie wäre es, den Sonnenuntergang mit einem herzhaften Grillfest in den Sanddünen zu genießen? Oder gemütlich eine Wasserpfeife mit aromatischem Tabak zu schmauchen und dabei der Faszination eines gekonnt dargebotenen Bauchtanzes zu erliegen? Etliche Hotels bauen einmal in der Woche ein Lager aus riesigen Beduinenzelten auf und bieten in dieser einmaligen Atmosphäre besondere arabische Leckereien mit einem Unterhaltungsprogramm an. Auf Englisch heißen diese Abende *A Taste of Arabia, Arabian Night* oder ähnlich.

Das Angebot an eleganten **Luxusrestaurants** ist auffallend groß. Meist gehören sie zu den großen internationalen Hotels und bieten exquisite Speisen aus allen Winkeln des Globus in exklusivem Ambiente. Dank der weltweiten Herkunft der Chefköche schmecken die Gerichte original und unverfälscht. Der Aufwand, der in manchen Restaurants betrieben wird, um den Gast zu verwöhnen, ist enorm. Service wird dabei genauso groß geschrieben wie erstklassige Zutaten, einfallsreiche Rezepte, professionell-gesundheitsbewusste Zubereitung und last but not least eine einfallsreiche und aufwändige Innenausstattung des Speiseraumes. Damit keine Langeweile aufkommt, gibt es in vielen Gaststätten ein wechselndes Menü, eine wechselnde Spezialität des Tages oder ein preiswertes Komplett-Menü. Viele Hotels bieten wechselnde Themen- oder Spezialitätenabende, die ähnlich wie die Vielfalt der Speisen alle Kontinente umspannen. In vielen Hotelrestaurants spielt abends eine Live-Band – meist beschauliche Klänge in gedämpfter Lautstärke, so dass eine Unterhaltung noch gut möglich ist. In Speisekneipen und Bars steigt der Lärmpegel allerdings höher.

Sehr beliebt und gar nicht so teuer sind die üppigen **Büffets** (in Luxusrestaurants schon ab 12 Euro, in guten Straßenrestaurants ab 6 Euro), ins-

04-4go Foto: kk

besondere mittags (engl. *Lunch-Buffet*), wenn es für viele Berufstätige um eine schnelle Mahlzeit geht. Viele bieten freitags ein besonderes Brunch-Büffet. Der engl. *Friday Brunch* ist sehr beliebt, denn meist wird eine gute Auswahl zu erschwinglichem Preis geboten. Zudem haben Freitagmittag – wegen der Gebetszeit – viele Lokalitäten geschlossen und ein spätes Frühstück bietet sich förmlich an.

Apropos Folgen der Religion: Nahezu alle Hotelrestaurants servieren **alkoholische Getränke,** Straßengaststätten dagegen nur als Ausnahme.

Da die unzähligen kleineren und billigen **Straßenrestaurants, Gastarbeiterlokale und Imbisse** einen relativ hohen hygienischen Standard aufweisen – dies gilt für alle Golfemirate und für Oman –, kann man auch dort unbesorgt und für wenig Geld einen Snack oder eine Mahlzeit zu sich nehmen. In vielen Orten außerhalb der großen Städte gibt es überwiegend solche einfachen Restaurants. In ihnen werden zumeist Sandwiches und Burger, indische und pakistanische Reisgerichte oder südostasiatische und chinesische Schnellgerichte angeboten. Weit verbreitet in arabischen Kreisen ist *Shawarma*: auf einem großen Drehspieß gegrilltes Lamm- oder Hühnchenfleisch, das mit Salat in eine Brottasche gerollt und als Sandwich gereicht wird. Vegetarier können sie sich auch mit gebratenen Auberginen oder *Felafel* (frittierte Bällchen aus Kichererbsenbrei) oder *Foul* (gekochter Bohnenbrei) füllen lassen. Eine alltägliche indische Mahlzeit ist das *Thali*. Neben einer Schüssel voll Reis bekommt man verschiedene kleine Schälchen mit Soßen, Gemüse und Chutneys, die so lange aufgefüllt werden, bis man satt ist. Oft angeboten wird auch *Briani*, eine Reisplatte mit Huhn, Lamm und Gemüse, angereichert mit Nüssen und Rosinen – auch in rein vegetarischer Form erhältlich. Gut schmecken auch *Marsala Dhosa,* eine Art hauchdünne, knusprige Linsenmehl-Crêpes mit pikanter Kartoffelfüllung. Auch Grillhähnchen, gegrillte Fleischstückchen (*Tikkas*) und zuckertriefendes Nachtischgebäck gibt es an jeder Ecke.

Eisgekühltes Fischbuffet

Wer preiswert und gut arabisch essen möchte, für den sind die **libanesischen Straßenrestaurants** genau das Richtige. Sie sind weit verbreitet und leicht durch ein auf ihrem Namensschild abgebildetes Schaf oder einen Zedern-Baum zu erkennen.

Take-Away-Service ist in allen Straßenrestaurants weit verbreitet. Immer wieder sieht man Einheimische vorfahren, durch Hupen eine Bedienung rufen und aus dem klimatisierten Wagen heraus bestellen. Viele lassen sich für die ganze Familie riesige Pakete packen, andere nehmen nur ein Sandwich zum Sofortverzehr mit.

Besonders „in" und bei Einheimischen auffallend beliebt sind **Fast-Food-Restaurants** internationaler Ketten mit Hamburgern oder Pizza – je nach Verkehrslage mit „Drive-In-Service". In den Einkaufsszentren gibt es meist mehrere Fast-Food-Restaurants sowie chinesische und südostasiatische Schnellrestaurants. Ebenfalls eine schnelle und preiswerte Mahlzeit liefern die in den meisten Einkaufszentren vorhandenen Imbissbuden (engl. *Food-Court*). An diesen „Speise-Plätzen" kann man sich von verschiedenen Imbissständen seine (Schnell-)Gerichte kaufen und an den bereitstehenden Tischen verputzen.

Übrigens: In einfachen Restaurants, Imbissen und Fast-Food-Lokalen ist es nicht üblich, **Trinkgeld** zu geben.

Nachtleben

Wer glaubt, in den vorgestellten arabischen Landen gäbe es kein Nachtleben, der irrt gewaltig. **Bars, Nachtclubs und Diskos** sind keine Seltenheit und auch wenn der Koran Muslimen den Konsum von Alkohol verbietet, gehört das kühle Nass dazu.

Alkholische Getränke werden allerdings nur in dazu befugten Etablissements ausgeschenkt (engl. *Licenced*). Doch nahezu alle Hotels haben eine solche Schanklizenz, daneben auch einige wenige hotelunabhängige Diskos und Kneipen. In den V.A.E. und in Bahrain gibt es massenhaft genehmigte *Watering Holes*, in Qatar und Oman eher wenig. Eine Ausnahme bei allem bislang Gesagten bildet das Emirat Sharjah, in dem der Alkoholausschank generell untersagt ist.

Überall ist öffentlicher Alkoholgenuss streng verboten, alkoholische Getränke dürfen nur dort getrunken werden, wo sie verkauft werden – sowie natürlich in Privatwohnungen.

In vielen Lokalitäten spielt abends eine **Live-Band,** zudem steht eine **Tanzfläche** zur Verfügung. An so manchem Abend wird ein wechselndes **Unterhaltungsprogramm** geboten, das von Bauchtanz (engl. *Belly*

Nur Softdrinks für Qataris

Qatars Alkoholpolitik zeigt sich nicht allzu schankfreudig und ist deutlich zurückhaltender als in den anderen kleinen Golfstaaten.

Streng genommen sind qatarische Bars nur für Hotelgäste und deren Begleitung zugänglich oder für Mitglieder (engl. *Member*). Eine solche Mitgliedschaft ist mitunter auch auf Tagesbasis möglich, natürlich gegen einen Mitgliedsbeitrag. Als Ausländer hat man keine Probleme, in eine Bar zu gehen und einen auf den Durst zu heben.

Aber Qataris dürfen Bars oder Restaurants mit Alkoholausschank nicht betreten. Oft wacht ein Hotelangestellter am Eingang. Ausnahmen bestätigen die Regel, denn es gibt auch Restaurants mit abgetrenntem Bereich, in dem Alkoholika serviert werden und dort dürfen auch Qataris eintreten, aber bitte nur in der alkoholfreien Zone Platz nehmen. Diskriminierend dabei ist, dass alle anderen arabischen Nationalitäten sich ungehemmt feucht-fröhlichen Verführungen hingeben dürfen.

Das Ergebnis dieser Politik ist, dass etliche Restaurants erst gar keinen Alkohol servieren, da sie speisende qatarische Gäste nicht verlieren möchten. Dementsprechend ist die Auswahl an *Nightspots* in Qatar nicht allzu üppig.

Dancing) über Quiz-, Techno-, Karaoke-Abende bis hin zu Taco-Times, Limbo-Shows und Piraten-Partys reicht.

Die Chance auf einen ruhigen Abend besteht meist vor etwa 21 Uhr. Überall kann man auch etwas zu Essen bestellen, und fast überall gibt es zur **Happy Hour** verbilligte alkoholische Getränke. Meist fallen diese „glücklichen Stunden" auf den frühen Abend zwischen 18 und 20 Uhr. Viele Bars, Pubs und Cocktail-Lounges haben schon mittags oder ab dem späten Nachmittag geöffnet.

Etliche Bars und Nachtclubs bieten dem weiblichen Publikum spezielle **Ladies-Nights,** doch dies ist keine arabische Einrichtung, um den Damen im Sinne der Geschlechtertrennung einen Abend unter sich zu ermöglichen, sondern um wie überall in der Welt mit Freigetränken oder verbilligtem Eintritt sozusagen „Freiwild in den Hexenkessel" zu locken, Männer finden natürlich auch Einlass.

Apropos Frau: Wie in den meisten Ländern auf dem Globus kann eine allein reisende Frau auch in Arabien ihren Abend nur selten ohne **männliche Annäherungsversuche** verleben. Als eine Art „Anmachbarometer" gilt: Je mehr Araber oder Asiaten im Publikum, desto geringer die Chance auf einen anmachefreien Abend, je mehr westliche Residenten, desto weniger Annäherungsversuche und desto unverfänglicher sind immerhin manche der Kontaktaufnahmen. Frauen ohne Begleitung, die auch lieber solo bleiben möchten, seien die irischen Pubs zu empfehlen.

Religion respektieren

„Ihr Gläubigen! Euch ist vorgeschrieben, zu fasten, so wie es auch denjenigen, die vor euch lebten, vorgeschrieben worden ist. Vielleicht werdet ihr gottesfürchtig sein."

(Koran 2:183)

Ramadan

Während des heiligen muslimischen Fastenmonats Ramadan sollten auch Ausländer es vermeiden, tagsüber **in der Öffentlichkeit zu essen** – auch keinen Kaugummi kauen oder Bonbon lutschen – zu trinken oder zu rauchen. Was hinter den Türen der Hotelzimmer vorgeht, interessiert nicht weiter. Kinder, Kranke und Schwangere brauchen sich nicht an die Ramadan-Regeln zu halten.

In den Golfemiraten und Oman haben die meisten **Restaurants, Imbisse und Cafés tagsüber geschlossen** und dafür abends länger offen, mitunter bis zum Morgengrauen. Eine Ausnahme bilden die Touristenhotels, in denen man sein Essen wie gewohnt serviert bekommt – oft hinter blickdichten Vorhängen.

Diskos und Nachtclubs sind während des Ramadan geschlossen, etliche **Bars** bleiben allerdings geöffnet und servieren Alkoholika meist nur am Abend. Unterhaltungsprogramme wie Live-Musik oder Bauchtanzshows fallen oft ganz aus und **Kinos** spielen ihre Filme erst am Abend. In den Minibars der Hotels sowie über den Zimmerservice sind Alkoholika wie gewohnt zu erhalten.

Tagsüber einzukaufen ist völlig in Ordnung, solange **Lebensmittel** brav in die Einkaufstasche gepackt werden, um bei den Fastenden keinen Appetit zu erwecken.

Die größte Einschränkung ist nicht unbedingt der Verzicht auf Essen, sondern besteht wohl darin, in der Öffentlichkeit nichts zu **trinken,** auch wenn die Sonne eventuell noch so brennt und die Kehle noch so ausgetrocknet ist. Raucher haben neben Durst noch mit Schmacht zu kämpfen. Wer Gastgeber spielen möchte, sollte nicht vergessen, Einladungen zum Essen auf den Abend zu legen.

Da fromme Muslime während des Ramadan ein besonders religiöses Leben führen, ist es angebracht, sich körperbedeckter als sonst zu klei-

---

Viehmarkt im Oman – nach dem Fasten gibt's Ziegenbraten

den. Araberinnen haben ihr Kopftuch züchtig verknotet und viele tragen den sittsamen Abaya-Mantel, auch wenn sie sonst „ohne" gehen.

Während des Fastenmonats verläuft das **öffentliche Leben tagsüber mit Einschränkungen,** Banken und Behörden, Büros, Museen haben verkürzte Öffnungszeiten. Viele Muslime machen die Nacht über durch und sind tagsüber entsprechend müde oder gereizt – typische Entschuldigung: „Ich faste ...".

Trotz gewisser Entbehrungen hat der Ramadan auch **Vorteile:** Tagsüber ist es ruhiger, was von vielen Reisenden als angenehm empfunden wird. Nahezu alle haben ihre (Freizeit-) Aktivitäten auf den Abend verlegt – die Nacht wird quasi zum Tag. Geschäfte haben länger geöffnet, Restaurants schließen oft erst in den frühen Morgenstunden und aus den Häusern strömen die leckersten Gerüche durch die Gassen. Viele große Touristenhotels bauen Extra-Zelte auf (so genannte Ramadan Cafés oder Iftar-Tents) und dekorieren sie mit bunten Teppichen, Kissen und Stoffen zu einer Art Beduinenlager. In ihnen werden fast die ganze Nacht Getränke, Datteln, Süßigkeiten und Wasserpfeifen serviert, Musik und Tanz sorgen für eine ausgelassene Stimmung. In manchen Einkaufszentren stehen ähnliche Zelte, die (nach Sonnenuntergang) Datteln, Süßigkeiten, Wasser und Kaffee spendieren. Manche Supermärkte oder Tankstellen empfangen Kunden zur Zeit des Fastenbrechens mit Datteln oder Mineralwasser.

Das Schönste am Ramadan ist das Fastenbrechen am Ende des Monats. Das drei- bis viertägige **Fest Eid al-Fitr** gibt Anlass – ähnlich unserem Weihnachtsfest – zu ausgiebigem Schlemmen und Feiern. Auf zuvor eröffneten Märkten werden alle benötigten Speisen, Vieh, neue Garderobe und Geschenke angeboten. Kinder werden mit Süßigkeiten überhäuft, alle ziehen schöne, neue Kleidung an, Familienmitglieder und Freunde werden reihum besucht. Ein besonderer Festtagsschmaus sind in Erdgruben gegarte Braten, mitunter werden ganze Ziegen über einen Tag lang zubereitet. Viererorts werden Feste gefeiert, Kamel- oder Pferderennen veranstaltet oder traditionelle Tänze zelebriert. Herrscher öffnen die Pforten ihrer Paläste und empfangen Glückwünsche von einflussreichen Bürgern oder ausländischen Diplomaten.

Wer aus **geschäftlichen Gründen** in arabische Länder reisen möchte, sollte den Ramadan möglichst meiden. Viele Muslime nutzen die Zeit für ihren Urlaub, reisen umher und besuchen Verwandte. Diejenigen, die arbeiten, sind vormittags oft einfach nur müde, weil sie die Nacht zu lange auf waren; effektives Arbeiten während des Ramadan ist oft ein Widerspruch an sich. Zudem blockieren eingeschränkte Öffnungszeiten von Behörden und Büros einen reibungslosen Geschäftsabschluss.

Moscheebesuch

In den Golfemiraten und Oman ist in den meisten Moscheen **nur Muslimen der Zutritt gestattet.** Keinesfalls sollte man einfach so versuchen, in eine Moschee einzutreten, das gebietet der Respekt gegenüber dem Islam. Wer unbedingt eine bestimmte Moschee besuchen möchte, sollte sich dazu eine Genehmigung vom vorstehenden Imam holen.

In einzelnen Moscheen (z. B. Jumeira-Moschee in Dubai, Al-Fatih-Moschee in Manama, Sultan-Qaboos-Moschee in der Hauptstadtregion des Oman) finden **Andersgläubige** problemlos Eintritt. Doch auch wenn dies der Fall ist, so kann es sein, dass zu den Zeiten der Pflichtgebete sowie des Freitagmittaggebetes, der wichtigsten Andacht der Woche, Muslime unter sich bleiben möchten.

Wer eine Moschee besuchen möchte, sollte bestimmte **Reglements beachten:**

Vor dem Betreten der Moschee muss jeder seine **Schuhe ausziehen.** Mitunter stehen Regale bereit, in welche die Schuhe gestellt werden können, oft bleiben sie aber einfach vor dem Portal liegen. Wer (unbegründeterweise) Angst um seine wertvollen Treter hat, kann diese auch mit hinein nehmen, sie sollten aber mit aneinander gelegten Schuhsohlen getragen und nirgendwo abgestellt werden. Der Grund ist ganz einfach:

Schuhe sind meist dreckig und wer möchte schon den Ort, an dem er sich zum Gebet niederlässt, schmutzig wissen. Doch nicht nur die objektive Reinlichkeit ist wichtig, auch die rituelle Reinheit gilt es zu wahren.

Sowohl Männer als auch Frauen sollten **körperbedeckt bekleidet** sein. Muskelshirts, Shorts, Miniröcke oder bauchfreie Tops sind generell die unpassendste Form der Reisebekleidung in islamischen Ländern, aber um Moscheen sollte man damit besser einen Bogen machen.

Frauen müssen ihr Haupthaar mit einem Kopftuch bedecken. In manchen Moscheen werden Frauen nur mit einem knöchellangen, dunklen Mantel eingelassen. Kommen öfters Touristen, so liegen mitunter solche Mäntel bereit.

Bitte keines der bereitliegenden **Koran-Bücher** berühren. Der Koran ist eine heilige Schrift und strenge Muslime sehen es nicht gerne, wenn er mit vielleicht schmutzigen Händen oder unreinen Gedanken angefasst wird.

Nicht direkt vor einem Betenden hergehen, denn dadurch verliert das Gebet seine Gültigkeit und derjenige darf – oder muss – noch einmal von vorne anfangen, sich an Gott zu wenden.

Bitte **respektvoll fotografieren** oder filmen und niemals einen Betenden ablichten – auch nicht heimlich!

Leises und **unauffälliges Verhalten** sollte selbstverständlich sein.

Tipp: Es ist durchaus in Ordnung, sich eine Weile **auf dem Teppich** niederzulassen, die Gedanken zu sammeln oder einfach nur zu schauen, was vor sich geht.

Gesprächsdiplomatie

Bei **Gesprächen über Religion** ist Zurückhaltung geboten, insbesondere wenn man sein Gegenüber noch nicht gut kennt.

Wenn sich das Thema bei aller Höflichkeit nicht ausklammern lässt, oder man Interesse am Austausch hat, bitte **keine Kritik** üben. Bei kontroversen Diskussionen lieber die Zuhörerrolle annehmen. Tipp: positive Merkmale hervorheben (Familienzusammenhalt, Almosengaben ...) und kulturelle oder historische Errungenschaften anerkennen. Bitte nicht der Versuchung erliegen, mit Wissen zu brillieren, das steht jeder positiven Gesprächsentwicklung im Wege. In heiklen Situationen kann man immer gut dazu übergehen, Verständnisfragen zu stellen.

Es ist geschickter, sich **als Christ auszugeben,** wenn man eher atheistisch eingestellt oder aus der Kirche ausgetreten ist. Keiner Religion anzugehören ist für Araber unvorstellbar und unfassbar. Eine große Zahl von Muslimen weiß erstaunlich viel über das Christentum – oftmals mehr als man selbst. Parallelen ziehen ist geschickter, als einen eventuellen Vorzug der einen Religion gegenüber der anderen zu erörtern. Kritik am eigenen Glauben sollte höflich, aber entschieden abgeblockt werden, egal ob berechtigt oder unberechtigt. Wer sich auf einen solchen Gesprächspfad einlässt, braucht ein Buschmesser und am Ende sind womöglich alle Beteiligten missgestimmt.

Unbedingt vermeiden sollte man es, in innermuslimische Gespräche einzusteigen. Lieber Erkenntnisse aus dem Zuhören schöpfen. Ähnliche Gesprächsdiplomatie gilt es auch in Punkto **Politik** zu beachten.

Im Gegensatz zu Religion und Politik völlig **unverfängliche Gesprächsthemen** sind der Familienstand, Anzahl und Kurzporträts der Kinder, eine Schilderung besuchter Orte und Sehenswürdigkeiten und ein Lob auf die Schönheiten des Gastlandes.

Zu diesem Thema ein interessanter Auszug aus *Freya Stark: „Die Südtore Arabiens"*. Vorweg die Erklärung, dass mit dem arabischen Wort *Nasrani* bzw. *Nasara* Christen bezeichnet werden; mitunter können diese Vokabeln leicht herabsetzend bewertet sein: *„„Aber du bist eine Nasrani', sagte einer von ihnen – ein hellhäutiger mit einem gelben Kaschmirturban auf dem Kopf, was einen besonderen Luxus bedeutet. ‚Du wirst in der Hölle schmoren.' Die Umsitzenden, das war ersichtlich, konnten zwar nicht umhin, dieser Feststellung zuzustimmen, mißbilligten jedoch die rücksichtslose Art, in der sie gemacht wurde. Ich war nicht gewillt, beizupflichten, und merkte an, die Nasara seien Leute des Buches. ‚Vor dem Tage des Gerichtes', sagte ich, ‚werden sie versammelt werden durch ihren Propheten, Jesus, und die Juden werden durch Moses versammelt werden, und der Gesandte Gottes, Gott segne und bewahre ihn, wird die Gläubigen versammeln, und alle werden ins Paradies eingehen. Eure Überlieferungen sagen zwar, daß unser Prophet etwas später eingehen wird als der Gesandte Gottes – aber die Ewigkeit ist sehr lang, und ich werde mich auch, wenn ich erst etwas später als ihr dazu komme, daran erfreuen.'"*

Geschlechtertrennung

Auch Reisende haben das nach islamischen Regeln geltende Prinzip der Geschlechtertrennung zu **respektieren.**

Touristinnen haben den Vorteil, sowohl in die Frauen- als oft auch in die Männerwelt Zugang zu finden. Ausländerinnen werden oft als eine Art „Zwischengeschlecht" aufgenommen, d. h. sie finden in mehr Bereiche des muslimischen Männerlebens Zugang als einheimische Frauen – erst recht, wenn sie in Begleitung eines Partners sind. Es wird akzeptiert (auch wenn es nicht unbedingt als schicklich gilt), wenn Touristinnen in ein Kaffeehaus gehen, in der Öffentlichkeit Wasserpfeife rauchen, mit fremden Männern sprechen oder an Herrengesprächen teilnehmen.

Männern – egal ob einheimischen oder ausländischen – bleiben Frauendomänen grundsätzlich verwehrt. Nicht-muslimische Herren sollten daher umsichtig sein und niemals zu tief in diese fremde Welten vordringen. Schon das Ansprechen einer arabischen Frau, um sie bloß nach dem Weg zu fragen, gilt aus äußerst taktlos. Entsprechend wider allen Anstands ist es, wenn ein Mann sich in einer rein aus Damen bestehenden Warteschlange anstellt oder wenn er versucht, am *Ladies Day* Einlass ins Museum zu finden oder gar eine *Ladies Branch* eines ortsansässigen Geldinstituts zu betreten. Arabische Frauen, Frauengesellschaften und Frauenbereiche werden mit dem ausdrucksstarken arabischen Begriff *Haram* bezeichnet, was übersetzt werden kann als „verboten" und „unantastbar".

Frauen allein unterwegs

Europäerinnen sollten sich immer bewusst sein, dass muslimische Frauen niemals ohne männliche Begleitung reisen würden und das allein reisende Ausländerinnen daher jede **Norm sprengen.** Sie bewegen sich als eine Art „Fremdkörper" in einer Männerwelt und senden eine „weibliche Kraft" aus, die die meisten patriarchalen Gesellschaften lieber aus der Öffentlichkeit verbannen wollen.

Europäerinnen werden im Allgemeinen als **freizügig und erlebnishungrig eingeschätzt** und haben vermeintlich lockere moralische Vorstellungen. Nach orientalischem Männerdenken gelten sie als Garantinnen eines freien Zugangs zu sexuellen Erlebnissen.

Wer als Frau solo (oder in Begleitung einer anderen Frau) durch islamische Gefilde reist, muss sich noch stärker gewissen Sitten **anpassen**, als eine (zumindest theoretisch) unantastbare Gattin in Begleitung ihres „Anstandsmanns" (arab. *Mahram*).

Allein reisende Frauen sollten überlegen, ob sie sich wirklich als Single outen oder sich **als verheiratet ausgeben** (am Besten durch einen Ehering verdeutlicht). Eine „Zwischenlösung" ist es, **verlobt** zu sein. Die Konstellation, dass Frau zwar verheiratet ist, aber auf eigene Faust durch fremde Lande reist, rettet einerseits wenigstens ansatzweise die eigene Ehre und schützt vor der einen oder anderen Anmache, stößt aber andererseits auf Unverständnis. Was ist das nur für ein Mann, der seine Angetraute schutzlos reisen lässt, und was ist das für eine Frau, die sich einsam in anderen Welten herumtreibt?

Im Gespräch steht die Frage nach dem Ehestand meist an vorderster Stelle, gefolgt von der Erkundung, **wie viele Kinder** man hat. Wer angibt, keine, erntet meist bedauernde Bemerkungen. Ehemännern wird von Arabern oft geraten, sich scheiden zu lassen und eine andere (fruchtbarere) Frau zu ehelichen. Die Vorstellung, verheiratet zu sein und keinen Nachwuchs zu haben, verfehlt nach islamischer Ansicht den Lebenssinn. Egal, wie die Erklärung auf Kinderlosigkeit lautet, sie wird meist als nicht stichhaltig angesehen.

Eine allein reisende Frau kann mit auffälliger Freundlichkeit, **Provokation und offenen sexuellen Angeboten** rechnen. Sie wird schnell feststellen, dass insbesondere dort, wo es von Natur aus eng wird (Bus, Gedränge ...), Männer gerne „Kontakt suchen" und viele Hände „sich verirren" (aber auch das ist kein exklusiv-islamisches Phänomen). Doch verglichen mit anderen Landen, geht es in den Golfemiraten und Oman sehr gesittet und normalerweise keinesfalls bedrohlich zu.

Je jünger und attraktiver Frau ist, desto mehr wird sie in den **Mittelpunkt der männlichen Aufmerksamkeit** rücken. Maßnahmen, um aus diesem Zentrum des Interesses herauszutreten, sind zum Selbstschutz ratsam – nicht weil es sonst gefährlich wird, aber um mehr Ruhe zu haben. Ständige Kontrolle von Verhalten, Ausstrahlung und Kleidung ist unabdingbar.

Goldene Grundregel: „Sie" sollte stets freundlich und **zurückhaltend, aber durchaus selbstbewusst** auftreten.

Um Unannehmlichkeiten zu vermeiden und Anmachen zu reduzieren, sollten Frauen sich **körperbedeckt kleiden** und weibliche Formen so wenig wie möglich zur Schau stellen. Offenherzige Textilien sind für die meisten Muslime ein eindeutiges Zeichen für mangelnde Moral. Züchtige Garderobe ist wichtig, damit „Frau" nicht als Provokation wirkt und als „Ventil" für angestaute männliche Sexualbedürfnisse angesehen wird.

Direkter Augenkontakt wird von arabischen Männern häufig und gerne als Annäherungsversuch interpretiert. Sieht eine Ausländerin einen Muslim zu intensiv an, scheint das für so manchen Macho der Startschuss zu sein ...

Bei **Einladungen von unbekannten Männern** sollten Touristinnen vorsichtig sein, Grund wird mitunter nicht die rühmliche Gastfreundschaft sein, sondern der Wunsch nach Sex. Sich auf einen Mann näher einzulassen, heißt im günstigsten Fall eine Liebestragödie zu inszenieren.

Körperkontakte zu Männern sollten höflich, aber demonstrativ vermieden werden. Das Alleinsein mit einem – womöglich noch unbekannten – Muslim an einem abgelegenen Ort stellt immer eine spannungsgeladene Situation dar, die besser von vornherein vermieden wird.

Platonische Freundschaften zwischen Touristinnen und Arabern sind eher unerfüllbar, denn beide leben in zu unterschiedlichen Welten. Für die meisten Muslime ist eine Vertrautheit zwischen den Geschlechtern oder nichtverwandten Personen nicht nachvollziehbar. Es bedarf einer langen Zeit des kritischen Kennenlernens, die „Fronten" sollten klar abgeklärt sein und selbst wenn wirklich eine Kameradschaft entstanden ist, bleibt die Position der Frau oft zwiespältig.

Fotografieren und Filmen

Beim Fotografieren – und besonders beim Filmen – von Menschen ist **Höflichkeit** oberstes Gebot. Die Würde der Menschen sollte gewahrt bleiben und niemand sollte zum „Motiv" degradiert werden, das quasi „abgeschossen" wird.

045go Foto: kk

Für Muslime, die den Islam streng interpretieren, ist die Abbildung von Menschen in jeglicher Form verpönt. Aus Respekt sollte man keine Großaufnahmen machen, ohne **Zustimmung zu erfragen.** Absagen sollten akzeptiert werden und einem nicht die Laune verderben. Dies gilt insbesondere gegenüber arabischen Frauen.

Jedoch sehen es viele Muslime mit dem **Bilderverbot nicht so streng.** Der Fotoapparat gehört bei vielen Familienausflügen oftmals genauso selbstverständlich dazu wie der Picknickkorb. Und riesige Porträts der Staatsoberhäupter sind in fast jeder Wohnstube und unzähligen Kramläden zu finden.

Ohne ausdrückliche Erlaubnis sollte man selbstverständlich keine **religiösen Zeremonien** ablichten.

Reisekleidung

Kleider machen Leute – das gilt insbesondere für Gäste in islamischen Landen. Zwar sind die Golfemirate und Oman durchaus tolerant und in den großen Städten sieht man etliche Asiatinnen oder Afrikanerinnen in offenherzigem Outfit, doch wer ernst genommen werden möchte, sollte sich **körperbedeckt und gepflegt kleiden,** das steigert das Ansehen enorm. Zudem zeugt angepasste Kleidung von Respekt, den man dem Gastland entgegenbringt und man vermeidet, einen Araber in Verlegenheit zu bringen.

Frauen sollten auf Miniröcke, Shorts, Tops, tiefe Ausschnitte, enge T-Shirts oder Leggins und durchsichtige Blusen verzichten. Im Emirat Sharjah sind streng genommen stets Schultern und Knie bedeckt zu halten – auch an öffentlichen Stränden (nicht aber in Hotels).

Männer sind gut beraten, kurze Hosen und Muskelshirts für Strand- und Poolbesuch aufzusparen. Wer in Shorts durch die Straßen geht, macht sich lächerlich, da diese als Unterhose getragen werden.

Badebekleidung sollte man grundsätzlich nur an Swimmingpools und Badestränden tragen. Tanga und Topless sind wider allen Anstands, „Oben ohne" kann sogar bestraft werden.

In heißen Gegenden empfehlen sich **leichte Stoffe,** wie die Naturstoffe Baumwolle, Leinen, Hanf und Seide, aber auch Kunststoffe wie Viskose und moderne Mikrofasern.

Die Urlaubsgarderobe darf in den Golfemiraten und in Oman durchaus **schick** sein – *Smart Casual,* „Schick-Lässig" lautet die vor Ort gebräuchliche englische Beschreibung.

Wer sich mit **traditionellen Gewändern** kleidet, wird nach außen hin zwar nur belächelt, aber Einheimische könnten sich beleidigt fühlen.

Begrüßungsrituale

„Diese Besuche hatten ihre Formalitäten. Der Umstand zum Beispiel, daß wir eben erst im Hause von Muhammads Frau beisammen gewesen waren, enthob uns nicht der Verpflichtung, der ganzen Runde erneut die Hand zu reichen, wenn wir uns eine halbe Stunde später in den Räumen von Ahmads Mutter trafen. Jede neu Ankommende machte die Runde in der ganzen Gesellschaft, hob die Hand einer jeden der Reihe nach und küßte dabei ihre eigene Hand oder auch - zum Zeichen besonderer Ehrerbietung - die Stirn einer älteren Frau.“

(Freya Stark: „Die Südtore Arabiens“)

Begrüßungsgesten

Begrüßungen sind in der arabischen Gesellschaft sehr wichtig und haben fast **rituellen Charakter,** also sollte man, selbst wenn man es eilig hat, Ruhe bewahren und das Zeremoniell über sich ergehen lassen.

Wer wen wie begrüßt, hängt stark davon ab, **welche Beziehung** die beiden Menschen zueinander haben. Werden Vorgesetzte, Würdenträger, Eltern, Geschwister, gute Freunde oder Fremde empfangen?

Auch ausschlaggebend ist das Geschlecht des Gegenübers. In der Öffentlichkeit grüßen sich **Frauen und Männer,** die nicht miteinander verwandt sind, eher zurückhaltend und meiden möglichst jede Berührung. Ein großer Fauxpas wäre es, als ausländischer Mann einer einheimischen Frau die Hand zu reichen. Sicherlich gibt es auch Ausnahmen: aufgeschlossene Local-Damen, die beispielsweise im Ausland studiert haben oder mit beiden Beinen fest im Berufsleben stehen. Aber auch da ist es besser abzuwarten, ob die Frau ihre Hand von sich aus reicht. Generell sollte „Mann“ mit einheimischen Frauen vorsichtig sein und von sich aus einen Gruß bestenfalls nur andeuten. Europäische Frauen werden in diesem Punkte meist wie ein Mann behandelt, sie können also getrost einem Local-Mann die Hand zum Gruß bieten und meist wird ihnen diese auch entgegengestreckt.

Unter Geschlechtsgenossen ist ein **Händedruck** (auch bei Fremden) obligat. Allerdings wird der kräftige, „deutsche“ Handschlag von den meisten Arabern als befremdlich empfunden. Bisweilen wird zum Zeichen der besonderen Ehrerbietung die eigene Hand nach dem Gruß geküsst. Doch bitte stets die rechte Hand reichen, denn die linke Hand gilt als unrein, da Araber sich mit ihr nach dem Toilettengang reinigen.

Viele führen bei der Begrüßung ihre **rechte Hand zum Herzen** (zum eigenen Herzen!) und unterstreichen damit – im wahrsten Sinne des Wortes – ihre Herzlichkeit. Diese ausdrucksstarke Geste können auch Ausländer zeigen.

Typisch arabisch sind drei **Wangenküsschen,** allerdings werden sie nur unter vertrauten Geschlechtsgenossen ausgetauscht. Eigens in den Golf-staaten verbreitet ist der **Nasenkuss,** bei dem zwei eng befreundete Männer kurz ihre Nasen einander berühren lassen. Seltener und ein Zei-chen besonderer Hochachtung ist das **Küssen der Stirn** oder der Kopf-bedeckung des Gegenübers.

Betritt ein Mann einen Raum, in dem sich schon etliche Araber befin-den, so sollte er **zuerst den Gastgeber** begrüßen, dann die älteren, dann die jüngeren Männer. Entsprechendes gilt, wenn Frauen in eine Damen-runde eintreten. In gemischt-geschlechtlichen Gruppen sind obige Leit-sätze bezüglich Geschlechtertrennung zu beachten.

Wer sicher gehen will, dass er bei Begrüßungen in kein Fettnäpfchen tritt, sollte **zurückhaltend beobachten,** wie sich das Gegenüber und die eventuell anderen Anwesenden verhalten und entsprechend reagieren. Im Zweifelsfall lieber zu schüchtern als vielleicht zu forsch auftreten.

Begrüßungsformeln

Eine arabische Begrüßung ist eine streng festgelegte Zeremonie, in der man sich höflich **nach der gegenseitigen Gesundheit und dem Wohl-befinden der Angehörigen erkundigt.** Allerdings sollte die direkte Frage „Wie geht's deiner Frau?" ausgeklammert bleiben, denn das ist Privatsa-che (es sei denn, eine Frau stellt diese Frage und kennt die Angetraute des Gegenübers persönlich). Lieber pauschal nach dem Wohlergehen der Familie fragen.

Das Ganze ist ein **wortreiches Frage- und Antwortspiel** mit unzähli-gen Begrüßungsformeln. Manche sind nur an bestimmte Situationen, Ta-geszeiten oder Personen gebunden und bedingen feste Antwortformeln – oftmals wird Gott mit einbezogen. Nur vage oder bestenfalls unter gu-ten Freunden wird zugegeben, dass es einem vielleicht gar nicht so gut geht. Auf „Wie geht's?" wird (auch) im Orient keine genaue Beschrei-bung der Befindlichkeit erwartet, es geht einfach „Gut".

In der arabischen Sprache wird allen erfreulichen Nachrichten – und das sollten auch alle Antworten auf das Wohlergehen sein **–ein Lob auf Gott** angefügt, schließlich ist er der Stifter dieses Glücks.

Als Schlussakt des umfangreichen Begrüßungsreigens werden **gute Wünsche** ausgetauscht.

Auch am **Telefon** sollte Etikette nicht fehlen. In den Emiraten und Oman kann man sich bestens in Englisch verständigen, doch diese Begrüßungen sind lange nicht so wort- und bildreich wie in Arabisch: *„How are you?"* – *„Fine, thanks. And how are you?"* – *„I'm fine too."* – *„Thanks god!"*.

Hat man ein Anliegen, so fällt man im Umgang mit Arabern grundsätzlich **„nicht mit der Tür ins Haus",** sondern äußert sein Anliegen erst nach einer gewissen Vorbereitung, wozu auch eine ausgiebige Begrüßung zählt. Die viel direktere Art des Umgangs in westlichen Gesellschaften wird von Arabern oftmals als unangenehm und unhöflich empfunden.

Körpersprache und –kontakte

„Und zeig den Leuten nicht die kalte Schulter(?) (w. verdrehe den Leuten gegenüber nicht deine Backe?) und schreite nicht ausgelassen (und überheblich) auf der Erde einher! Gott liebt keinen, der eingebildet und prahlerisch ist. 19 Schreite gelassen einher (w. Sei mäßig in deinem Schreiten) und dämpfe deine Stimme! Die gräßlichste Stimme haben doch die Esel.'"

(Koran 31:18-19)

Ruhe und Gesicht wahren

Was vielen Arabern sehr schnell und unangenehm auffällt, ist die **Hektik** vieler Europäer. Araber haben eine andere Auffassung von Zeit als wir, denn *„als Allah die Zeit schuf, schuf er sie reichlich".* Von Eile war keine Rede. „Slow going" ist anerkanntes – und unanfechtbares – Lebensprinzip. Typisch orientalisch sozusagen.

In allen Situationen, insbesondere in denen, wo einem leicht „der Kragen platzen könnte" ist es sinnvoll, **Ruhe zu bewahren.** Ungeduld oder gar Zorn führen zu nichts, höchstens zu Unverständnis und zum peinlichen „Gesichtsverlust". Bedachtes „Aussitzen" und „Schönreden" helfen bei Problemen meist mehr als wütende Argumentationsketten oder das Versprühen von „Gift und Galle".

Das Prinzip des **„Gesichtwahrens",** also weder andere noch sich selber bloßzustellen, ist Arabern (sowie auch den vielen vor Ort lebenden Asiaten) sehr wichtig. Ernsthafte Konflikte gilt es so gut es geht zu vermeiden oder zu überspielen. Dem anderen Probleme zu bereiten liegt Arabern fern. Direktheit und Offenheit wird mit Unreife und Naivität gleichgesetzt, mitunter sogar mit Arroganz.

Als Beispiel dient die unterschiedliche **Bedeutung von „ehrlich".** Für Deutsche bedeutet dies, aufrichtig die Wahrheit zu sagen, auch wenn es für andere unangenehm sein kann. Araber sind dagegen sehr beziehungsorientiert und nehmen mehr Rücksicht auf Harmonien und Freundschaften. So kann es überall im Orient immer wieder vorkommen, dass man beim Fragen nach dem Weg auf ein nettes Lächeln und spontanes Richtungsweisen trifft. „Klasse, der kennt sich aus, vielen Dank!" mag der Hilfe Suchende denken. Aber wenig später kann man höchstwahrscheinlich die Fortsetzung erleben, nämlich in der Form, dass unterschiedliche Personen auf die wiederholte Frage nach demselben Ziel in völlig entgegengesetzte Himmelsrichtungen weisen. Viele sind ganz einfach so hilfsbereit, dass sie ihr Gegenüber nicht enttäuschen wollen und

Männerfreundschaft in den V.A.E.

lieber freundlich etwas Falsches sagen, als ihn vor den Kopf zu stoßen. Guten Willen zu beweisen ist Arabern sehr wichtig, selbst wenn die Anforderung nicht erfüllt werden kann. Abgesehen davon wäre es ein peinlicher Gesichtsverlust zuzugeben, dass man nicht weiß, was los ist.

Körperkontakte

Vorsicht heißt es bei Körperkontakten **zum anderen Geschlecht.** Unbekannte Männer sollten einer Araberin niemals zu nahe treten, denn damit wird nicht nur die Frau entehrt, sondern auch deren Familie. Europäerinnen sollten gegenüber arabischen Männern höfliche Distanz wahren. Händchenhalten unter **Paaren** ist nicht verwerflich, aber Küsschen oder gar Küsse sollten anstandshalber nur in trauter Zweisamkeit ausgetauscht werden.

Unter **arabischen Geschlechtsgenossen** sind Zärteleien durchaus verbreitet, Frauen schlendern Arm in Arm durch den Park, Polizisten sieht man auch mal Hand in Hand Streife gehen. Freundinnen und Freunde begrüßen sich untereinander mit Wangenküsschen genauso wie Schwestern und Brüder. Das Ganze hat nichts mit Homosexualität zu tun. In allen muslimischen Ländern sind Bündnisse innerhalb der Geschlechter weitaus stärker ausgeprägt, als dies bei uns in Europa bekannt ist. Kumpanei zwischen Mann und Frau gibt es nur als Besonderheit.

Gastfreundschaft

„Unsere Gastgeber brachten uns Milch. Wir bliesen den Schaum beiseite und tranken gierig. Sie nötigten uns noch mehr zu trinken: ‚In der Wüste, die vor euch liegt, werdet ihr keine Milch mehr bekommen. Trinkt, trinkt, trinkt. Ihr seid unsre Gäste. Gott hat euch hierher geschickt – trinkt!' Ich trank abermals, obgleich ich wußte, daß sie an diesem Abend hungrig und durstig einschlafen würden, da sie keine andere Nahrung und auch kein Wasser hatten. Als wir dann um das Feuer hockten, bereitete Bin Kabina Kaffee. Der kalte Wind flüsterte in den verschatteten Dünen, zupfte an unseren Kleidern und drang durch die Decken, in die wir uns gehüllt hatten. Der Mond war längst untergegangen, als sie noch immer von Kamelen und Weideplätzen sprachen, von Reisen durch die Wüste, von Überfällen und Blutfehden, von den seltsamen Orten und Menschen, die sie in Hadramaut und in Oman gesehen hatten. "

(Wilfred Thesiger: „Die Brunnen der Wüste")

Herzlich Willkommen

Ahlan wa sahlan ist ein sehr galanter arabischer **Willkommensgruß** und heißt wörtlich „Angehörige und leicht" und bedeutet im übertragenen Sinn „Als Angehörige (und nicht etwa als Fremde) seid ihr willkommen und leicht sollt ihr es haben".

Es wäre schön, wenn jeder das Verständnis entwickeln würde, dass er meist wie oben beschrieben als „Angehöriger" angesehen wird und er sich deshalb entsprechend **gastwürdig, höflich und zurückhaltend** verhalten sollte.

Gastfreundschaft ist sowohl in allen Golfemiraten, als auch in Oman allgegenwärtig, am häufigsten sind **spontane Einladungen** zum Kaffee oder Tee, zu Datteln, zu Obst oder einer landestypischen Süßspeise. Sie abzuschlagen, gilt als unhöflich und die Begründung, keine Zeit zu haben, stößt auf Unverständnis.

In bestimmten Situationen und maßvoll dosiert gehört **„Ablehnen"** allerdings sogar zum guten Ton. Für alle bedeutsamen Einladungen, wie etwa zu einem privaten Essen oder zu einem Familienfest, gilt: mindestens zwei Mal ritterlich abschlagen, denn erst die dritte Offerte ist richtig ernst gemeint. Bisweilen werden auch Einladungen ausgesprochen, hinter denen nicht unbedingt ein – beispielsweise – üppiges Gastmahl steht, sondern eine aus Pflichtgefühl ausgesprochene Höflichkeitsfloskel. Hat man den Eindruck, es handelt sich um eine solche „Scheineinladung", sollte man abwarten (Geduld haben, keinen Zwang ausüben!), ob sie ein zweites oder gar drittes Mal wiederholt wird. Ist dem so, so ist es dem Gastgeber durchaus Ernst und es wäre taktlos, ohne triftigen Grund tatsächlich auf dem zuvor „gespielten" Absagen zu beharren.

Zum Thema **„Gastlichkeit" und „Großzügigkeit"** hier zwei Schilderungen von *Wilfred Thesiger:*

„Engländer haben mich häufig gefragt, ob ich mich denn in der Wüste niemals einsam gefühlt habe. In all den Jahren, die ich dort verbracht habe, bin ich wohl immer nur sehr kurze Zeit allein gewesen. Die schlimmste Form der Einsamkeit ist die Verlorenheit inmitten einer Menschenmenge. Ich habe mich in der Schule einsam gefühlt und in europäischen Städten, wo ich niemanden kannte. Aber unter den Arabern war ich niemals einsam. In Städten, wo mich niemand kannte, ging ich einfach in den Bazar und begann ein Gespräch mit einem Händler. Er lud mich ein, in seiner Bude Platz zu nehmen und ließ Tee kommen. Andere Leute gesellten sich zu uns. Man fragte mich, wer ich sei, woher ich komme und stellte unzählige andere Fragen, die wir einem Fremden niemals stellen würden. Und dann sagte einer: Komm, iß mit mir zu Mittag. Beim Essen traf ich dann weitere Araber, und einer von ihnen lud mich zum Abendessen ein. Ich habe mich oft traurig gefragt, was sich wohl ein Araber denkt, der England bereist. Ich hoffe, er hat begriffen, daß wir untereinander ebenso unfreundlich sind, wie wir ihm gegenüber unfreundlich erscheinen müssen." (...)

„Zwei Tage später kam ein alter Mann in unser Lager, der hinkte und selbst für einen Bedu recht abgerissen aussah. Er trug ein zerfetztes altersgraues Lendentuch und hatte ein altes Gewehr in der Hand. In seinem Gürtel staken zwei volle und sechs leere Patronentaschen und ein Dolch in einer zerbrochenen Scheide. Die Raschid liefen ihm zur Begrüßung entgegen: ‚Willkommen, Bakhit. Ein langes Leben sei Euch beschert, Onkel. Willkommen, hundertmal willkommen.' Ich war über diese freundliche Begrüßung erstaunt. Der alte Mann ließ sich auf den Teppich nieder, den man für ihn ausbreitete, und aß die Datteln, die man ihm vorsetzte, während die anderen hastig Feuer machten, um Kaffee zu bereiten. Der Alte hatte wäßrige rote Augen, eine lange Nase und einen grauen Haarschopf. Die Haut hing in Falten über seinen Bauch. Ich hielt ihn für einen ausgekochten alten Bettler und war überzeugt, daß er etwas erbitten würde. Später am Abend tat er das auch, aber da hatte ich meine Meinung über ihn bereits geändert. Bin Kabina hatte mir nämlich gesagt, daß er zu den Bait Imani gehöre und berühmt sei. Auf meine Frage, was ihn denn so berühmt gemacht habe, antwortete er: ‚Seine Großzügigkeit.' Ich sagte: ‚Ich hätte nicht gedacht, daß er irgend etwas besitzt, mit dem er großzügig sein könnte', und Bin Kabina sagte: ‚Jetzt hat er auch nichts mehr. Er

hat nicht ein einziges Kamel, nicht einmal eine Frau. Sein Sohn, ein Pracht-
kerl, wurde vor zwei Jahren von den Dahm getötet. Er war einmal einer der
reichsten Männer seines Stammes. Heute besitzt er nur noch ein paar Ziegen.' Ich fragte: ‚Was geschah denn mit seinen Kamelen? Sind sie geraubt
worden oder an einer Krankheit verendet?' Und Bin Kabina antwortete:
‚Nein. Seine Großzügigkeit hat ihn ruiniert. Keiner hat je seine Zelte betreten, ohne daß ein Kamel für ihn geschlachtet wurde. Bei Gott, er ist
großzügig.' Ich konnte den Neid aus seinen Worten heraushören."

Tee oder Kaffee gefällig?

Kaffee wird in den unterschiedlichsten Varianten angeboten, Milchkaf-
fee, türkischer Mokka und Bohnenkaffee sind in den Golfstaaten und
Oman üblich. Besonders interessant schmeckt traditionell nach Bedu-
inenart zubereiteter Kaffee – Qahwa genannt. Qahwa wird stets aus kleinen, henkellosen Mokkatassen getrunken. Drei kleine Tässchen gehören
standesgemäß zu einer Qahwa-Runde. Wer möchte – und wer das starke, ungesüßte Gebräu verträgt – kann gerne mehr trinken. Sobald die
Porzellantässchen leer sind, wird neu ausgeschenkt – daher sollten alle,
die genug haben, schnell den Rückzug vorbereiten.

Eindeutige und höfliche **Zeichen, dass man genug hat,** können wie
folgt kund gegeben werden: Zum Ersten kann man seine Tasse umge-
dreht aufs Tablett stellen oder man kann auch das leere Gefäß mit einem
lockeren Schwung aus dem Handgelenk kurz hin und her schwenken.
Weitere Äußerungen von „Nein, danke" sind mit diesen Insidertricks
nicht nötig, ein nettes Lächeln ist natürlich obligat. Diese „Geheimzei-
chen" sind aber nur bei Qahwa anwendbar – bei anderen Getränken
oder Tee bleiben sie effektlos.

Tee gilt als Würze des Alltags, daher wird er in nahezu allen islamischen Ländern zu jeder Tageszeit getrunken. Meist wird schwarzer Beu-
teltee – mit oder ohne Milch – oder grüner Tee aus losen, getrockneten
Blättern aufgebrüht. Seltener wird Pfefferminztee oder Hibiskusblütentee
getrunken, letzterer auch gerne kalt mit viel Eis. Original-orientalisch
schmeckt schwarzer Tee, der mit getrockneten Nelken, Ingwer, Zimt,
Thymian oder Kardamomkapseln aufgekocht wird. Traditionell arabisch
bestehen auch Teerunden aus drei obligaten Gläsern. Doch welche Sorte auch immer: Der Tee muss süß sein – sehr süß! Tee ohne Zucker, das
ist wie eine Blume ohne Duft. Freunde des herben Geschmacks werden
immer wieder feststellen, wie schwierig es sein kann, einen nur leicht ge-
zuckerten – oder gar ungesüßten – Tee zu bekommen. Kaffee und Tee
dienen dazu, sich in **lockerer Unterhaltung** kennen zu lernen und quasi

„das Eis zu brechen". Bei Kaffee und Tee wird sich stets über unverfängliche Themen unterhalten, Politik und Religion sollten außen vor bleiben, Geschäftsverhandlungen müssen warten. Nach den meisten Mahlzeiten trinken Araber Tee zum Abschluss.

Pünktlichkeit

In Bezug auf Pünktlichkeit gelten in Okzident und Orient **andere Maßstäbe.** Bei Verabredungen gilt immer zu bedenken, dass beispielsweise „12 Uhr" ein dehnbarer Begriff ist – solange es noch nicht ein Uhr ist – und selbst danach ist es immer noch Mittag ...

Wer sicher gehen will, kann versuchen, ob er bei der Formulierung „12 Uhr deutsche Zeit" nicht so lange warten braucht. Oder eben von vornherein ein Weilchen **später kommen** – allerdings nicht zu sehr, denn von Europäern weiß man ja, dass sie pünktlich sind und so mancher Araber bemüht sich sehr um „europäische" Pünktlichkeit. Oder sich den lokalen Gegebenheiten vollends anpassen und „vor/nach dem Mittagsgebet" vereinbaren.

Denn: muss eine Zeitangabe **immer präzise** sein? Gott hat reichlich Zeit gegeben – also können die Menschen sich diese auch gönnen ...

Privatsphäre

Immer wieder – und insbesondere in den V.A.E. und Qatar – werden Touristen auf eine **wohl wollende Distanz** der Locals treffen. Woran dies liegen mag, kann nur spekuliert werden, vielleicht am Stolz, ein Local zu sein, vielleicht am Reichtum, vielleicht auch an einer gesunden Portion Gleichgültigkeit.

So offen einerseits die allermeisten die Gastfreundschaft pflegen, so wichtig ist vielen Locals andererseits die **Wahrung ihrer Privatsphäre** und vor allem ihres Familienlebens. Einladungen nach Hause sind eher die Ausnahme, üblich ist es, sich in einem Café oder Restaurant zu treffen oder zum Kaufhausbummel zu verabreden.

Wem die besondere Ehre einer **Einladung in ein Privathaus** zuteil wurde, sollte nicht so indiskret sein und eine Art „Schlossführung" durch alle Räume erbitten. Alles was der Hausherr präsentieren möchte, findet sich in einem speziellen Empfangsraum für Gäste.

Auch beim **Bummel durch arabische Altstadtwohnviertel** sollten Touristen Zurückhaltung und Respekt wahren, denn allzu neugierige Blicke in private Bereiche wie etwa Wohnhäuser oder Innenhöfe sind meist gar nicht gerne gesehen.

Gar nicht nett – Beleidigungen

Die eindeutigste Form der Beleidigung ist sicherlich das direkte Beschimpfen. Um den entsprechenden Grundwortschatz an Schimpfwörtern kennen zu lernen (natürlich nur des Verstehens wegen ...), genügt es, sich von einem arabischsprachigen und temperamentvollen Taxifahrer eine halbe Stunde lang durch Großstadtverkehr zur Rushhour chauffieren zu lassen (herrlich chaotisch und bestimmt von Flüchen begleitet geht es in Dubai, Abu Dhabi und Sharjah zu).

Viele arabische Beschimpfungen beinhalten den Faktor „Unreinheit", so die entsprechenden Übersetzungen für „Schwein", „Esel", „Hund", „Hurensohn" oder auch „du bist ein Schuh".

Aber auch wer sein Gegenüber nicht direkt anpöbelt, kann kränkend wirken, weil er unbewusst gegen die guten Sitten verstößt. Inwieweit solche Fälle wirklich als boshafter Affront oder nur als verzeihenswertes Missgeschick verstanden werden, hängt stark vom Einzelfall und dem Gemüt des Gegenübers ab. Aber sicherlich sollten folgende Fettnäpfchen umsteuert werden, allein schon aus Höflichkeit:

Zu bedenken gilt beispielsweise, dass das direkte Entgegenstrecken der Fußsohle von kleinlichen Naturen als Kränkung empfunden werden kann – unhöflich ist es aber allemal.

Da Muslime die linke Hand zum Waschen nach der Notdurft benutzen, gilt sie als unrein. Daher sollte man diese niemals einem Araber zum Gruß entgegenstrecken oder jemandem etwas mit links überreichen, insbesondere keine Lebensmittel, Geschenke, Geld oder Zigaretten.

Schonungsloses Fotografieren von Menschen, vor allem von arabischen Frauen, kommt einer schweren Beleidigung gleich.

Bei privaten Einladungen wirkt es beleidigend, wenn man das Haus oder ganz und gar einen Wohn- bzw. Empfangsraum mit Schuhen betritt. Wird Essen serviert, sind Gastgeber auch schnell in ihrer Ehre gekränkt, wenn der Gast Speisen ablehnt. Etliche Araber sehen es auch nicht gerne, wenn ein Fremder empfangene Hilfe oder Gastfreundschaft mit Geld bezahlen möchte. Für sie ist das Ehrensache; in einem solchen Fall ist es besser, als Gast ein kleines Geschenk parat zu haben oder bei einer eventuell nächsten Begegnung ein originelles Präsent zu überreichen.

Natürlich ist es auch unverschämt, religiöse oder gesellschaftliche Ge- und Verbote zu kritisieren oder darüber Witze zu reißen.

Einladung in ein Privathaus

Einladungen in ein Privathaus sind immer ein **interessantes Erlebnis.** Wer zum ersten Mal das Heim seines (noch) fremden Gastgebers betritt, sollte sich sehr **zurückhaltend** verhalten.

Wird man spontan mit nach Hause genommen, so kann es durchaus vorkommen, dass der Hausherr beim Öffnen der Tür durch lautes Rufen den **fremden Besuch ankündigt.** So haben Frauen, die ungesehen bleiben sollen/wollen, die Möglichkeit, sich zurückzuziehen oder aber sich so zu kleiden, wie es Unbekannten gegenüber gebührend ist. **Als Mann** kann man eine einheimische Familie nur besuchen, wenn der Familienvorstand oder ein anderer männlicher Erwachsener anwesend ist. Wenn in dem Haus nur Kinder und Männer zu sehen sind, sollte sich der Besucher der Höflichkeit halber nicht nach der Ehefrau oder anderen weiblichen Familienmitgliedern erkundigen.

Spätestens beim **Betreten des Empfangsraumes** werden die Schuhe ausgezogen. Traditionelle Empfangszimmer sind mit bunten Teppichen und auf dem Boden liegenden Matten samt Kissen ausgestattet. Reichere Haushalte haben „moderne" Räumlichkeiten mit eleganten Schrankwänden und Sofas. Ärmere Familien haben oft einen gemeinsamen Wohn- und Empfangsraum, der abends auch als Schlafzimmer dient.

In traditionell gesinnten Familien werden die **weiblichen Gäste** in den Frauenbereich (arab. *Harem*) geführt, während die **Männer** unter sich bleiben. Viele Gastgeber empfangen Europäer aber auch ohne Trennung der Geschlechter. Trifft ein **geladenes Paar** auf eine Männerrunde, so kann es vorkommen, dass die Frau ignoriert wird. Doch dahinter steckt keine Unhöflichkeit, sondern Respekt, da es sich für Männer nicht ziemt, mit fremden Frauen zu sprechen (wie auch umgekehrt).

In jedem Fall wird zu Beginn **Tee oder Kaffee** serviert. Als Erstes wird den alten und angesehenen Familienmitgliedern ausgeschenkt, dann den Gästen. Kaffee- oder Teerunden dauern mindestens zwei, besser drei obligatorische Tässchen. Erst nachdem die Kaffee- oder Teerunde beendet ist, fängt man an, über eventuelle Geschäfte zu sprechen – vorher wäre es unhöflich.

Dann erst beginnt die **Mahlzeit.** Meist ist es eine auf einem großen Tablett servierte Reisplatte mit Lammfleisch, frischem Brot und verschiedenen kleinen Beilagen. Bei Hochzeiten, Geburten und religiösen Festen werden eine Reihe von lokalen Spezialitäten aufgetischt. Nach dem Essen wird wieder Tee oder Kaffee eingeschenkt.

Dann beginnt das **gemütliche Beisammensein,** in dem der Gast oft im Zentrum der Aufmerksamkeit steht. Themen rund um die Familie sind von großem Interesse. Wenn man gut vorbereitet sein will, kann man Familienfotos oder Postkarten aus der fernen Heimat mitbringen. Sobald man diese präsentiert, löst man große Begeisterung bei seinen Gastgebern aus.

Geschenke

Geschenke sieht natürlich jeder Gastgeber gerne. Doch was schenken? Immer richtig sind **Präsente für Kinder,** Süßigkeiten, Spielsachen, Schulsachen oder auch Geld, letzteres überreicht mit den Worten „Für die Kinder". Auch gerne gesehen sind Gebäck oder anderes Naschwerk sowie Datteln von guter Qualität. Und für **Frauen** ist Parfum der Renner.

Mitunter fällt es schwer, Dinge der Kategorie „grellbunter Alltagskitsch" oder „alles was man eigentlich überhaupt nicht braucht" zu verschenken. Doch bei Arabern kommt **Kitsch vom Feinsten** gut an und findet bestimmt einen Ehrenplatz auf der Wohnzimmervitrine.

Einen großen Sympathie-Bonus erhalten **Dinge aus der fernen Heimat** des Schenkenden.

Viel her macht eine **aufwändige Verpackung,** glamourös oder gar bombastisch dekoriert ist halb geschenkt. **Blumen** sind als Mitbringsel unbekannt und bedeutungslos.

Wann ein Gastgeschenk überreicht werden sollte und wann keines nötig ist, ist natürlich **situationsgebunden.** Bei spontanen Einladungen ist ein Geschenk abkömmlich, aber nicht bei lange vorbereiteten und bedeutsamen Feiern.

Wer Freunde nach ihren **Geschenkwünschen** fragt, sollte dies mit Eindringlichkeit tun, denn drei Mal gebietet es die Höflichkeit, dankend abzulehnen.

Prinzip der Gegenseitigkeit

Ein wichtiges muslimisches Motto lässt sich mit **„Wie du mir, so ich dir"** umschreiben. Wenn möglich, sollten Einladungen in etwa gleicher Weise vergolten werden – Kaffee- oder Tee-Offerten natürlich ausgenommen.

Auch Mitbringsel sollten mit etwa **gleichwertigen Gegenpräsenten** erwidert werden. Daher sollte man es bei nicht allzu wohlhabenden Gästen vermeiden, pompöse Empfänge zu veranstalten oder wertvolle Geschenke zu überreichen, denn damit steht der Eingeladene bzw. der eventuell minderbemittelte Beschenkte in der Verlegenheit, Entsprechendes zurückgeben zu müssen. Als Zeichen mangelnden Interesses gilt es, wenn eine großzügige Gabe mit einer minderwertigen vergolten wird.

Wird man zum Essen in ein **Restaurant** eingeladen, so braucht man sich nicht unbedingt mit einem Geschenk zu bedanken. Die nächste Einladung sollte dann aber auf eigene Rechnung gehen. Falls dies abgewehrt wird: Höflich auf dem Gastgeberrecht beharren, auch wenn das oft aussichtslos ist.

Araber, die in Deutschland leben, stören sich übrigens oft daran, dass sie von Deutschen, die Gast bei ihnen im Hause waren, keine Gegeneinladung erhalten.

Tischsitten

„Ich hatte meine Leute gerade beim Brotbacken beobachtet. Zum Glück war aus der Mühle unter uns Mehl zu haben. Sie machten mit zwei Holzklötzen Feuer, und als sie genug Asche hatten, formten sie aus Mehl und Wasser einen riesigen Kuchen, zwei Fuß im Querschnitt und einen halben Zoll dick, und bedeckten ihn mit heißer Asche. Nach einer Viertelstunde mußte er gewendet und wieder bedeckt werden. Das Ergebnis ist – heiß gegessen – köstlich.“

(Gertrude Bell: „Ich war eine Tochter Arabiens“)

In nahezu allen islamischen Ländern wird traditionell **mit den Fingern gegessen** (doch Ausländer bekommen oft ein Besteck gereicht).

Beim Essen im Zusammensein mit Muslimen sollte man darauf achten, möglichst **nicht die linke Hand zum Mund zu führen.** Zum einen gilt diese als unrein, zum anderen isst dem Volksglauben nach nur der Teufel mit der Linken.

Vor und nach jeder Mahlzeit **waschen** sich Araber ihre Hände, weswegen in Restaurants Waschbecken meist nicht nur auf der Toilette, sondern auch gut zugänglich im Speiseraum zu finden sind.

Zu nahezu allen arabischen – aber auch indischen – Gerichten wird ein großer Stapel **Brot** gereicht, denn Brotstückchen ersetzen Gabel und Löffel – quasi als Einwegbesteck. Man formt aus einem abgerissenen Stückchen Brot eine mundgerechte „Schaufel“ oder nutzt es wie eine „Zange“ und klemmt die Speisen hinein. Brotstücke sollten nur einmal in das Essen getaucht werden und sind dann mitzuessen.

Sollte man in die Situation kommen, ohne Brot mit den Fingern essen zu müssen, so macht man dies am elegantesten, indem man aus der Speise (vor allem **Reis,** neben Brot die zweitwichtigste Beilage) einen mundgerechten Klumpen formt, ihn auf die Fingerspitzen der rechten Hand legt und mit dem Daumen in den Mund schiebt. Dass dabei die ganze Hand klebrig wird, ist normal, ein verschmierter Mund dagegen wirkt nicht elegant.

Bei solch traditionellen Menüs sind **Essensgeräusche** durchaus erlaubt, sie zeigen schließlich, dass es schmeckt. Logischerweise gelten diese Sitten nicht in einem Fünf-Sterne-Fine-Dining-Restaurant.

In den meisten arabischen Ländern wird auffallend **schnell gegessen** und über ein abruptes Ende sollte sich keiner wundern. Nachdem die Mahlzeit fertig ist, beginnt mit dem ersten Glas Tee eine gemütliche Unterhaltung.

Handeln und Feilschen

„Der Bedu liebt das Geld, schon die Berührung der Münzen entzückt ihn. Er spricht unentwegt vom Geld. Tagelang wird der Preis eines Kopftuches oder eines Patronengürtels diskutiert. Um sich die Zeit auf dem Markt zu vertreiben, bietet ein Mann sein Kamel feil, und die anderen, die genau wissen, daß er nicht die geringste Absicht hat, es zu verkaufen, spielen sofort mit und feilschen stundenlang mit großem Stimmaufwand.“

(Wilfred Thesiger: „Die Brunnen der Wüste")

Preis und Wert

Einkaufen und das typisch-orientalische Feilschen ist eine Sache für sich. Ein Tausch von Gut gegen Geld ist viel zu einfach – guter Deal braucht seine Zeit. Freundliche Wortscharmützel **um Preis und Qualität der Ware** gehören fast immer zu einem Einkauf dazu. Handeln ist die Kunst des gezielten Umweges, eine interessante Kommunikationsform, ein Ausdruck der Lebensfreude und fast schon ein Ritual.

In den Läden der traditionellen Souqs sind die **allerwenigsten Waren ausgezeichnet.** Wer sich für etwas interessiert, muss als ersten Schritt nach dem Preis – genauer gesagt nach dem Wert, den der Händler als **Ausgangsbasis** für angemessen hält – fragen. Um es zu betonen: Die genannte Summe ist der Ansatzpunkt für das meist dazugehörende Verhandlungsgespräch, es ist (noch) nicht der Endpreis der Ware.

Handeln ist nichts Unseriöses, nichts Unsittliches – im Gegenteil! Beim Handeln geht es eigentlich nicht darum, einen Preisnachlass zu erbitten, sondern einen **Preisaufschlag möglichst niedrig** zu halten – kaum ein Händler wird seine Ware ohne Gewinn veräußern.

Besonders beim Kauf von Souvenirs muss man handeln, es gehört einfach dazu. **Festpreise** gelten für Lebensmittel und in Supermärkten. Aber ansonsten kann man die gängige Möglichkeit, einen **„Rabatt"** zu erzielen, nahezu überall nutzen, in den Läden der Souqs, selbst in Goldgeschäften und in exklusiven Boutiquen. Sogar in Souvenirläden, die ein großes Schild mit der Aufschrift *Fixed Prices*, „Festpreise", im Schaufenster aufgestellt haben.

Ein Hinweis an alle, die schon andere Länder des Orients besucht haben, Ägypten etwa oder Marokko oder Tunesien: Beim Handeln in den Golfemiraten und in Oman geht es wesentlich **dezenter** zu. Ein allzu starkes Drücken des Preises ist hier unüblich und als würdeloses Schachern verpönt.

Kunst und Zweck des Handelns

Beim Handeln geht es nicht unbedingt darum, sich auf den billigsten Preis zu einigen, sondern auf eine **gerechte Summe.**

Durch faires und fantasievolles Handeln steigert der Käufer sein Image ungemein. Dabei sollte es stets **freundlich, niemals aber aggressiv** zugehen. Den Versuch zu feilschen, werden die Händler mit einem verschmitzten, aber einladenden Lächeln beantworten. Wer allerdings keinen Preisnachlass anstrebt, dem wird nur selten einer eingeräumt. Dann freuen sich die Kaufmänner über ihre hohe Gewinnspanne und denken sich ihren Teil über das Unvermögen des Spielverderbers.

Hilfreich beim Handeln sind **Fingerspitzengefühl, Charme, Redegewandtheit** (selbst wenn man nicht die Sprache des Gegenübers spricht: viel palavern und immer wieder Zahlen zeigen kann nicht schaden) und eine Portion **Humor.** Wer nicht nur über Geld spricht, sondern in gewissen Maßen auch über Gott-weiß-was, erhöht seine Chancen auf ein Schnäppchen ungemein.

Oberstes Gebot für beide Seiten ist, dass es von einem einmal gemachten Angebot **kein Zurück** gibt – auch nicht nach Tagen des eventuellen Überlegens.

So blumig die Kunst des Feilschens auch erscheinen mag, dahinter steckt mehr als nur Schönrederei. Handeln erfüllt einen greifbaren Zweck, denn in der traditionell-orientalischen Marktökonomie herrscht ein akuter **Mangel an exakten Informationen.** Werbung, durchsichtige

Um den Preis dieser omanischen Ziegenhaardecken kann gefeilscht werden

Preisgestaltung, Marktforschung, Qualitätssicherung oder Warenzeichen sind unbekannt. In vergangenen Zeiten waren die meisten Menschen Analphabeten und somit auf mündlichen Austausch angewiesen. Ebenso können Verkäufer im Gespräch besser Stammkunden gewinnen und Kunden können sich den Verkäufer ihres Vertrauens aussuchen.

Rhetorischer Flammenzauber

Folgender übersetzter **Handels-Dialog** ist durchaus typisch:
Käufer: „Friede sei mit dir, mein Bruder."
- Verkäufer: „Willkommen und Friede sei auch mit dir."
  Käufer: „Wir geht es dir an diesem rosigen Morgen?"
- Verkäufer: „Mir geht es gut – und wie geht es dir?"
  Käufer: „Danke, gut. Gottlob!"
- Verkäufer: „Wo kommst du her? Wie hast du den Weg in mein bescheidenes Geschäft gefunden?"
  Käufer: „Ich komme von der Westküste. Ich habe hier etwas Geschäftliches zu erledigen und in deinem Laden suche ich ein schönes Kleid für meine Nichte. Sie wird am Montag sechs Jahre alt."
- Verkäufer: „Hm, von der Westküste? Dort habe ich Freunde von der Familie der Al-Alawi."
  Käufer: „Ach ja?! Auch ich kenne diese Familie!"
- Verkäufer: „Mein Laden sei der deine. Befehle mir deinen Wunsch, mein Herr."
  Käufer: „Du bist der Herr dieses Ladens. Mir gefällt dieses Kleid."
- Verkäufer: „Eine gute Wahl, du hast Geschmack! Und die Qualität ist exzellent."
  Käufer: „Hast du dieses Kleid in rot?"
- Verkäufer: „Oh bei Gott, bedaure, doch dieses Gelb ist sehr schön, und auch dieses Blau und das Pink, sehr kleidsam."
  Käufer: „Ja wahrhaftig, dieses strahlende Pink wird meiner Nichte sicher gefallen."
- Verkäufer: „Ja, hundertprozentig. Und du findest in der ganzen Stadt keinen besseren Stoff als diesen. Und sieh nur die feinen Rüschen und die vielen funkelnden Pailletten."
  Käufer: „Ja, wirklich wundervoll. Ich möchte dieses Kleid kaufen. Wie viel möchtest du dafür?"
- Verkäufer: „Zwischen uns, mein Bruder, herrscht Einigkeit. Mich interessiert nicht der Gewinn, sondern nur was dich und deine Nichte erfreuen könnte."
  Käufer: „Hussein hat mir diesen Laden zu Recht empfohlen."

- Verkäufer: „Ah, Hussein! Er ist dein Freund?! Für den Freund eines Freundes macht das nur 250 Dirham."
  Käufer: „250 Dirham! Bei Gott, das ist viel Geld!"
- Verkäufer: „Okay, nimm dieses Kleid für nur 240 Dirham, das ist ein gutes Angebot.
  Käufer: „Bruder, hast du keine Furcht vor Gott dem Allmächtigen?"
- Verkäufer: „Mein Herr, viele Reiche von der Westküste schätzen meinen Laden und kommen immer wieder."
  Käufer: „220 Dirham?"
- Verkäufer: „235 Dirham, dieser Preis gilt nur für dich."
  Käufer: „Aber eigentlich bevorzuge ich das Kleid in Rot. Ich nehme das Pinke für 225 Dirham."
- Verkäufer: „Nur 235 Dirham, Bruder, das ist dieses Kleid wirklich wert."
  Käufer: „230 Dirham. Das ist mein letztes Gebot – aber ich erbitte von dir noch diesen Haarschmuck als Geschenk für meine Nichte."
- Verkäufer: „Einverstanden. Für deine Nichte sind dies passende Präsente. Gott wird mich für den Verlust entschädigen."
  Käufer: „Bitte, mein Herr, nimm deine 230 Dirham."
- Verkäufer: „Tausend Dank. Gott möge dich und deine Familie beschützen. Einen Moment, ich verpacke alles in hübschem Papier."
  Käufer: „Vielen Dank. Auf Wiedersehen und der Friede sei mit dir."
- Verkäufer: „Bis bald – so Gott will – und ich wünsche dir eine glückliche Heimreise."
  Käufer: „Gott möge dein Haus segnen. Bis bald – so Gott will."

Ein nuancenreiches Repertoire an Sprachfinten und dazugehörigen Gesten ist wahrlich typisch arabisch. Produkte und Preise können variieren und auch die **Bekanntschaftsverhältnisse** sind fiktiv – sie sind oft wirklich frei erdichtet, denn um Verbindlichkeit darzustellen, geben sich Händler und Kunde in stillem Einvernehmen als Familienmitglieder oder Freunde eines Freundes aus.

Dagegen ist mit der freundschaftlichen Anrede **„mein Bruder"** nicht der „Bruder" als Verwandter gemeint, sondern als Gleichgesinnter, als Araber, Muslim oder Landsmann. Unter Arabern ist es durchaus üblich, sich so anzusprechen. Diese Finessen funktionieren freilich nur, wenn Kunde und Kaufmann Landsleute sind. Wer als Tourist diesen Pfad einschlägt, endet mit Sicherheit im Abseits.

Im obiger Übersetzung wurde übrigens die **„Du"-Form** gewählt, doch da die arabische Sprache keinen Unterschied zwischen „du" und „Sie" macht, hätte alles auch in der „Sie" Form stehen können.

ALS GESCHÄFTSREISENDER UNTERWEGS

Dieses letzte Kapitel widmet sich zum Ersten den **wirtschaftlichen Hintergründen** in den Golfemiraten und in Oman: Wo liegen die Gemeinsamkeiten und Besonderheiten, wie sind die Gewichtungen von Erdölwirtschaft, Industrie und Handel?

Zum Zweiten finden sich Merkmale und Tipps zu **interkulturellen Geschäftsbeziehungen** und zur angepassten Businessetikette.

Wirtschaftsgrundlagen

„Die Entdeckung von Ölvorkommen am Persischen Golf hatte Arabien ungeheuerlichen Reichtum gebracht. In den Städten stiegen die Preise ins Unermeßliche, was sowohl auf das Öl wie auf den Krieg zurückzuführen war. In der Wüste braucht der Bedu nur sehr wenig zum Leben. (...) Das Leben in der Wüste war nicht mehr möglich, wenn die wenigen, aber lebensnotwendigen Dinge, die der Bedu bislang im Austausch gegen die Produkte der Wüste hatte kaufen können, für ihn zu kostspielig wurden oder wenn die Dinge, die er produzierte, keinen Absatz mehr fanden."

(Wilfred Thesiger: „Die Brunnen der Wüste")

Innovation durch Petrodollar

Die Golfemirate und Oman verdanken ihre rasche wirtschaftliche Entwicklung und ihre heutige Stärke in erster Linie der Entdeckung und **Nutzbarmachung riesiger Erdöl- und Erdgasbestände.**

Bis zu Beginn der Erdölproduktion verfügten alle Länder über eine nur **spärlich entwickelte Wirtschaft,** die sich in erster Linie auf den Agrarbereich und die Fischerei beschränkte. Die Exportgüter umfassten Datteln, Limonen und Fisch, bis auf die Einfuhr von Reis konnte man sich weitgehend selber mit Nahrungsmitteln versorgen. Es fehlte nahezu an allem, was für eine moderne Wirtschaft unerlässlich ist: Straßen, Häfen, Flughäfen, allgemein bildende und berufsqualifizierende Schulen waren weitgehend nicht vorhanden, moderne Kommunikationsmittel gab es nicht oder nur in sehr bescheidenem Maße.

Mit den Ölmilliarden wurden **umfangreiche Investitionsprogramme** in die Tat umgesetzt. Insbesondere die Golfemirate wandelten sich in gigantische Baustellen und dann in moderne Staaten mit bester Infrastruktur. Gastarbeiter kamen in Scharen und die Bevölkerungszahlen schnellten um ein Vielfaches in die Höhe – schnell überstieg die Zahl der Fremdarbeiter die der Einheimischen (außer in Bahrain). Der Wandel von verarmten und dünn besiedelten Wüstengegenden zu Staaten mit einem der höchsten Pro-Kopf-Einkommen der Welt scheint märchenhaft – ist aber wahr.

Mit dem Rückhalt der Petrodollar wurden – und werden – aber auch **andere Industriezweige aufgebaut.** Vor allem Dubai, Bahrain und Oman sind sich der Begrenztheit der Kohlenwasserstoffvorräte bewusst und verbreitern ihre Wirtschaftsaktivitäten mehr und mehr in andere Bereiche wie Handel, Finanzwesen oder ölunabhängige Industrien. Dies geschieht zum einen im Hinblick auf die Erschöpfbarkeit der Öl- und Gasvorräte und einer angestrebten größeren Unabhängigkeit von diesem Wirtschaftssektor. Zum anderen orientiert man sich auch um, weil Ölpreise, Fördermengen und somit ein Großteil der Staatseinnahmen zum Teil erheblichen Schwankungen unterworfen sind, die Ergebnis der OPEC-Politik, des Dollarkurses sowie der wirtschaftlichen und politischen Weltlage sind.

Golfkooperationsrat

1981 unterzeichneten sechs Staaten am Golf – Saudi-Arabien, Oman, Kuwait, Bahrain, Qatar und die Vereinigten Arabischen Emirate – die Gründungscharta des *Gulf Cooperation Council* (Abk. GCC). Oberstes

Interesse ist eine **enge Kooperation in der Außen-, Sicherheits- und Wirtschaftspolitik.** Getreu dem Motto „Einigkeit macht stark" hofften die sechs Golfanrainer zu Beginn vornehmlich, Stärke zu gewinnen gegenüber dem Iran, der in seinem Eifer der Islamischen Revolution Irak den Krieg erklärt hatte.

Neben der Schaffung politischer Stabilität bildet heute die wirtschaftliche Zusammenarbeit einen wichtigen Pfeiler der GCC-Interessen. Viel Engagement wird in den Aufbau eines gemeinsamen, **grenzunabhängigen Wirtschaftsmarktes**, eine Art EU am Golf, gesteckt. 2005 soll dieser formal verwirklicht werden.

Standortvorteile

Insbesondere die Vereinigten Arabischen Emirate und Bahrain haben sich in den letzten Jahren zu wichtigen Handelsdrehscheiben der Golfregion und zu idealen **Handelsstützpunkten** sowie **Industriestandorten mit günstigen Anbindungen** zu den Märkten Europas und Asiens entwickelt. Ein weiterer großer Vorzug ist der rasch wachsende Regionalmarkt mit hoher Importabhängigkeit.

Neben der günstigen geographischen Lage haben die jeweiligen Staaten gezielt Ansätze und **Rahmenbedingungen für ein günstiges internationales Wirtschaftsklima geschaffen.** Diese sind:

- Freier Kapital- und Devisentransfer
- Landeswährungen sind frei konvertierbar und fest an den US-Dollar gekoppelt
- Moderne Infrastrukturen
- Effiziente Verwaltungen
- Gesicherte und kostengünstige Elektrizitäts- und Wasserversorgung
- Niedrige Lohnniveaus

Freihandel

Insbesondere in den **Vereinigten Arabischen Emiraten** spielt der internationale Freihandel eine bedeutsame Rolle. Er bietet den entscheidenden Anreiz, dass ausländische Firmen keinen lokalen Partner benötigen.

An allen Joint Ventures **außerhalb der Freihandelszonen** müssen Emiratis einen Kapitalanteil von mindestens 51 % besitzen. Da die meisten ausländischen Investoren ihr Unternehmen vollständig kontrollieren und über den Gewinn verfügen wollen, einigen sie sich oft im Stillen darauf, dass sie den größten Teil des Kapitals aufbringen und dafür auch die Entscheidungsgewalt und den entsprechenden Gewinnanteil übernehmen.

Außerhalb des Freihandels dürfen nur Einheimische und mehrheitlich in inländischer Hand befindliche Unternehmen Waren in die Emirate importieren. Lediglich reine Repräsentanzen dürfen zu 100 % in ausländischem Besitz sein, aber keine Geschäfte in eigenem Namen abwickeln. Nur Kaufleute mit einem V.A.E.-Pass dürfen eine Handelsvertretung übernehmen.

Die größte und betriebsamste Freihandelszone ist die „Jebel Ali Free Zone" **im Emirat Dubai.** Der 1976 erbaute und drei Jahre später fertig gestellte, ca. 40 km südlich von Dubai-Stadt gelegene Containerhafen Jebel Ali ist der größte künstlich angelegte Hafen der Welt. Doch die gigantischen Investitionen haben sich gelohnt, da der Hafen zusammen mit der gleichnamigen Freihandelszone und dem angrenzenden Industriegebiet das wichtigste Standbein der Wirtschaft Dubais ist und auch in der zukünftigen Zeit nach dem Öl sein wird.

Da das Konzept so einträglich war, hat man 1999 eine zweite Freihandelszone, die „Dubai Airport Free Zone", mit riesigem Frachtzentrum und Anschluss an den Flughafen errichtet. Weltweit erstmalig hat Dubai Ende 1999 mit seiner „Internet City" die erste Internet-Freihandelszone für E-Commerce eröffnet. Ausländische Unternehmen können in dieser Internet-Stadt steuerfrei agieren, neben Büros gehören ein Forschungs- und Entwicklungszentrum für neue Technologien, ein Wissenschaftspark und eine Internet-Universität zu dem Projekt.

Auch die in den anderen Emiraten eingerichteten Freihandelszonen zeichnen sich aus durch ausreichende Lagerkapazitäten und günstige Verkehrsanbindungen an internationale See- oder Flughäfen. Weitere spezielle **Anreize** liegen in der Zollfreiheit und der Garantie der Befreiung von der Körperschaftssteuer auf 15 Jahre (verlängerbar um weitere 15 Jahre), freiem Kapitaltransfer und einfacher Personalbeschaffung bzw. Ausstellung von Arbeitsvisa für eigenes Personal.

Auch in **Bahrain** spielt Freihandel eine große Rolle, das gesamte Land wurde zur Free-Zone erklärt, überall ist 100-prozentiges Firmeneigentum möglich. Mit Steuerfreiheiten (keine Einkommens- und Körperschaftssteuer, Importzollfreiheit auf Rohstoffe und Maschinen für die verarbeitende Industrie), niedrige Energie- und Betriebskosten und hervorragender Infrastruktur bietet Bahrain internationalen Investoren **erstklassige Gegebenheiten.** Leider ist dies im internationalen Business noch nicht allzu publik, Dubai nimmt eindeutig die führende Rolle ein. Nach einer Untersuchung der US Heritage Foundation's Indes Economic Freedom im Jahr 2000 lag Bahrain hinsichtlich der Freizügigkeit und Attraktivität seiner Wirtschaft in einer Skala von 156 Staaten an dritter Stelle nach Hongkong und Singapur und noch vor Neuseeland und der Schweiz.

V.A.E.

Die V.A.E. stehen in der Rangliste der zehn **erdölreichsten Länder** der Erde an dritter Stelle, 10 % der Weltreserven werden dort vermutet. Und auch mit Erdgas scheinen die V.A.E. gesegnet: Die geschätzten **Gasvorkommen** sollen nach Russland, Iran und Qatar die viertgrößten der Erde sein. 70 % des Gesamt-Exportvolumens fällt auf den Ölbereich.

Abu Dhabi ist mit ca. 75 % der Gesamtmenge der größte Erdölproduzent des Landes. Dubai folgt mit etwa 20 %, dann Sharjah mit 4 %. Die Fördermenge des Emirates Abu Dhabi entspricht ungefähr 10 % der OPEC-Produktion, in dem Emirat lagern über 90 % des V.A.E.-Öls (etwa 92 Milliarden Barrel, 1 Barrel = 159 Liter) und ein ähnlich hoher Prozentsatz der V.A.E.-Gasreserven (ca. 2850 Milliarden m^3).

Nach Expertenmeinung reichen die **Ölreserven** Abu Dhabis noch bis ins nächste Jahrhundert; Dubais Vorräte dagegen sollen bereits 2020 ausgeschöpft sein (unter theoretischer Beibehaltung der Fördermengen). Daher müssen Dubai und die kleinen Emirate sich schon heute auf das nahe Ende der Ölzeit vorbereiten und eine alternative ökonomische Basis aufbauen.

Dubai hat dies bereits geschafft: Nur etwa 10 % des Bruttoinlandsproduktes Dubais stammen aus dem Ölsektor. Auf der Tradition aufbauend, dass Dubais Naturhafen schon lange vor dem Öl ein wichtiger Warenumschlagplatz war, hat das Emirat sich zum wichtigsten Handelsstandort gemausert, aber auch Industrie und Tourismus tragen einen großen Teil zum Staatshaushalt bei (allein im touristischen Sektor werden knapp 20% des Bruttoinlandsproduktes erwirtschaftet).

Dubai ist das Handels- und Industriezentrum nicht nur der Emirate und der Golfregion, sondern des gesamten Mittleren Ostens mit guten Verbindungen sowohl zum indischen Subkontinent als auch in den Nahen Osten, nach Europa und Afrika. Der Handel Dubais profitiert vor allem von den günstigen Steuer- und Zollbedingungen und der perfekt ausgebauten Infrastruktur. Über 70 % des gesamten Handelsvolumens der Vereinigten Arabischen Emirate werden über Dubai abgewickelt.

Anzumerken bleibt, dass der Einfluss der V.A.E.-Bundesregierung auf die Erdölwirtschaft der einzelnen Emirate sehr gering ist; hier haben die Scheichs weitgehende **Autonomie.**

Qatar

Im Jahr 1938 wurde in Qatar erstmalig Öl gefunden. In einer Zeit, als der Perlenhandel als wichtigste Einnahmequelle des Landes seinen Untergang erlebt hatte, bedeutete dies nicht nur Glück, sondern vielmehr Rettung. Nur ein Jahr später begann die **kommerzielle Förderung des schwarzen Goldes,** doch der Ausbruch des Zweiten Weltkrieges führte zu einem Komplettstopp der Gewinnung. Erst 1949 verließ das erste qatarische Öl das Land. 1953 wurde in Mesaid, an der Ostküste, die erste Ölraffinerie erbaut. 1961 trat Qatar der OPEC bei.

Die **Ausgangssituation** für den technischen und infrastrukturellen Ausbau war in Qatar schlechter als in seinen Nachbarstaaten. Selbst Doha, die einzig überhaupt nennenswerte Siedlung, bestand zum Zeitpunkt der Unabhängigkeit 1971 nur aus wenigen festen Bauten – der Landesausbau begann quasi am Punkt Null.

Bis 1972 *Shaikh Khalifa* die Regentschaft übernahm, befanden sich alle in Qatar tätigen Erdölgesellschaften in ausländischer Hand. Ein Jahr später leitete er die allmähliche **Übernahme der Ölgesellschaften** durch den Staat ein, und so wurde Qatar das erste Land der kleinen Erdölförderländer am Golf, das zu hundert Prozent über seine Vorkommen verfügte. Rund achtzig Prozent der Staatseinnahmen stammen aus dem Erdölsektor, die Gesamtölreserven Qatars werden auf 3700 Millionen Barrel geschätzt.

Doch der zukünftige Reichtum Qatars liegt weniger im Öl- als vielmehr im **Ergasbereich.** Kraftwerke, Meerwasserentsalzungsanlagen, Schwerindustrie und andere industrielle Produktionen nutzen schon seit einigen Jahren Erdgas. Qatar hat es binnen nur weniger Jahre geschafft, eine führende Rolle in der weltweiten Gasverarbeitung zu erlangen. Diese Ausrichtung beruht darauf, dass das Land über die drittgrößten Erdgasvorkommen der Erde verfügt und ein Zwölftel der Weltgasreserven unter qatarischem Boden vermutet werden. Das keine 80 km nordöstlich des Festlandes unter dem Meeresgrund gelegene North Gas Field ist das größte Naturgasfeld der Welt (nachgewiesene Reserven 380 Billionen Kubikfuß). 1991 begann hier die Produktion, die Ausfuhr von verflüssigtem Naturgas erfolgte erstmals 1996. Die weitere Erschließung verspricht Einnahmen in Schwindel erregender Höhe, doch man darf nicht vergessen, dass die Erschließung dieses heiß begehrten Rohstoffes auch eine Menge gekostet hat.

„Dolphin Gas", ein bedeutsames Zukunftsprojekt, das von Qatar und den V.A.E. getragen wird, soll Erdgas von Qatar via Pipeline in die V.A.E. sowie nach Oman und eventuell Pakistan exportieren.

Die qatarische Regierung hat in den letzten Jahren ein ehrgeiziges **Industrialisierungsprogramm** realisiert. Obwohl die Diversifizierung der Wirtschaft ein wichtiges Staatsbestreben ist, bleibt der Sockel, auf dem alles aufbaut, die Öl- und Gasindustrie.

Bahrain

Seit Jahrtausenden war Bahrain eines der historischen Handelszentren am Golf. Als man 1932 auf Erdöl stieß, war es das **erste Land der Golfregion, in dem Erdöl erbohrt wurde.** 1934 begann der Export und 1936 die Verarbeitung des Rohöles in einer Raffinerie. Die folgenden Jahre war der Aufbau einer Infrastruktur von vorrangiger Bedeutung. Im Kreise seiner Nachbarn war Bahrain schon früh ein moderner Staat.

Bahrain gehört nicht der „Organisation Erdöl exportierender Länder" (Abk. OPEC) an. Rohöl wird nicht exportiert, alles Öl wird im Lande raffiniert, was rund zwei Drittel der Exportgewinne einbringt. Die einzige **Ölraffinerie** des Landes ist seit 1997 in staatlichem Besitz. Im Vergleich zu anderen Golfstaaten sind die **Ölreserven eher bescheiden** und werden vielleicht schon 2010 erschöpft sein. Bereits früher als anderswo wurden in Bahrain Schritte eingeleitet, um sich der Nach-Öl-Ära zu stellen.

Das 1972 in Betrieb genommene **„Aluminium Bahrain"** ist das größte industrielle nicht-ölverarbeitende Unternehmen der Region und die zweitgrößte Aluminiumschmelze der Welt. Etwa 35 % des produzierten Aluminiums bleibt auf dem heimischen Markt, der Rest wird exportiert. Große Anstrengungen werden unternommen, um die mit Aluminium handelnde und weiterverarbeitende Industrie auszubauen.

Bahrain hat sich seit Mitte der 1970er Jahre auch zu einem wichtigen **Gasproduzenten** entwickelt. Die Reserven werden auf 380 Milliarden Kubikmeter geschätzt, was bei hypothetischer Beibehaltung der jetzigen Fördermenge bis 2060 reichen würde. Ein Großteil der Gasmenge dient der Energieversorgung der Aluminiumhütte. Des Weiteren nutzen Kraftwerke und petrochemische Industrieanlagen auch Erdgas.

Erst die Gasreserven haben zur Entwicklung des **petrochemischen Sektors** geführt, der heute von erheblicher Bedeutung ist, weil er gute Möglichkeiten zur Diversifizierung der Wirtschaft und zum Ausbau der weiterverarbeitenden Industrie bietet.

Heerscharen von privaten Investoren werden durch liberale und attraktive Handelsgesetze angelockt. Ebenfalls der Ausbau zum **internationalen Bankenzentrum** hat beträchtliche Privatinvestitionen ins Land gezogen. Bahrain ist zum führenden Finanzzentrum des Mittleren Ostens aufgestiegen und konzentriert ein gigantisches Geschäftskapital. Ein großer Teil der Petrodollar-Milliarden wird in Bahrain kanalisiert und gesteuert und zwischen West und Mittelost hin- und hergeschoben.

Da das Wohl des Inselstaates jedoch überwiegend vom exportorientierten Gewerbe dominiert wird, ist das Wirtschaftswachstum maßgeblich **abhängig** von den jeweiligen internationalen Märkten.

Der Perlenhandel in der Vergangenheit

Schon in frühgeschichtlicher Zeit gingen die Menschen der Golfregion dem Perlenhandel nach. Bahrain gilt als die Geburtsstätte des Perlentauchens. Der Inselstaat hat eine knapp 5000 Jahre alte Perlentauch- und Handelstradition – „Insel der zeitlosen Schätze" wird Bahrain in alten historischen Schriften ehrenvoll genannt. Seine zentrale Lage war ideal als Warenumschlagplatz, außerdem konnten die Handelsschiffe Frischwasser und Lebensmittel aufladen.

Keilschrifttafeln berichten von Perlen aus Dilmun – einer heute auf Bahrain vermuteten antiken Hochkultur –, dessen Handelsbeziehungen seit Ende des vierten Jahrtausends v. Chr. nach Mesopotamien (im heutigen Irak), Magan (heutiger Nordoman), Meluhha und Harappa (Industal) reichten. „Fischaugen" wurden die Perlen in diesen Überlieferungen genannt.

Auch zu Zeiten der Griechen und Römer war Perlenhandel eine lukrative Einnahmequelle. Koloniale Eroberungen im 16. und 17. Jh. hatten nicht nur eine Kontrolle der Schifffahrtswege, sondern auch des Perlengewerbes als Anlass.

Vom Ende des 18. bis zum Beginn des 20. Jahrhunderts florierte der Perlenhandel wie nie zuvor. Im viktorianischen England und in Britisch-Indien wuchs die Nachfrage, denn Perlen und edle Perlmutt-Produkte waren in Mode und wachsender Wohlstand machte den Erwerb solcher Luxusgüter für immer mehr Menschen möglich. In den 20er Jahren des letzten Jahrhunderts wurden führende Juweliere in Paris und New York zu wichtigen Direktabnehmern der Golfperlen, welche am begehrtesten und wertvollsten waren. Zahlreiche kleine Küstensiedlungen der Golfregion, die teilweise nicht einmal permanent bewohnt waren, entwickelten sich zu aufstrebenden Orten. Märkte und Häfen entstanden, Kaufleute siedelten sich an und mit dem Export der Perlen wuchs auch der Import von Nahrungsmitteln, Gebrauchs- und Luxusgütern aus Indien. 80 % der Naturperlen weltweit stammten aus den Golfgewässern, nahezu die Hälfte der Einwohner fand ihr Auskommen durch Perlentaucherei und -handel.

Das Ende des Perlenhandels kam in den frühen 30er Jahren des 20. Jahrhunderts. Die Weltwirtschaftskrise, der Zweite Weltkrieg und indische Importsanktionen brachten den Perlenabsatz ins Stocken. Die verbleibenden Märkte konnten die Japaner und Australier mit preiswerteren Zuchtperlen für sich gewinnen. Die Perlentaucherei in der Golfregion kam nahezu zum Erliegen. Zahlreiche Menschen verloren ihre Existenzgrundlage, viele wanderten aus und suchten neue Erwerbsmöglichkeiten. Ein Bevölkerungsschwund setzte ein, dies wirkte sich besonders nachteilig aus, als mit der späteren Entdeckung des Erdöls ein enormer Bedarf an Arbeitskräften entstand. Die Golfregion war auch betroffen von Auswirkungen des Zweiten Weltkrieges in Form von Verteuerungen und Engpässen der aus Indien importierten Nahrungsmittel.

Dubai gelang nahtlos der Aufstieg zum zentralen Goldumschlagplatz der Region. Daher waren die Verluste im Perlengeschäft für Dubai nicht so einschneidend wie für andere Städte.

Auch Bahrain blieb von diesen wirtschaftlich schweren Zeiten verschont, denn direkt nach dem Niedergang des Perlengewerbes war es das erste Land am Golf, in dem Erdöl gefördert wurde. 1932 sprudelten die ersten Quellen und bescherten dem Land die Grundlage für die nachfolgende wirtschaftliche Entwicklung – in späteren Jahrzehnten erlösten Ölfunde auch andere Gegenden am Golf und in Oman aus ihrer Armut und Abgeschiedenheit.

Oman

Bereits vor 5000 Jahren war Oman ein **wichtiges Handelszentrum,** das durch den Abbau und Handel mit Kupfer unter dem Namen Magan Berühmtheit erlangte. Vom 7. bis 15. Jahrhundert erlebte Omans **Seehandel** seine Blütezeit.

Seit 1967 wird Öl exportiert, von da an entwickelte sich dieser **Erdölsektor** zur Stütze und Haupteinnahmequelle des Sultanats. Innerhalb von nur zwei Jahrzehnten entwickelte das Land sich vom verarmten Agrarland zum wohlhabenden Ölstaat.

Heute bildet der Erdölsektor das stützende Rückgrat der omanischen Wirtschaft, die Ölerträge machen rund 50 % der gesamten Staatseinnahmen aus. Schätzungen besagen, dass die **Ölvorräte** Omans sich auf etwa fünf Milliarden Barrel belaufen. Diese könnten unter Beibehaltung der Fördermengen noch mindestens bis 2020 reichen.

10 % der **Fördermenge** decken den Inlandsbedarf, der Großteil der Gesamtexportmenge wird nach Südostasien exportiert. Bei den Förder- und Exportmengen ist Oman übrigens von den OPEC-Beschlüssen weitgehend unabhängig, da Oman kein OPEC-Mitglied ist.

In den späten 80er Jahren gründete die Regierung ihre eigene Ölgesellschaft, die „Oman Oil Company", um so in ausländische Unternehmen und Ölhandelsgesellschaften investieren zu können. Der **Hauptölproduzent** im Sultanat ist die Gesellschaft „Petroleum Development Oman". Sie fördert rund 90 % des omanischen Erdöls und ist zu 60 % in Staatsbesitz. Der nahe der Hauptstadt gelegene Hafen Mina al-Fahal entwickelte sich zum **Exportterminal** und zum Verschiffungshafen für das gesamte landeseigene Erdöl. 1982 entstand dort auch eine Raffinerie, die bis heute die einzige des Sultanats ist. Die gesamte Menge des geförderten Erdöls wird von erschlossenen Ölfeldern durch Pipelines Hunderte und Tausende von Kilometern quer durch das Land nach Mina al-Fahal gepumpt.

Die **Erdgasvorkommen** des Sultanats scheinen nahezu unbegrenzt: Rund 22 Trillionen Kubikfuß sollen unter omanischem Boden lagern, dabei sind die Vorkommen noch längst nicht gänzlich erschlossen. Bei diesen Mengen wundert es nicht, dass Omans Entwicklungsplaner in der Erschließung dieser Gasreserven den Schlüssel zum zukünftigen Wohlstand sehen und diesen Sektor fest in die wirtschaftliche Zukunftsplanung einbeziehen. Erdgas wird zunehmend in landeseigenen Industriebetrieben, etwa bei der Aluminiumverarbeitung, Petrochemie- und Düngemittelherstellung, Kraftwerken oder Meerwasserentsalzungsanlagen genutzt. Schon in einigen Jahren sollen die Einnahmen aus der Erdgasförderung weit über den Erträgen des Ölexports liegen. Eine Gasverflüssigungsanlage soll Omans Gas international vermarkten und in Zukunft mindestens 10 % des Bruttoinlandsproduktes erwirtschaften.

Auch das Sultanat will seine **Wirtschaft schrittweise umstrukturieren** und verstärkt in die Nicht-Erdölbereiche investieren. Grundlage ist, dass das Sultanat im Unterschied zu anderen Staaten der Golfregion neben dem Kohlenwasserstoffsektor auch über andere Wirtschaftszweige verfügt. Die wichtigsten sind die Landwirtschaft, die Fischerei, der Abbau der mineralischen Bodenschätze und die Leichtindustrie. Immerhin werden bereits über 60 % des Bruttoinlandsproduktes außerhalb des Öl- und Gassektors erwirtschaftet. Nach Regierungsplanungen soll dieser Anteil bis zum Jahr 2020 auf 81 % steigen.

Im Gegensatz zu anderen Golfstaaten versucht Oman, seine **Staatsausgaben sparsam** einzusetzen, eine Methode besteht darin, sich beim Ausbau der Industrie und Infrastruktur stärker auf private und ausländische Investoren zu stützen. Und zum anderen werden Staatseinnahmen durch Steuern auf Unternehmergewinne und Gebühren erwirtschaftet, was insgesamt rund 20 % der Einnahmen ausmachen.

Privatisierung und Diversifizierung sollen die Schlagworte sein, mit denen wirtschaftliche und finanzielle Stabilität erreicht und die Vorsorge für das Wohl der kommenden Generationen getroffen werden soll. Die Regierung will ihre Wirtschaftspolitik umorientieren. Auf der Grundlage des freien Wettbewerbs wird dem privaten Sektor eine Schlüsselrolle eingeräumt. Daher werden in Zukunft immer mehr Regierungsanteile an freie Unternehmer verkauft, und auch der öffentliche Dienst übergibt seine Verantwortung zunehmend an den Privatsektor. Privatisierung soll nicht nur den Staatshaushalt schonen, sondern auch eine Abwanderung des Kapitals ins Ausland drosseln.

Eine verstärkte Förderung des Industriesektors und der **Produktion von Verbrauchsgütern** soll zu einer weiteren Ausdehnung des Handels, des Finanzwesens und des Dienstleistungssektors führen. Dies ist insbesondere für eine stabile Erweiterung der privatwirtschaftlichen Aktivitäten von großer Bedeutung. Unternehmen, die exportorientiert produzieren, lokale Materialien verwerten und einheimische Arbeitskräfte einstellen, können zinsgünstige Kredite und Exportbürgschaften in Anspruch nehmen. Auch für **ausländische Investoren** bietet die Regierung eine breite Palette von Anreizen und Hilfestellungen. Diese Öffnung für das Auslandskapital soll die Struktur der omanischen Wirtschaft erweitern.

Eine Videokonferenz findet statt

Verhalten in der Geschäftswelt

*„Ich muß Dir sagen, daß man beim Reisen mit Arabern als dringendste Ei-
genschaft Geduld benötigt. Meine gute Fee vergaß, mich damit auszustat-
ten - Du weißt, wie wenig ich habe - aber vielleicht werde ich bis zum Ende dieser Reise gelernt haben, wie man sich darin übt. Wenn nicht, dann
war es nicht aus Mangel an Gelegenheit.“*

(Gertrude Bell: „Ich war eine Tochter Arabiens")

Im Folgenden geht es darum, **Unterschiede im Verhaltensmuster** im interkulturellen Business und die daraus resultierenden **Umgangsformen**
aufzuzeigen. Um in den Golfemiraten oder Oman erfolgreich Geschäfte
abschließen zu können, reicht es nicht, fachliche Kompetenz und Kenntnisse in Englisch zu besitzen. Die Normen und Standards des heimischen
Marktes gelten nicht uneingeschränkt gegenüber dem arabischen Businessleben. Natürlich kann man keine Region oder Gesellschaft über einen
Kamm scheren, doch emiratische, qatarische, bahrainische, omanische
Kunden oder Geschäftspartner legen nicht dieselben Ambitionen an den
Tag wie deutsche. Vieles, was Arabern wichtig ist, wird vorschnell als
Zeitverschwendung und mangelnde Zielstrebigkeit abgeurteilt und nicht
berücksichtigt.

Daraus ergibt sich Grundregel Nummer eins: **„Behandle den anderen so, wie er es gerne hätte".** Der ur-deutsche Ratschlag „Behandle den anderen so, wie du selbst behandelt werden möchtest" findet wenig Gegenliebe. Respekt und interkulturelle Etikette werden nicht selten höher eingeschätzt als die Substanz der Transaktion an sich.

Daraus ergibt sich Maxime Nummer zwei, die lautet, dass vom Besucher erwartet wird, die **örtlichen Normen zu berücksichtigen.** Doch das besagt nicht, dass arabische Gepflogenheiten nachgeahmt werden sollen. Von keinem wird ein perfekt arabisches Begrüßungszeremoniell erwartet, eine Nummer kleiner in Form eines freundlichen „As-salam 'alaikum" tut's auch. Lokale Eigenheiten, fremde Bräuche und Traditionen sollten im Auge behalten, geachtet und im Einklang zu einem gesunden „Man-selbst-sein" gebracht werden und letztendlich zu einem gelungenen Geschäftsabschluss führen.

Beziehungsorientiert im Gegensatz zu abschlussorientiert

Egal ob es um Marketing, Sourcing oder Joint Venture geht, der Unterschied zwischen abschlussorientierten und beziehungsorientierten Märkten beeinflusst das Geschäftsverhalten zwischen Mitteleuropäern und Arabern entscheidend. Verallgemeinernd gesagt handeln die Menschen in den Golfemiraten und Oman überwiegend **beziehungsorientiert,** wohingegen es sich in Deutschland um eine **abschlussorientierte** Geschäftswelt handelt.

Deutsche Firmen sind beliebte Geschäftspartner, weil ihnen der Ruf voraus eilt, hervorragend organisiert zu sein und ihre Projekte bestens zu präsentieren und zu dokumentieren. Doch diese Eigenschaften allein reichen nicht aus, Kundenorientierung in den Golfemiraten und in Oman erübrigt sich nicht mit einer erstklassigen Erfüllung der vertraglichen Pflichten. Die **persönliche Beziehungspflege** ist mindestens genauso wichtig – wenn nicht wichtiger.

Geschäftliche und persönliche Verbindungen werden nicht streng voneinander getrennt – auf der Arabischen Halbinsel ein Geschäft zu besiegeln, heißt gleichzeitig eine private Bekanntschaft einzugehen, aus der sich ungeschriebene Verpflichtungen ergeben.

Doch bevor es ans Business geht, möchten die beziehungsorientierten Araber ihre zukünftigen Partner erst einmal gut kennen lernen. Araber bevorzugen bei Geschäften Personen, die ihnen bekannt sind, denen sie also vertrauen können. Zusätzlich zur Firmenbeziehung ist es von Bedeutung, dass die Geschäftspartner sich persönlich kennen und mögen – als Idealfall heißt es: **erst Freunde werden.** Insbesondere etwas zu verkaufen ist eine Sache von Mensch zu Mensch – im Verkauf muss man zuerst sich selber richtig anbieten. Vertrauen und Verbindungen herzustellen sind von elementarer Voraussetzung für alle weiteren Geschäfte. Das heißt aber nicht, dass man sich gegenüber dem arabischen Partner in spe anbiedern oder verstellen sollte.

Der richtige Weg der **Kontaktaufnahme** zwischen Unbekannten führt über die Vorstellung eines Vermittlers. Je höher das Ansehen dieser vermittelnden Person oder Organisation, desto besser. In den Golfemiraten und Oman sind Agenten, die den anfänglichen Abstand überbrücken, allgegenwärtig.

Das **erste Treffen** und der erste Eindruck ist äußerst wichtig und legt den wichtigsten Grundstein für das weitere Verhältnis. Sich gegenseitig kennen zu lernen ist das Ziel jedes Arabers, wohingegen auf deutscher Seite meist das Anpreisen der eigenen Firma und der Geschäftsbeziehung im Zentrum des Interesses steht. Insbesondere zum ersten Meeting (aber auch zu späteren wichtigen Verhandlungen) erscheinen Deutsche als eingefleischte Vertreter einer individualistischen Kultur meist allein, was Araber als kollektivistische Naturen allzu leicht als niederen Status ansehen. Kompetenz spielt beim allerersten Eindruck eine eher untergeordnete Rolle (was sich im weiteren Verlauf ändert) – wer auch nur jemanden mitbringt, der seine Unterlagen trägt und Notizen macht, gewinnt ungemein an Bedeutung. Das erste Annähern ist geprägt vom gegenseitigen Begrüßen, Vorstellen und Smalltalk (siehe unten) – eine gute Etikette verlangt, dass Businessfakten erst später besprochen werden.

Geschäftsanbahnungen in arabisch-beziehungsorientierten Kulturen dauern meist viel länger als in abschlussorientierten, denn viel **Zeit** ist nötig erstens für die indirekte Kontaktaufnahme und zweitens für den langwierigen Prozess der Herstellens von Vertrauen und einer persönlichen Bindung.

Neben Sympathie und einem gemeinsamen Geschäftsinteresse gehört es zum Fundament einer jeden Beziehung mit einem Araber, sich gegenseitig einen Gefallen zu tun. Ab einem gewissen Punkt der Bekanntheit um einen Freundschaftsdienst zu bitten ist nichts Verwerfliches. Wird man als Deutscher um eine **Gefälligkeit** gebeten, dann sollte man sich dazu bereit zeigen, auch wenn einem vielleicht schon die Unrealisierbarkeit bewusst ist. Später kann man immer noch zugeben, dass Hilfe unmöglich ist, denn statt einer direkten Absage wird die gezeigte Bereitwilligkeit hoch angerechnet.

Abschlussorientierte und beziehungsorientierte Businesskulturen unterscheiden sich in ihrer **Kommunikation.** Eine klare, direkte und offene Sprache ist typisch für mitteleuropäische Geschäftspartner, wohingegen

Araber eine indirekte, subtile und weitschweifige Ausdrucksweise bevorzugen. Dies kann zu großen Missverständnissen führen, da die Erwartungen an den gegenseitigen Umgang unterschiedlich sind.

Beide Kulturen haben andere Prioritäten: Beziehungsorientierte Verhandlungspartner sehen die Pflege und Eintracht von Beziehungen als vorrangig an und achten daher immer sorgfältig darauf, andere nicht zu enttäuschen oder in Verlegenheit zu bringen. Stets das **„Gesicht zu wahren"** und „nicht das Gesicht anderer zu verletzen" ist von oberster Wichtigkeit. Deshalb wählen Araber ihre Worte auch sehr sorgsam. Nicht selten wird „um den heißen Brei herum geredet", was von den stets Direktheit liebenden Deutschen oft nicht verstanden wird.

Geschäftsleute müssen über dieses **Harmoniestreben** Bescheid wissen und es achten. Wer als Westeuropäer in die schlimme Situation kommt, sein Gesicht zu verlieren (was sehr schnell bei der Zurschaustellung überschäumender Wut passieren kann) oder wer seinen Geschäftspartner in eine zu peinliche Situation bringt, muss mit einem geschäftlichen Misserfolg rechnen. Es sollte immer bedacht werden, dass verbale und non-verbale Botschaften zuallererst im beziehungsorientierten Kontext interpretiert werden. Da es Arabern sehr wichtig ist, Konflikte zu vermeiden, lässt sich der Gehalt dessen, was sie am Verhandlungstisch äußern, oft nur implizit erschließen. Die tatsächliche Bedeutung ist im Kontext zu suchen, nicht in den Worten allein.

Auch nach einem Geschäftsbesuch ist die Pflege der direkten persönlichen Beziehung sehr bedeutungsvoll. Solche **Nachbetreuung** sollte stets direkt sein und immer sollten bekannte Personen den Kontakt halten. Dazu gehören ein Dankesschreiben für die Gastfreundschaft und eine schriftliche Zusammenfassung der Verhandlungen, fortgeführt von regelmäßigen Telefonaten und weiteren Besuchen. All das sollte stets von den vor Ort gewesenen Personen ausgehen, Repräsentanten einzusetzen wäre vertane Liebesmüh.

Expressiv im Gegensatz zu reserviert

Menschliche Ausdrucksweisen und Kommunikationsformen können zum Ersten verbal und zum Zweiten non-verbal sein. Neben den Worten und der Körpersprache gibt es zum Dritten die **paraverbale Kommunikation,** welche damit zu tun hat, wie laut man spricht, wann geschwiegen oder dazwischengeredet wird.

Der Grad der Ausdruckskraft kann unterschiedlich sein und ist in bestimmten Trends kulturtypisch. Araber in den Golfemiraten und Oman neigen zur **Expressivität,** Deutsche eher zum **reservierten** Verhalten. Wenn im Businessleben diese Welten aufeinander prallen, kann es zu Fehldeutungen oder gar zum Abbruch von Geschäftsbeziehungen kommen. Daher ist es besonders wichtig, **Worte samt deren Kontext** zu verstehen, Körpersignale zu kontrollieren, nichts voreilig zu deuten und auch sozusagen „zwischen den Zeilen" zu lesen. Insbesondere Verhandeln heißt nach allen Regeln der Kunst zu kommunizieren. Vertreter der westlichen Businessschule glauben, dass es eigentlich keine Missverständnisse geben sollte, wenn man sich nur eindeutig ausdrückt und Dinge klipp und klar ausspricht. Wer nichts von kultureigenen Verhaltensunterschieden weiß, kann sich mitunter falsch und respektlos behandelt fühlen, auch wenn dies sicher keine Absicht war.

So fühlen sich expressive Menschen schnell unwohl, wenn es mehr als auch nur zwei Sekunden **Schweigen** in einem Gespräch gibt. Menschen aus reservierten Kulturen fühlen sich dagegen mit noch längeren Pausen wohl. Vielen zungenfertigen und wortgewandten Arabern kommt eine rhetorische Sprachpause eines deutschen Verhandlungspartners wie eine Ewigkeit vor. Und Deutsche werden sich oft genug fragen, warum Araber einem so oft **ins Wort fallen.** Viele reservierte Geschäftsleute sehen darin eine beabsichtigte Unhöflichkeit, doch sie müssen wissen und akzeptieren, dass dem meist nicht so ist. Andersherum denken viele Araber, Deutsche würden während Sprechpausen nach Worten ringen, könnten sich nicht entscheiden und messen diesem Verhalten fachliche Inkompetenz zu.

Auch im **Distanzverhalten** haben expressive und reservierte Menschen andere Maßstäbe. Araber sind dem (gleichgeschlechtlichen) Körperkontakt nicht in dem Maße abgeneigt, wie es Deutsche sind. Der natürliche Abstand, den fremde Araber voneinander halten, ohne die „Luftblase" und das „Wohlsein" des anderen zu verletzen, ist geringer als der von Deutschen untereinander. Deutsche glauben oft, Araber wollten ihnen „auf die Pelle rücken" und Araber bezeichnen deutsche Geschäftspartner ironisch „kalt wie ein Fisch". Sicherlich meinen es die wenigsten mit diesem Urteil böse, sie wissen nur nicht, dass verschiedene Kulturen verschiedene Räume beanspruchen. Dieses mangelnde Verständnis kann für den Partner missverständliche oder sogar kränkende Reaktionen nach sich ziehen. So ist es für einen Westeuropäer eher unangenehm, wenn er bei einer Begrüßung von einem Araber mehrere Wangenküsschen aufgeschmatzt bekommt und umarmt wird oder während einer Unterhaltung dessen Atem im Gesicht spürt. Doch Vorsicht, denn ein Zurückweichen – auch unbewusst und ohne böse Absicht – könnte als Kränkung aufgefasst werden.

Weiterhin sind **Gesichtsausdruck und Gestik** von besonderer Bedeutung. Expressive Menschen setzen beides in einer großen Formenvielfalt ein, während reservierte Naturen eher für ihr „Pokerface" und geringen körperlichen Einsatz bekannt sind. Wenn Araber laut und wild gestikulieren, heißt dies noch lange nicht, dass sie wütend sind oder ein ernstes Zerwürfnis besteht. Man sollte sich von so ausdrucksstarkem und emotionalem Verhalten nicht abschrecken lassen oder gar angegriffen fühlen. Temperament, Übertreibung und Theatralik sind ur-arabische Ausdrucksformen, die natürlich auch Geschäftsverhandlungen prägen. Wem eine Debatte zu hitzig wird, sollte höflich um eine Pause bitten. Deutsche können sich anpassen, indem sie ihre Beherrschung ein wenig über Bord werfen und Schwung in ihre Darstellungen bringen.

Begrüßen per Handschlag kennen Deutsche in der Form, dass sie die **Hand** ihres Gegenübers einmal fest und lebhaft schütteln. Araber reichen sich dagegen wiederholt und langanhaltend die Hände. Ähnlich verhält es sich mit **Blickkontakten:** Expressive Menschen möchten die Augen und den Gesichtsausdruck ihres Gegenübers beobachten, lange direkte Blickkontakte während eines Gespräches sind nichts Ungewöhnliches, stoßen aber bei reservierten Menschen auf großes Unbehagen. Andererseits werden reservierte Menschen von expressiven leicht als gefühlskalt oder arrogant bezeichnet.

Zeitoffen im Gegensatz zu zeitfixiert

In Bezug auf **Zeit- und Termintreue** vertreten Deutsche die Ideologie, dass Pünktlichkeit eine wichtige Tugend ist, Termine konkret verabredet werden müssen und Tagesordnungen oder Beratungen feststehen und nicht abgewandelt, geschweige denn unterbrochen oder gestört werden sollten. Deutsche leben in einer stark zeitfixierten Gesellschaft und entsprechend sind die Erwartungen im Businessbereich.

In den Golfemiraten und Oman steht dem eine **zeitoffene** Auffassung entgegen. Niemand lässt sich von Terminen hetzen, Zeitplanungen sind meist offen für Abänderungen und Geschäftsgespräche können eine Art „Meeting im Meeting" sein. Insbesondere bei unbeliebten Themen sehen es Araber nicht ein, warum das unbedingt an dem und dem Tag besprochen werden soll, wenn womöglich die Stimmung nicht recht ist, um aufmerksam oder hilfsbereit zu sein. Die Angelegenheit kann doch verschoben werden, bis die Stimmung besser ist ... Oftmals werden Gespräche auch spontan an einen anderen Ort, beispielsweise in ein Restaurant oder in den Golfclub, verlegt. Deutsche sollten also vorsichtig damit sein, immer alles dem Terminplan nach durchgehen zu wollen. Timing ist Trumpf – das entsprechende Thema zum „richtigen" Zeitpunkt anzusprechen ist wichtiger als alle Agendas. Also sollte man immer auf alles vorbereitet sein.

Westliche Geschäftsleute glauben oftmals, beim Umgang mit Arabern viel **Zeit zu verschwenden**. Effizienz ist nach ihrem Denken wichtiger, als persönliches Vertrauen zu finden. Doch langwierige Gespräche über alles Mögliche und das ausgiebige Servieren von Kaffee oder Tee betrachten Araber als äußerst bedeutungsvoll und für sie steht vor jedem Geschäftsabschluss eine Bindung zum Kompagnon. Araber empfinden ihr Handeln daher durchaus als zielgerichtet.

Bredouillen entstehen auch, weil zeitfixierte Geschäftspartner **Pünktlichkeit** als eine wesentliche Form der Respekterweisung betrachten. Entsprechend implizieren sie mit Unpünktlichkeit einen Mangel an Achtung, wenn nicht sogar Dreistigkeit oder Frechheit – selbst wenn sie sich im zeitoffenen Arabien aufhalten. Von dieser Auffassung sollte sich jeder Deutsche, der langfristig und freundschaftlich mit Arabern zusammenarbeiten möchte, schnell trennen.

In den Golfemiraten und Oman geht nicht alles nach der Uhr, denn Beziehungen sind von oberster Priorität. Ein zeitflexibler Geschäftsmann wird zu spät kommen, wenn er einem Verwandten oder Freund geholfen hat. Oder wenn eine andere Verabredung länger gedauert hat. Oftmals **fallen Termine auch einfach aus** – sicherlich wäre es nett, darüber telefonisch zu informieren, aber dem ist mitunter nicht so. Später erfährt man dann beispielsweise folgende typische Entschuldigung: „Sorry I had to miss our meeting, but my brother called me so I had to see him". Das Ganze kann darin gipfeln, dass schnell, spontan und selbstverständlich Familienmitglieder beispielsweise bei einem einwöchigen Auslandsaufenthalt begleitet werden.

Viele Araber betonen gerne, dass sie jederzeit verfügbar sind, meinen damit jedoch vornehmlich Familienmitglieder und Freunde, der Höflichkeit halber auch Fremde, aber eben vorrangig der Etikette wegen. Versetzte Deutsche sollten sich nicht in ihrer Ehre gekränkt fühlen, sondern daran denken, dass auch sie einmal die Person sein könnten, weswegen ein Araber bei jemand anderem zu spät kommt. Sicherlich sind nicht alle gleich und viele Araber wissen von der Gewissenhaftigkeit der Deutschen und geben ihr Bestes.

Zeitoffene Kulturen widmen sich gerne **mehreren Dingen gleichzeitig.** Während Geschäftsbesprechungen nehmen Araber oft Anrufe entgegen, unterzeichnen Schriftsätze oder lassen andere eintreten, die dann völlig selbstverständlich begrüßt und mit Tee bewirtet werden. Hinter einem solchen Verhalten steckt in der Regel keine böse Absicht, es ist stark beziehungsorientiert und kann nicht nach den Regeln der deutschen Kultur verstanden werden. Am besten heißt es Geduld, Geduld und nochmals Geduld wahren, die Dinge werden schon ihren Gang gehen – *Insha'allah*. Es gibt meist mehr als nur einen Weg, das Ziel zu erreichen, manche sind geradlinig und arabische eben mehr spiralförmig. Und: Während in einer zeitfixierten Kultur Unpünktlichkeit als taktlos gilt, so ist es auf der anderen Seite gleichermaßen unhöflich, zeitflexible Menschen, die sich im Angesicht von anderen Gründen nicht an ein Zeitdiktat anpassen möchten, zu bevormunden.

Ein praktischer Tipp ist, sich immer etwas **Extraarbeit** in seinen Aktenkoffer zu packen. Dann muss man im Falle von Wartezeiten nicht Däumchen drehend, auf die Uhr blickend und Flüche murmelnd zu warten, sondern kann sich mit einem gelassenen Lächeln kleinen Arbeiten widmen.

Formell im Gegensatz zu informell

Viele aussichtsreiche Geschäftsanbahnungen oder Verhandlungen schlagen fehl, weil die verschiedenen Grundsätze einer informellen und einer formellen Kultur nicht bewusst waren.

Die Gesellschaften der Golfemirate und des Oman sind **formell** organisiert und streng in Hierarchien gegliedert. Alle haben sich nach Status und Macht einzufügen. In **informellen** Kulturen bestehen eher egalitäre Gesellschaftsstrukturen. Konflikte bei Businessangelegenheiten entstehen oft, weil unterschiedliche Werte die Zusammenarbeit beeinträchtigen. Einerseits können Geschäftsleute aus formellen Kulturen sich beleidigt fühlen, wenn sie die rasche Kumpelhaftigkeit des informellen Gegenübers erleben, andererseits empfinden informelle Menschen formelle oft als distanziert, anmaßend und arrogant. Missverständnisse können vermieden werden, wenn sich beide Seiten vor Augen halten, dass unterschiedliche Geschäftspraktiken nicht in persönlichen Eigenheiten begründet sind.

Statusunterschiede sind in formellen Kulturen größer und bedeutsamer als in informellen. Förmlichkeit steht im direkten Zusammenhang mit Status und Macht, eine formelle Anrede ist gegenüber Arabern immer ein wichtiges Mittel, um Respekt zu beweisen. Gegenüber hochrangigen Persönlichkeiten ist es unerlässlich, sie mit ihrem Titel anzusprechen. *Shaikh, His Highness* oder His *Excellency* gefolgt vom Vornamen gehören also unverzichtbar in jede Anrede, egal ob mündlich oder schriftlich. Im Schriftverkehr sollte stets der volle Name samt Titeln und

Nachname stehen – natürlich in fehlerfreier Umschrift und in der richtigen Reihenfolge der einzelnen Namensteile.

Im formellen Businessleben werden **Entscheidungen** auf höchster Hierarchieebene getroffen, vor allem in Staatsunternehmen. Oftmals ist es im Vorfeld nicht möglich, die Entscheidungsmacht seines Gegenübers einzuschätzen. Manchmal scheint es so, dass der Gesprächspartner Entscheidungen treffen kann, aber es kann sein, dass er nur aus Höflichkeit und um das „Gesicht zu wahren" sich so darstellt. So kann es passieren, dass man viel Zeit mit „Super-Nobodys" verbringt, die letztendlich nicht viel zu sagen haben. Daher sollte man auch ruhig mit mehreren Stellen und insbesondere mit übergeordneten Ministerien in Kontakt treten.

Verhaltenstipps A–Z

Anstand

Gutes Benehmen ist das A und O einer jeden Geschäftsbeziehung. Araber können auffallend höflich sein, dies sollte gebührend erwidert werden. Mitunter meisterliche arabische Gastlichkeit wird natürlich auch Geschäftsleuten zuteil. Oftmals sind Araber so perfekt **gastfreundlich** und galant, dass wenig Chancen zum Revanchieren bleiben. Als Musterbeispiel dient der Fall, dass westlichen Geschäftspartnern kaum die Gelegenheit geboten wird, Café- oder Restaurantrechnungen zu tragen.

Im Businessleben wichtig zu beachten ist, dass es in Büros informelle **Sitzordnungen** gibt. Idealerweise sollten wichtige Besucher (also auch Ausländer) eines Arabers angewiesen werden, auf dessen rechter Seite Platz zu nehmen. Einen guten Eindruck können Deutsche schinden, wenn sie, sobald ein anderer Araber eintritt, ihren „Ehrenplatz" generös (aber nicht demonstrativ) dem „Neuling" anbieten. Aus Gastlichkeit wird dieser höchstwahrscheinlich abwinken, aber die kleine Geste wird nicht unbeobachtet bleiben und „Pluspunkte" einbringen.

Die Relevanz der rechten Seite offenbart sich auch, wenn man zusammen mit einem Araber einen kleinen **Fußmarsch** zurücklegt: Den Regeln der Höflichkeit nach gehört der Gast an die rechte Seite des Arabers (im Kontext der „reinen" rechten Hand). Interessant wird es, wenn das Zweigespann auf eine **Tür** zugeht. In golfarabischer oder omanischer Zuvorkommenheit wird der Kompagnon versuchen, dem „wichtigen" Gast die Tür aufzuhalten und ihn dabei vorgehen zu lassen. Dazu müssen kurz vor der Tür die Plätze getauscht werden – ein besonderes „Spielchen" kann dann entstehen, wenn man selber versucht, seinen arabischen Gastgeber durch die Tür zu leiten oder ihm den Vortritt lässt: „Oh, no, after you please".

Bekleidung

Auch wenn die Golfemirate und Oman klimatisch gesehen heiße Länder sind, so sind für Europäer bei Geschäftsterminen **Anzüge samt Krawatte und Jackett** obligat, insbesondere beim ersten Kennenlernen und gegenüber Regierungsbeamten. Frauen sind mit einem **Kostüm** samt einer leichten Jacke gut beraten. Aktenkoffer, Armbanduhren und Schreibgeräte tragen auch wesentlich zur Einschätzung bei, weswegen nur beste Qualität präsentiert werden sollte.

Bei informellen Anlässen und wenn man seinen Geschäftspartner schon gut kennt, darf man sich natürlich entsprechend **lässiger** – aber keinesfalls freizügig oder ungepflegt – kleiden.

Dolmetscher

Die Varianten im kommunikativen Verhalten beider Seiten können große Differenzen verursachen. Ein erfahrener Übersetzer kann Probleme in der sprachlichen Verständigung ausbügeln.

Dolmetscher aus westeuropäischen, abschlussorientierten und individualistischen Ländern übersetzen **Wort für Wort** das, was gesagt wird – egal von wem.

In arabischen, beziehungsorientierten und kollektivistischen Gesellschaften arbeiten Übersetzer mehr **kontextbezogen,** sie interpretieren die Aussagen – was vielleicht die eine oder andere indirekte Übersetzung oder auch Verallgemeinerung nach sich zieht, aber andererseits im Konfliktfall auch Abschwächungen, damit keiner sein Gesicht verliert und die Harmonie gewahrt wird.

Insbesondere zum Prüfen von wichtigen Dokumenten und Kontrakten ist ein eigener Dolmetscher unerlässlich. Wichtige Schreiben, Zusammenfassungen von ausgearbeiteten Besprechungen, Vertragsentwürfe und natürlich Verträge selber sollten **in arabisch** ausgearbeitet an den Geschäftspartner überreicht werden. Ein guter Tipp ist es, zweispaltig und zweisprachig zu arbeiten: links englisch und rechts arabisch.

Einladungen

Berufliche Einladungen sind üblich, private zumeist erst nach längerem Bekanntsein. **Informelle Einladungen** finden meist in einem Restaurant oder Café statt.

Da Arabern Beziehungen sehr wichtig sind, ist eine **Einladung in ihr Privathaus** eine Art Auszeichnung, die eine Freundschaft auf Dauer einkalkuliert. Geschäftsleute sollten sich dieser Bedeutung bewusst sein; sie können es – erfolgsorientiert gedacht – als großen Schritt in Richtung Geschäftsabschluss bewerten.

Frauen

In arabischen Gesellschaften – auch in Handelsbetrieben – erreichen Businessfrauen vergleichsweise selten eine leitende Stellung, Männer haben meist einen höheren Status als Frauen. In den meisten Firmen sind **Führungspositionen** von Herren besetzt und viele von ihnen sind es nicht gewohnt, mit Damen, die in ihrer Heimat erfolgreiche Unternehmerinnen oder Direktorinnen sind, Geschäfte auf der Grundlage des gleichen Ranges zu tätigen.

Handys

Gibt es in Deutschland und Mitteleuropa immer mehr Orte, an denen Mobiltelefone störend sind und gilt dies auch für wichtige Geschäftsgespräche, so sieht man dies in den Golfemiraten und Oman nicht ganz so. Sicherlich kommt es bei allen – also auch arabischen – Geschäftspartnern gut an, sein **Handy auszustellen,** um ungestört zu verhandeln – am besten noch geschmückt mit dem beiläufigen, aber respektablen Hinweis „Now we can talk without interference ...". Wer einen wirklich wichtigen Anruf erwartet, sollte dies in einem manierlichen Hinweis bekannt geben, um Rücksicht bitten und sein Mobiltelefon anlassen.

Doch andererseits kann man dieses Handy-höfliche Verhalten nicht von beziehungsorientiert-zeitflexiblen Golfarabern oder Omanis erwarten. Sie lassen ihren lebhaften Elektronik-Kumpel meist **eingeschaltet** und greifen meist völlig selbstverständlich zu, um zu besprechen, was zu besprechen ist. Deutsche sollten Nachsicht walten lassen vor dem Hintergrund, dass auch sie ihren arabischen Geschäftspartner jederzeit anrufen könnten.

„Ja" und „Nein"

Man sollte nicht jedes Wort eines Arabers auf die Goldwaage legen, auch nicht im Businessleben.

Zustimmung kann als Begeisterung dargestellt werden – beinhaltet aber noch nicht unbedingt eine Zusage. Ein mildes „Ja" ist oft nicht mehr als ein **„Vielleicht"** oder sogar ein **höfliches „Nein".** Dazu eine vielleicht oberflächlich klingende, aber dennoch typische Verallgemeinerung: Wenn ein diplomatischer Araber „Ja" sagt, meint er „vielleicht"; wenn er „vielleicht" sagt, meint er „nein"; wenn er „nein" sagt, ist er sehr undiplomatisch.

Nach westlichen Maßstäben sind Menschen, die nicht mit einem klaren „Ja" oder „Nein" antworten, nicht ganz offen oder gar unehrlich. Aber nach arabischen Tugenden sind **eindeutige „Neins" zu vermeiden,** da sie den anderen enttäuschen oder gar verletzen könnten.

Araber können sehr spitzfindig mittels **Körpersprache** „Nein" aus-
drücken, weit verbreitet und höflich, aber eindeutig sind das Heben der
Augenbrauen oder auch das leise Schnalzen mit der Zunge („Ts, ts").

Präsentationen

Präsentationen und Vorträge gegenüber arabischen Geschäftsleuten
sind eher **kurz und schwungvoll** zu gestalten. Einfallsreichtum, Eloquenz
und eine persönliche Note sind gefragt, Aufdringlichkeit und das Überla-
den mit technischen Daten dagegen nicht. Allzu grandiose „Vorstellungen" können leicht den Eindruck von Arroganz oder Überheblichkeit erwecken. Man sollte es vermeiden, eine umfassende Firmenhistorie vor-
tragen zu wollen – besser ist es, die in Deutschland erwarteten Themen
quasi verkehrt herum vorzutragen: das Wichtigste im engen Kontext mit
der Partnerfirma zuerst – direkt die Aufmerksamkeit zu treffen ist wichtiger, als einen Spannungsbogen aufzubauen.

Als Barometer des Verstehens geben **Blicke** in die Augen der Zuhörer
Aufschluss. Direkte Blickkontakte werden von Arabern nicht unbedingt
als unangenehm empfunden und so müssen sich Redner daran gewöhnen, lange „Augenblicke" ohne Verunsicherung zu erdulden.

Auch wenn Geschäftsleute aus den Golfemiraten und Oman meist gut
oder sehr gut **Englisch** sprechen, so sollten bei Vorträgen lieber einfache
Worte und Sätze verwendet werden, schriftliche Begleitmaterialien können ausgefeilter sein.

Zwei Tipps: Erstens niemals **fachliche Zwischenfragen** stellen, die womöglich keiner beantworten kann (Gesichtsverlust wird provoziert) und
zweitens eigene Unwissenheit niemals mit einem ehrlichen, direkten
„Das weiß ich nicht" zugeben (eigener Gesichtsverlust), sondern mit
fester Stimme antworten oder geschickt Zeitaufschub erzielen und später darauf eingehen.

Störungen und Unterbrechungen können am besten mit lächelnder
Gelassenheit überbrückt werden.

Am Ende sollten in arabisch verfasste **Unterlagen** verteilt werden, allerdings muss damit gerechnet werden, dass sie vom Management ungele-
sen an untergebene Koryphäen weitergereicht werden.

Smalltalk

Im Prozess des **Kennenlernens** zwischen deutschen und arabischen
Geschäftspartnern und in der weiteren Betreuung der Beziehungen
spielt die gepflegte Unterhaltung über Dies und Das eine wichtige Rolle.
Im Zusammensein mit Golfarabern oder Omanis wird man oft unbekannten Personen vorgestellt. Immer wieder wird es wichtig sein, Unter-

haltungen zu beginnen und dabei allgemeine Konversationsregeln und Etiketten zu pflegen.

Erster Smalltalk-Schritt ist es, **vorgestellt** zu werden bzw. sich selber mit Vor- und Nachnamen, Herkunftsland und Beruf vorzustellen (für Araber ist oft von größerem Interesse, woher ein Ausländer kommt, als das, was er beruflich macht). Das Ganze geht über in **Begrüßungen** und Erkundigungen nach dem gegenseitigen Wohlbefinden. Wie bereits beschrieben: Vorsicht bei zwischengeschlechtlichen Vorstellungen und Begrüßungskontakten – gegenüber einem Araber sollte man sich nie nach dem Befinden von dessen Ehefrau erkundigen.

Meist passend ist es, zum Zwecke der Erinnerung und zur Festigung des eigenen Status eine **Visitenkarte** zu überreichen. Daneben empfiehlt es sich, die Herkunft, den Beruf und die Interessen des Gesprächspartners herauszufinden, wenn er nicht schon seine Businesskarte überreicht hat und dies daraus offenkundig wird.

Neben **beruflichen Themen** bieten sich Gespräche über das Gastland, über seine **Kultur und Sehenswürdigkeiten** an. Lobende Eindrücke und Erlebnisschilderungen sind gut geeignete Smalltalkthemen. Unangebracht ist es, über Religion, Politik oder gesellschaftliche Themen (wie etwa der Rang der Frau oder die Praxis der Vielehe) zu sprechen oder sein Gegenüber über dessen Privatleben auszufragen. Wer unsicher ist oder nicht weiß, worüber er reden soll, überlässt die Gesprächsführung am besten dem arabischen Gegenüber.

Sponsoren

Für einen Großteil von geschäftlichen Transaktionen benötigen ausländische Firmen einen in den Golfemiraten oder Oman ansässigen Sponsor. Dieser fungiert nicht unbedingt als Geldgeber, Gönner oder Mäzen, sondern oft schlichtweg nur als **Schirmherr.** Meist agieren Sponsoren eher als stille Teilhaber und kassieren einen bedeutenden Teil der Gewinne ein.

Die Auswahl des richtigen Sponsors ist von entscheidender Bedeutung für den Erfolg des Business und sollte stets wohl überlegt und niemals hastig erfolgen.

Der Sponsor ist wie ein **„Aushängeschild",** die Frage „Who is your sponsor?" ist allgegenwärtig und eine entsprechend eindrucksvolle Antwort öffnet Tür und Tor.

Verhandlungen

Ein Großteil des alltäglichen Businesslebens in arabischen Ländern wird auf Verhandlungen entfallen, sei es mit Geschäftspartnern, Kunden,

Mitarbeitern, Behörden oder auch mit Straßenhändlern. Ausgefeilte und kulturbewusste **Kommunikation** ist der Schlüssel zum Erfolg.

Verhandlungen können in der gruppenorientierten Gesellschaft der Golfemirate und des Oman wesentlich länger dauern als beispielsweise in Deutschland. Umfangreiche Abstimmungen und bürokratische Wege brauchen ihre **Zeit.** Entscheidungen werden allein von Ranghöchsten getroffen.

Verhandlungen sind oft mehr **auf die Personen ausgerichtet** als auf die Sache. Im Mittelpunkt stehen die verhandelnden Menschen mit ihrem persönlichen Verhandlungsgeschick, das Business an sich steht etwas außen vor. Typisch-arabische Theatralik sollte nicht verunsichern.

Wer einen **Tross** von Controllern oder Juristen mitbringt, wird schnell Misstrauen ernten. Sie sollten besser unbemerkt im Hintergrund tätig sein. Günstig ist ein neutraler, **vermittelnder Dritter,** der den entsprechenden Status hat.

Es ist nicht ratsam, erst alle anderen Dinge zu besprechen und zuletzt über den **Preis zu verhandeln.** In diesem Fall wird es zu keinem Interessenaustausch kommen, sondern es kann leicht ein Kampf um Positionen entstehen. Wenn nur um Geld verhandelt wird, wird sich eine Seite als „Verlierer" fühlen. Produktqualität, Liefer- und Zahlungsbedingungen, Service- oder Wartungsverträge, Training, Verkaufs- oder Marketingunterstützung, Referenzdienste und Folgeverträge sind **weitere Verhandlungspositionen,** die in Bezug auf den Preis eingebracht werden sollten. Zugeständnisse werden vor allem aus Vertrauen und Sympathie gemacht. Entgegenkommen bei Preis oder Leistung sollte mit der Bitte um ein entsprechendes Zugeständnis der Gegenseite verknüpft werden.

Viele deutsche Geschäftsleute scheuen sich, ihren **Ausgangspreis** zu hoch anzusetzen. Sie gehen davon aus, dass ihr Preis realistisch kalkuliert ist und dies ein einsehbares Argument ist. Es käme ihnen unseriös vor, mit unrealistischen Beträgen in die Verhandlung zu gehen. Für das unausweichliche Ritual des Feilschens bleibt dann oft zu wenig Spielraum. Wer keine Bewegungsfreiheit einkalkuliert, kann keine Zugeständnisse machen. Und wer nichts zu geben hat, hat nach arabischem Denken auch nichts zu wünschen.

Es ist ein psychologisches Phänomen, dass alle Erwartungen an eine Preisreduzierung den Ausgangspreis als Maßstab nehmen – nicht etwa den „realen" Preis. Egal ob hoch oder niedrig: Der Ausgangspreis ist wie eine Art Anker, der sich in den Köpfen festsetzt und mit dem alle in der Verhandlung genannten Zahlen verglichen werden. Es ist ein Trugschluss, dass bei arabischen Kunden im Falle eines niedrigen Ausgangspreises auch die Erwartungen an die **Preisnachlässe** weniger hoch ausfallen. Araber sind enthusiastische Feilscher und messen ihren Erfolg bisweilen einzig daran, wie weit sie den Partner vom Ausgangsangebot abgebracht haben. Doch Vorsicht: Ein horrend zu hoch angesetzter Ausgangspreis erweckt Verdruss und vergrault jede Handelsfreude und arabische Höflichkeit.

Wer bei Forderungen des Geschäftspartners allzu demonstrativ Stärke und „Coolness" einsetzt, könnte nicht nur als überheblich klassifiziert werden, sondern ermutigt sein Gegenüber noch mehr, auf seinen Forderungen zu beharren. Etwas **Stolz ablegen** und Betroffenheit zeigen, kann nicht schaden. Als Ergebnis könnte die andere Seite vielleicht Zurückhaltung üben.

Apropos Reserviertheit: **Lange Stille** ist ein beliebtes Mittel, das eingesetzt wird, um Konzessionen „herauszukitzeln" – also standhalten.

Visitenkarten

Stets sollte man ausreichend Businesskarten griffbereit haben und alle notwendigen **Daten** wie Namen samt Titel, Beruf bzw. Stellung in der Firma, Telefon-, Handy- und Faxnummer samt internationaler Vorwahl, E-Mail-Adresse, URL im Internet und gegebenenfalls auch Privatanschrift enthalten. Die Abbildung eines kleinen **Fotos** kommt sehr gut an. Wer einen besonderen Eindruck hinterlassen möchte, kann sich Businesscards drucken lassen, die auf der Rückseite in arabisch verfasst sind.

Visitenkarten sind unmittelbar nach der ersten Begrüßung **auszutauschen**. Die kleinen Identifikationsdokumente sind mit Dank entgegenzunehmen und mit Respekt zu behandeln. Stets sollte ein kurzer Blick auf die Karte geworfen werden. Eine Visitenkarte unter den Augen desjenigen, von dem man sie bekommen hat, zusammenzufalten, als Notizzettel oder gar Zahnstocher zu benutzen, wäre ein grober Fauxpas. Niemals sollten Karten ausgeteilt werden, die zerknickt, zerfetzt oder verschmutzt sind und Arabern sollten sie stets mit der „reinen" rechten Hand überreicht werden.

Während eines Gespräches oder einer Konferenz sollten Visitenkarten **auf dem Tisch abgelegt** werden (so kann man auch jederzeit einen Blick drauf werfen, um Fällen von Unsicherheit oder Vergesslichkeit vorzubeugen) und später sollten sie ehrwürdig in eine lederne (niemals Kunststoff-) Brieftasche oder einen Visitenkartenordner **eingeordnet** werden.

ANHANG

Glossar

Wenn nicht anders vermerkt, sind die Worte arabischen Ursprungs. Direkte Übersetzungen stehen in Anführungszeichen.

- **Abaya:** Schwarzer, knöchellanger Frauenumhang.
- **Abbasiden:** Herrschaftsgeschlecht und ↗Kalifat, das seine Abstammung auf einen Onkel ↗Muhammads zurückführte; 750 stürzten die Abbasiden die ↗Umayyaden und stellten bis 1258 den ↗Kalifen; sie beherrschten ein Großreich, das zu seiner Glanzzeit von Pakistan bis Marokko reichte; Hauptstadt war Bagdad.
- **Abu:** Arab. Namenszusatz, „Vater des ...".
- **Adhan:** Gebetsruf, der täglich fünf Mal von den ↗Minaretten erklingt.
- **Aflaj:** Traditionelle Bewässerungssysteme; Quell- oder Grundwasser wird in unterirdischen Sickergalerien oder Stollen mit leichtem Gefälle talabwärts in Oasengärten geleitet.
- **Ahlan wa sahlan:** Traditioneller Willkommensgruß; heißt wörtlich „Angehörige und leicht" und meint „als Angehörige (und nicht als Fremde) seid ihr gekommen und leicht sollt ihr es haben".

- **Allah:** Deutsche Form vom bekanntesten arabischen Namen Gottes; abgeleitet von arab. *Al-Ilah* „der eine Gott".
- **Al-Asma al-Husna:** „Die schönen Namen"; 99 Namen Gottes, die seine Eigenschaften beschreiben.
- **Al-Fatiha:** „Die Eröffnende", erste ↗Sure des ↗Koran.
- **Al-Hijri:** „Der Auszug"; historisches Ereignis, an dem der Prophet ↗Muhammad mit seinem Gefolge von ↗Mekka nach ↗Medina (damals Yathrib) auswanderte; Beginn der muslimischen Zeitrechnung im Jahr 622; auch Bezeichnung für das muslimische Neujahr.
- **Aqal:** Schwarze Kordel, die bei den Männern in den Golfemiraten die Kopfbedeckung hält.
- **Arkan al-Islam:** „Säulen des Islam", religiöse Grundpflichten jedes ↗Muslim.
- **Ar-Rashidun:** Die ersten vier Nachfolger ↗Muhammads werden auch „die Rechtsgeleiteten" genannt. Namentlich sind es die ↗Kalifen *Abu Bakr, Umar, Uthman* und *Ali*.
- **Ashura:** Schiitischer Trauertag.
- **Assa:** Kamelstecken aus Bambus.
- **Baraka:** „Segen".
- **Barasti:** Luftdurchlässige Hütte aus zusammengesteckten Palmwedeln.
- **Basmala:** Wichtige muslimische Glaubensformel.
- **Beduine:** Arab. *Bedu*, arabischer Nomade und Viehzüchter.
- **Bin:** Namenszusatz, „Sohn des ..." („Ibn" hat dieselbe Bedeutung).
- **Bint:** Arab. Namenszusatz, „Tochter des ...".
- **Bisht:** Männerumhang, meist zu offiziellen Anlässen getragen.
- **Buchreligionen:** Judentum, Christentum, ↗Islam.
- **Bukhur:** „Rauch", „Duft", Sammelbegriff für duftende Räucherstoffe.
- **Burqa:** „Maske"; von ↗Beduinen oder traditionsbewussten Frauen getragene Gesichtsmaske.
- **Dallah:** Arabische Kaffeekanne mit markantem Schnabelausguss; Symbol der Gastfreundschaft.
- **Dhau:** Sammelbegriff für traditionelle arabische Holzschiffstypen, die alle eigene Namen haben.
- **Dilmun:** Alte bahrainische Hochkultur ab dem 3. Jahrtausend v. Chr., erlangte Reichtum durch Fernhandel mit Perlen.
- **Dishdasha:** Knöchellanges Männergewand.
- **Diwan:** Regierungsbüro, Audienzsaal; auch Empfangsraum in Privathäusern.
- **Eid:** Muslimische Feiertage; das *Eid al-Adha* ist das große Opferfest zur ↗*Hajj*, das *Eid al-Fitr* findet im Anschluss an den Fastenmonat ↗Ramadan statt.

- **Emir:** Deutsche Form von *Amir;* einst Titel für unabhängige, muslimische Heerführer, Gouverneure oder Fürsten, heute Ehrenbezeichnung für souveräne Herrscher, z. B. in Qatar und Bahrain.
- **Expatriates** (engl.): Eigentlich alle Ausländer, die im Lande arbeiten; meistens bezieht sich die Bezeichnung jedoch nur auf diejenigen aus Europa oder den USA.
- **Felafel:** Frittierter Kichererbsenbrei.
- **Foul:** Gekochter Bohnenbrei.
- **Ghafiri:** Aus Zentralarabien stammende arabische Stammesfraktion.
- **Ghaus:** Perlentaucherei.
- **Ghazu:** Beduinische Raubzüge und Viehdiebstahl.
- **Glaubensbekenntnis:** Arab. *Shahada;* Glaubensformel, die den Eintritt in den ↗Islam initiiert.
- **Gutra:** Traditionelle weiße Kopfbedeckung der Männer in den Golfemiraten.
- **Hadith:** „Ausspruch", „Überlieferung", einer der gesammelten Aussprüche ↗Muhammads, die Auskunft geben über sein Verhalten, seine Handlungsweisen, Aussagen und Anweisungen, Billigungen und Missbilligungen; die Hadithe sind in der ↗Sunna gesammelt und bestimmen neben dem ↗Koran das Leben der sunnitischen ↗Muslime.
- **Hajj:** „Wallfahrt"; muslimische Pilgerfahrt zu den heiligen Stätten um ↗Mekka und ↗Medina; auch Ehrentitel für Muslime, welche die große Pilgerfahrt unternommen haben.
- **Harem:** Deutsche Form für die Bezeichnung eines sozialen Frauenbereiches; abgeleitet von arab. *Haram,* „verboten, unantastbar", und *Harama,* „ausgeschlossen sein"; auch Ausdruck für Nicht-Muslimen verbotene religiöse Bereiche.
- **Henna:** Deutsche Form von arab. *Al-Hinna;* Pflanze (lat. Lawsonia inermis), von der manche Arten getrocknet und gemahlen einen Farbstoff abgeben; zum Färben der Haare und der Haut.
- **Hinawi:** Aus Südjemen stammende arabische Stammesfraktion.
- **Hirz:** Traditioneller Kettenanhänger mit Koransprüchen.
- **Ibadismus:** ↗Ibaditische Herrschaftsform.
- **Ibaditen:** Deutsche Form von arab. *Ibadiya;* Muslimsekte, in Oman weit verbreitet.
- **Imam:** „Anführer", „Vorbeter", wohlunterrichteter *Muslim,* der das gemeinsame Gebet leitet; Gelehrter des ↗Islam; hoher Würdenträger; religiöser Führer; Nachkomme des ↗Kalifen Ali.
- **Imamat:** Herrschaftsform, in der ↗Imame die höchste religiöse Macht darstellen, in Omans Geschichte lange Jahre in Form des ↗Ibadismus praktiziert.

- **Insha'allah:** „So Gott will", Redewendung in verschiedenen Bedeutungsnuancen, die allen Bemerkungen über Ereignisse in der Zukunft angefügt wird.
- **Islam:** „Vollständige Hingabe an Gott"; Lebens- und Glaubenslehre, zu der sich von Marokko bis Indonesien ca. 1,2 Milliarden Menschen bekennen.
- **Jebel:** „Berg", „Gebirgszug".
- **Kaaba:** „Würfel"; heilige Stätte des ↗Islam; würfelförmiges Gebäudeteil der großen ↗Moschee im saudi-arabischen ↗Mekka und wichtigstes Pilgerziel; im Inneren der Kaaba liegt ein heiliger Stein, ein schwarzer Meteorit mit ca. 18 Zentimeter Durchmesser, der schon in vorislamischer Zeit Wallfahrtsort war.
- **Kalif:** Deutsche Form von arab. *Khalifa*, „Stellvertreter", „Nachfolger", Titel für die Nachfolger ↗Muhammads in der Regentschaft über das arabische Großreich.
- **Kalifat:** Herrschaftsform durch die ↗Kalifen.
- **Kalligrafie** (griech.): „Schönschreibkunst".
- **Kandoura:** Langes, weites Frauen-Oberkleid.
- **Khanjar:** Omanischer Krummdolch, meist aus Silber; in vergangenen Zeiten auch in den Golf-Scheichtümern getragen.
- **Khatib:** „Prediger".
- **Khobs:** „Brot".
- **Khul:** Islamisches Scheidungsrecht der Ehefrau.
- **Khutba:** Freitagsmittagsgebet.
- **Koran:** Deutsche Form von *Quran*, „Das Gelesene", „Der Vortrag"; heiliges Buch der ↗Muslime, beinhaltet unveränderbare Gottesworte, die Gott dem ↗Propheten ↗Muhammad offenbarte; Liturgievorlage beim Gottestdienst und bei Gebeten, Quelle des islamischen Rechts und der Gesellschaftsordnung, Grundlage des klassischen Arabisch, Inspirationsquelle für Kunst, ↗Kalligrafie und Literatur.
- **Kreuzzüge:** Kriegszüge gegen die Feinde des christlichen Glaubens mit dem Ziel der Befreiung der heiligen Stätten in Palästina, 1096-1270.
- **Kufiya:** Rot-weiß kariertes Tuch als männliche Kopfbedeckung.
- **Kumma:** Omanisches Männer-Käppi.
- **Lahaf:** Frauen-Kopftuch.
- **Lahm:** „Fleisch".
- **Lailat al-Miraj:** „Nacht der Himmelfahrt"; Festtag zur Himmelfahrt des ↗Propheten ↗Muhammad.
- **Magan:** Alte Hochkultur, im zweiten Jahrtausend v. Chr. im Gebiet des heutigen Nordoman; gelegentlich auch als Makan bezeichnet.

- **Mahr:** „Brautgeld", diente in seinem historischen Ursprung als eine Art Ausgleich, den der Brautvater dafür erhielt, dass er seine Tochter großgezogen hatte, die im Gegensatz zu Söhnen ab dem Zeitpunkt ihrer Heirat in einer anderen Familie lebte und dort im Haushalt half; war auch eine Kompensation, weil der Familie der Braut die Söhne, die sie gebären würde, verloren gingen; heute gehört das Brautgeld der Ehefrau und dient zum größten Teil als Absicherung für den Fall der Scheidung oder Verwitwung.
- **Majlis:** „Sitzplatz", „Sitzung, Rat, Versammlung"; auch Bezeichnung für einen Empfangsraum und regelmäßig stattfindende Versammlungen zwischen Herrschern und Bürgern und für den traditionellen Stammesrat oder beratende Staatsversammlungen.
- **Mall** (engl.): Großzügiges, elegant eingerichtetes Kaufhaus mit einzelnen Geschäften.
- **Mamluken:** Seit 1250 Machthaber über Ägypten; nach der Zerstörung Baghdads durch die Mongolen übernahmen sie wenig später das Amt des ↗Kalifen; 1517 mussten sie den Osmanen weichen; Hauptstadt war Kairo.
- **Masjid al-Jami:** „Moschee der Versammlung", große bedeutende ↗Moschee, Freitagsmoschee.
- **Masjid:** „Moschee".
- **Massar:** Kaschmirtuch mit besticktem Rand, von Männern als Kopf- oder Schultertuch getragen.
- **Matrilinear** (griech./lat.): „Mutterrecht", Herrschaft der Frau, Mutter in Familie und Gesellschaft; Abstammungsfolgen laufen über die Mütter.
- **Maulid al-Nabi:** „Geburtstag des *Propheten*", muslimischer Festtag.
- **Medina:** „Stadt" bzw. Altstadt, auch Stadt in Saudi-Arabien; erste Stadt, die sich zum ↗Islam bekannte und Ort von ↗Muhammads Grabmoschee.
- **Mekka:** Geburtsstadt des ↗Propheten ↗Muhammad; Ort, an dem der ↗Koran offenbart wurde und mit der großen ↗Moschee heiliges Zentrum der ↗Muslime und Pilgerort in Saudi-Arabien.
- **Mesopotamien:** Zweistromland zwischen Euphrat und Tigris, Großlandschaft im Zentralirak, zum kleineren Teil in Nordostsyrien; ab etwa 3300 v. Chr. entstanden mehrere Stadtstaaten und Reiche verschiedener Herrscherdynastien, bedeutende Kulturen waren z. B. die Sumerer, Assyrer, Akkader, Kassiten, Babylonier; ab 539 v. Chr. persisch, ab 635/36 arabisch, ab 1534 osmanisch, ab 1921 zum Irak.
- **Mezze:** Syrisch-libanesische Vorspeisen.
- **Mihrab:** Gebetsnische in ↗Moscheen, zeigt die Gebetsrichtung nach ↗Mekka an.

- **Mina:** „Hafen".
- **Minarett:** Ein an ↗Moscheen angegliederter Turm, von dem aus (live oder via Lautsprecher) zum Gebet gerufen wird; von arab. *Manara,* „Ort des Lichtes".
- **Minbar:** Kanzel in ↗Moscheen.
- **Misbah:** Gebetskette.
- **Monogamie** (griech.): „Einehe".
- **Monotheismus** (griech.): Glaube an einen einzigen Gott.
- **Moschee:** Deutsche Form von arab. *Masjid,* „Ort der Niederbeugung"; Raum des Gebets und Zentrum des sozialen Lebens der ↗Muslime.
- **Mubkhar:** Dient zum Verbrennen von Räucherstoffen und Weihrauch; traditionell aus Ton getöpfert, werden die Duftstoffe auf glühender Kohle verbrannt.
- **Muezzin:** Deutsche Form, abgeleitet von arab. *Al-Muadhdhin,* „Der Rufende"; Gebetsausrufer.
- **Muhammad:** „Der Gelobte", heiliger Gebetsausrufer; ↗Prophet und Religionsstifter des Islam (570-623); häufiger arabischer Männername; Muhammad war nicht nur der Überbringer neuer Glaubenswerte, sondern auch ein bedeutender Sozialreformer.
- **Muslim:** „Der sich Hingebende (an Gott)"; Anhänger des ↗Islam; weibliche Form *Muslima.*
- **Myrrhe:** Duftharz.
- **Okzident** (lat.): „Abendland".
- **Orient** (lat.): „Morgenland".
- **Ornament** (lat.): „Verzierung", „Schmuckmuster".
- **Osmanisches Reich:** Von Anfang 1300 bis zum 1. Weltkrieg von der türkischen Familiensippe der Osmanen eingenommenes Gebiet, das zeitweise fast gesamt Nordafrika, den Nahen Osten, Teile der Arabischen Halbinsel und den Balkan bis Österreich umfasste; Hauptstadt war Istanbul.
- **Oud:** Duftholz.
- **Patrilinear** (griech./lat.): „Vaterherrschaft"; von der herrschenden Stellung des männlichen Familienoberhauptes geprägte Sozialorganisation; Abstammungsfolgen laufen über die Väter.
- **Polygamie** (griech.): Ehe eines Mannes mit mehreren Frauen oder einer Frau mit mehreren Männern.
- **Polygynie** (griech.): Ehe eines Mannes mit mehreren Frauen.
- **Prophet:** Der ↗Islam kennt eine große Anzahl von Propheten, die alle Wegbereiter ↗Muhammads waren.
- **Qahwa:** Traditioneller Kaffee, oft mit Gewürzen wie Kardamon und Ingwer, aber ohne Zucker zubereitet; Zeichen der Gastfreundschaft.

- **Qanat:** Unterirdische oder bedeckte Bewässerungskanäle, gespeist von Quellwasser.
- **Qibla:** Gebetsrichtung der ↗Muslime Richtung ↗Mekka.
- **Qisma:** Glaube an göttliche Vorbestimmung.
- **Qizzas:** Blutrache.
- **Ramadan:** Deutsche Form von arab. *Ramadhan*; heiliger muslimischer Fastenmonat im neunten Monat des islamischen Mondjahres.
- **Sakar:** Falkner.
- **Salam:** „Friede", auch Abkürzung von *As-salm 'alaikum*, „Der Friede sei mit dir", dem häufigsten arabischen Gruß; die Antwort lautet *Wa alaikum as-salam*, „Und Friede sei auch mir dir".
- **Salat:** „Gebet", Pflichtgebet. Die Pflicht jedes ↗Muslim, täglich fünf Mal zu beten.
- **Saluki:** Von Beduinen hoch geschätzte Jagdhunderasse.
- **Samak:** „Fisch".
- **Saum:** Fasten im Monat ↗Ramadan.
- **Scheich:** Deutsche Form von arab. *Shaikh* „Ältester", „verehrungswürdig", Titel für Stammesälteste und -oberhäupter, Vorstände von Familienverbänden, Adelige und deren Söhne sowie ehrwürdige Religionsgelehrte.
- **Schiiten:** Nur ca. 10-15 % aller ↗Muslime gehören der Glaubensausrichtung der Schiiten (arab. *Shia Ali*, „Partei Alis") an, die meisten leben im Iran sowie in Teilen Iraks, Afghanistans, Indiens und des Jemen; Schiiten erkennen nur den ↗Kalifen *Ali* als Mitglied der Prophetenfamilie als rechtmäßigen Nachfolger ↗Muhammads an und glauben (anders als die ↗Sunniten) nicht, dass der Prozess der göttlichen Offenbarungen mit dem Tod Muhammads abgeschlossen ist; auch die Nachkommen aus der Familie des Kalifen *Ali* ermöglichen ihnen die Erkenntnis von Gottes Willen.
- **Shahada:** Das muslimische Glaubensbekenntnis.
- **Shaikha:** Ursprünglich Tochter eines ↗Scheichs, heute auch Titel seiner Ehefrau.
- **Sharia:** „Weg", „Straße"; islamische Rechtslehre.
- **Shawarma:** Grillfleisch vom Drehspieß.
- **Shayla:** Halb durchsichtiger Chiffonschleier.
- **Shisha:** Wasserpfeife.
- **Shura:** „Beratung"; wichtiges islamisches Staatsprinzip und auch in der Stammespolitik fest verwurzelt.
- **Sirwal:** Weite, bunte, an den Knöcheln bestickte Frauenhose, die unter einem Kleid getragen wird.
- **Souq:** „Markt", auch historisches Geschäftsviertel.

- **Sponsor** (engl.): „Bürge"; jeder ausländische Arbeiter benötigt einen einheimischen Bürgen; ausländische Geschäftsleute benötigen, bis auf wenige Ausnahmen, einen einheimischen Partner und Teilhaber.
- **Stamm:** Soziale, ökonomische oder politische Einheit, die einen Teil einer Ethnie umfasst.
- **Sunna:** „Viel begangener Weg", „Gewohnheit", „Tradition"; Gesamtheit der überlieferten Aussprüche, Verhaltens- und Handlungsweisen (↗Hadithe) des ↗Propheten ↗Muhammad; Richtschnur des islamischen Lebens.
- **Sunniten:** Anhänger einer islamischen Glaubensrichtung; Mehrheit aller Muslime.
- **Sure:** Deutsche Form von arab. *Sura*, „Abschnitt"; 114 Kapitel des ↗Koran.
- **Talaq:** Islamisches Recht des Ehemannes, seine Ehefrau zu verstoßen.
- **Thaub:** Damen-Überkleid aus Chiffon.
- **Umayyaden:** Dynastie, die direkt nach den ersten islamischen Eroberungen ab Mitte des 7. Jahrhunderts für etwa hundert Jahre in Ägypten und im Nahen Osten herrschte; Hauptstadt war Damaskus.
- **Umm:** „Mutter von...", in Verbindung mit dem Vornamen des ältesten Sohnes ehrenvolle Anrede.
- **Umma:** „Volk", „Nation", Gemeinschaft aller ↗Muslime.
- **Urf:** Ehrenkodex und gewohnheitsrechtliche Gebräuche.
- **Wadi:** Trockental, das nach heftigen Regenfällen zeitweise Oberflächenwasser führen kann.
- **Wahhabiten:** Islamische Glaubensrichtung, die sich auf die Lehren des *Muhammad ibn Abdul Wahhab* (1703-1792) beruft und eine Rückkehr zu den Wurzeln des ↗Islam fordert.
- **Wudu:** Rituelle Waschung vor dem Gebet.
- **Yawm al-Juma:** „Tag der Zusammenkunft", Freitag, in den Golfemiraten und Oman arbeitsfrei.
- **Zakat:** „Reinigung", „Wachstum"; Pflichtspende; jährliche obligatorische Sozialabgabe.

Quellentexte

Aus folgenden Quellentexten wird in diesem Buch zitiert:

- Die aufgelisteten **Koranverse** folgen in ihrer Übersetzung, Zählung und Zäsur der von *Rudi Paret* vorgelegten deutschen Fassung im Kohlhammer Verlag, die sich an der offiziellen Kairoer Koranausgabe von 1924 orientiert. Einige ältere deutsche Koranübersetzungen weichen von dieser Übersetzung zum Teil erheblich ab. Eine in diesem Buch beispielsweise als 6:9 bezeichnete Textstelle besagt, das es sich um Sure 6, Vers 9 handelt.

- **Wilfred Thesiger,** geb. 1910, britischer Afrika- und Orientforscher, der mehrere für die geographische und ethnographische Erschließung der Arabischen Halbinsel bedeutende Reisen unternahm. Auf der Suche nach den Brutstätten der Wanderheuschrecke durchquerte der ehemalige britische Kolonialbeamte 1948-52 zwei Mal die berüchtigte Wüste Rub al-Khali. Seine Reisebeschreibungen wurden zum Loblied auf die Beduinen, die stets seine Begleiter waren. Für die Herrscher der Scheichtümer am Persischen Golf war *Thesiger* ein gern gesehener Gast und sie nahmen ihn freundlich auf, wogegen er in Oman ein Reisen in aller Heimlichkeit bevorzugte und als Europäer unbekannt bleiben wollte. Sein 1959 geschriebenes Buch „Arabian Sands" bzw. die deutsche Übersetzung „Die Brunnen der Wüste. Mit den Beduinen durch das unbekannte Arabien" ist ein unbedingtes „Muss" für jeden Arabien- und Wüstenfan. Heute sind seine Schriften fast schon ein Nachruf auf eine Jahrtausende alte Lebensform, die mit dem Ölboom zu Grunde ging. Was er über diese unberührte Welt des Schweigens aufgezeichnet hat, ist ein bedeutendes Dokument und gehört zur großen Expeditionsliteratur im Rang von *T. E. Lawrences* „Die sieben Säulen der Weisheit".

- **Thomas Edward Lawrence,** geb. 1888, gest. 1935, britischer Diplomat, Archäologe, Sprachforscher und Schriftsteller. Als legendärer „Lawrence von Arabien" organisierte er im Auftrag des britischen Geheimdienstes 1916–18 (während des 1. Weltkrieges) zusammen mit *Faissal bin Hussain,* dem Sohn des Königs von Mekka, einen von England geschürten bewaffneten Aufstand arabischer Beduinenstämme gegen die Türkenherrschaft im arabischen Osten. *Lawrence,* der sich bei seinem Auftrag zunehmend mit dem arabischen Freiheitsideal identifizierte, wurde dabei selbst zu einem Sohn der Wüste, der die Gewohnheiten der Wüstenbewohner annahm und der wie sie das mörderische Klima, die Qualen des Durstes, der Entbehrung sowie die Strapazen der endlosen Kamelritte zu ertragen verstand.

Sein packendes Werk „Seven pillars of wisdom", in Deutsch erschienen als „Die sieben Säulen der Weisheit" (1926), ist zwar aus der Sicht des Partisanenkämpfers geschrieben, doch beschreibt es auch eingehend Bräuche und Mentalität der Wüstenvölker und die bizarren Eigenheiten ihres Lebensraumes.

- **Gertrude Bell,** geb. 1868, gest. 1926, war Gelehrte, Historikerin, Archäologin, Forscherin und Schriftstellerin. Sie kehrte ihrem privilegierten Leben im viktorianischen England den Rücken und bereiste Syrien, Kleinasien und Mesopotamien. Als eine der ersten europäischen Frauen durchquerte sie die Arabische Wüste – ein Abenteuer, zu dem sie eine unglückliche Liebe trieb. Neugier und politischer Scharfsinn zeichneten *Gertrude Bell* aus, es ist beinahe unglaublich, dass eine Europäerin zu Beginn des 20. Jahrhunderts in der arabischen Welt so viel Anerkennung erlangte.

  Als der Erste Weltkrieg ausbrach und die Briten die Loyalität der arabischen Führer benötigten, waren *Gertrude Bells* Arbeit und Verbindungen für das britische Außenministerium und die britische Taktik im Mittleren Osten sehr wichtig. Nach Kriegsende nahm sie an den Konferenzen von Paris und Kairo teil, spielte eine wesentliche Rolle in der Schaffung des heutigen Nahen Ostens. Dank ihrer starken Persönlichkeit und ihres Einfühlungsvermögens gewann sie nachhaltigen Einfluss auf eine Reihe der wichtigsten arabischen Führer. Sie wurde zur Vorkämpferin der arabischen Unabhängigkeit und war maßgeblich an der Gründung des Irak beteiligt.

  Ihr auffällig detailliertes Werk „Ich war eine Tochter Arabiens" enthält eine Auswahl aus ihren Aufzeichnungen, Berichten und Briefen und dokumentiert nicht nur ihr erstaunliches Leben, sondern trägt auch wesentlich zum Verständnis der historischen und politischen Geschehnisse im Mittleren Osten bei.

- **James Raymond Wellsted,** geb. 1805, gest. 1842, britischer Offizier und Arabienreisender. Neben bahnbrechenden Entdeckungen im Jemen (Insel Soqatra, Weihrauchhafen Qana) gilt die erstmalige Erforschung des Landesinneren des Oman als *Wellsteds* Hauptleistung. Ende 1835 bis Anfang 1836 war er der erste Europäer, der auf Grund guter politischer Beziehungen zum damaligen Imam ins Innere des Landes reisen durfte. In den Jahren zuvor war er mit der Vermessung der Küsten beauftragt und hatte schon dabei Gelegenheit, auch Landreisen zu unternehmen. 1837 schrieb er „Travels in Arabia". Die in diesem KulturSchock ins Deutsche übersetzten Textzitate sind entnommen aus: *Otto Baumhauer:* Dokumente der Entdeckungsgeschichte. Band 1, Arabien.

- **Carsten Niebuhr,** geb. 1733, gest. 1815, deutscher Forschungsreisender und Begründer der modernen Arabienforschung. Als Mitglied einer dänischen Expedition erforschte er Ägypten und Jemen, später Persien, Mesopotamien und Syrien. Er sammelte eine Fülle von ethnographischen, historischen, archäologischen und topographischen Erkentnissen und schrieb sie in Tagebuchform nieder in: „Entdeckungen im Orient" (1761–67), „Beschreibung von Arabien" (1772), „Reisebeschreibung nach Arabien und den anliegenden Ländern" (1774–78, 1837).
- **Bertram Sidney Thomas,** geb. 1892, gest. 1950, war 1920–24 britischer Beamter in Irak und Jordanien und 1924–30 Berater und Minister des Sultans von Muscat. Er erlangte große Verdienste durch die geographische und ethnographische Erforschung Omans. Aufsehen erregte seine Durchquerung der Rub al-Khali von Salalah nach Qatar 1930–31. Bücher: „Alarms and Excursions in Arabia" 1931, „Arabia Felix" 1932.
- **Freya Stark,** geb. 1893, gest. 1993, war Arabienreisende aus Leidenschaft. 1927 reiste sie das erst Mal nach Arabien, um Arabisch zu lernen, und bis in die siebziger Jahre hinein bestimmten abenteuerliche Exkursionen ihr Leben. 1934 reiste sie mehrmals und stets alleine nach Südarabien – was zuvor noch keine andere Frau gewagt hatte. Ihr Ziel war es, die im Jemen gelegene antike Weihrauchhandelsstätte Schabwa als erster Europäer zu erreichen, was ihr allerdings nicht vergönnt war. Für ihre unvergleichlich geschriebenen Reiseberichte erhielt *Freya Stark* zahlreiche Preise und Auszeichnungen. Unbedingt lesenswert ist ihr Werk „Die Südtore Arabiens", im Originaltitel „Southern Gates of Arabia". Die in diesem KulturSchock zitierten Textstellen stammen aus der deutschen Übersetzung von *Hans Reisiger,* veröffentlicht im Weitbrecht Verlag 1992.
- **Antoine de Saint Exupéry,** geb. 1900, gest. 1944, französischer Pilot, Versuchsflieger, Schriftsteller und Dichter. Im Jahr 1935 stürzte er über der ägyptischen Wüste ab, was in seinem Buch „Wind, Sand and Stars", in Deutsch erschienen als „Wind, Sand und Sterne" thematisiert wird. Bekannt ist auch das Märchen „Le Petit Prince", „Der kleine Prinz". Die daraus in diesem KulturSchock zitierten Textstellen sind aus dem Französischen übersetzt von *Henrik Becker*, die Zitate aus „Carnets" wurden von *Oswald von Nostitz* übersetzt.
- **Ladislaus E. Almásy,** geb. 1895, gest. 1951, war österreichisch-ungarischer Flugpionier und Saharaforscher. Die von fremden Schriftstellern erschaffene Buch- und Hollywood-Filmfigur „Der englische Patient" war in Wirklichkeit *Graf Ladislaus Almásy*. Sein Leben hat *Almásy* selbst

erzählt. 1939 verfasste er „Schwimmer in der Wüste" und offenbarte in jeder Zeile Abenteuerlust und romantische Sehnsucht. Manche Oase und Felsenbildnisse der libyschen Wüste suchte – und fand – der Graf, weil er an Geschichten glaubte, die jeder andere für Märchen hielt. Das Buch schildert spannend die Erlebnisse und Eindrücke *Almásys* vor dem Hintergrund der politischen Gegenwart der ägyptisch-libyschen Sahara während des Zweiten Weltkrieges. Die in diesem KulturSchock zitierten Textstellen sind erschienen im Hayman Verlag 1997.

Bildnachweis

Sofern hier nicht aufgeführt, stammen alle Fotos von der Autorin (Kürzel: kk).
- Seiten 54, 56, 75, 116, 165, 177, 199 © Peter Franzisky und Kirstin Kabasci (fk)
- Seite 213 © The Jumeirah Beach Hotel Dubai (ju)
- Seite 202 © Hyatt Regency Hotel Dubai (hy)

KulturSchock

Diese Reihe vermittelt dem Besucher einer fremden Kultur wichtiges Hintergrundwissen. **Themen** wie Alltagsleben, Tradition, richtiges Verhalten, Religion, Tabus, das Verhältnis von Frau und Mann, Stadt und Land werden nicht in Form eines völkerkundlichen Vortrages, sondern praxisnah auf die Situation des Reisenden ausgerichtet behandelt. Der **Zweck** der Bücher ist, den Kulturschock weitgehend abzumildern oder ihm gänzlich vorzubeugen. Damit die Begegnung unterschiedlicher Kulturen zu beidseitiger Bereicherung führt und nicht Vorurteile verfestigt.

- D. Jödicke, K. Werner, **KulturSchock Ägypten**
204 Seiten
- Carl D. Goerdeler, **KulturSchock Brasilien**
276 Seiten
- Hanne Chen, **KulturSchock China**
VR China u. Taiwan, 264 Seiten
- Rainer Krack, **KulturSchock Indien**
216 Seiten
- Kirsten Winkler, **KulturSchock Iran**
240 Seiten
- Christine Pollok, **KulturSchock Islam**
198 Seiten
- Martin Lutterjohann, **KulturSchock Japan**
216 Seiten
- Klaus Boll, **KulturSchock Mexiko**
216 Seiten
- Muriel Brunswig, **KulturSchock Marokko**
240 Seiten
- Susanne Thiel, **KulturSchock Pakistan**
288 Seiten
- Barbara Löwe, **KulturSchock Russland**
240 Seiten
- Andreas Drouve, **KulturSchock Spanien**
240 Seiten
- Rainer Krack, **KulturSchock Thailand**
240 Seiten
- Manfred Ferner, **KulturSchock Türkei**
264 Seiten
- Monika Heyder, **KulturSchock Vietnam**
288 Seiten

REISE KNOW-HOW Verlag, Bielefeld

Praxis – die neuen handlichen Ratgeber

Wer seine Freizeit aktiv verbringt, in die Ferne schweift, moderne Abenteuer sucht, braucht spezielle Informationen und Wissen, das in keiner Schule gelehrt wird. REISE KNOW-HOW beantwortet mit über 20 Titeln die vielen Fragen rund um Freizeit, Urlaub und Reisen in einer neuen, praktischen Ratgeberreihe: „Praxis".

So vielfältig die Themen auch sind, gemeinsam sind allen Büchern die anschaulichen und allgemeinverständlichen Texte. Praxiserfahrene Autoren schöpfen ihr Wissen aus eigenem Erleben und würzen ihre Bücher mit unterhaltsamen und teilweise kuriosen Anekdoten.

Hier eine kleine Auswahl:

Kirstin Kabasci: **Islam erleben**

Helmut Hermann: **Reisefotografie**

Rainer Höh: **Wildnis-Ausrüstung**

Frank Littek: **Fliegen ohne Angst**

Rainer Höh: **Orientierung mit Kompass und GPS**

Wolfram Schwieder: **Richtig Kartenlesen**

Reto Kuster: **Dschungelwandern**

H. Strohbach: **Fernreisen auf eigene Faust**

M. Faermann: **Survival Naturkatastrophen**

Weitere Titel siehe Programmübersicht.

Jeder Titel:
144-160 Seiten,
handliches Taschenformat 10,5 x 17 cm,
robuste Fadenheftung, Glossar,
Register und Griffmarken zur schnellen Orientierung

Reise Know-How Verlag, Bielefeld

Neu!   Landkarten von:

In Zusammenarbeit mit der *Map Alliance* hat REISE KNOW-HOW das **World Mapping Project™** gestartet.
Im Juni 2001 erschienen die ersten der über 200 neuen Landkarten, die die ganze Welt für Reisende abdecken. Neueste Kartografie-Technik, detaillierte Darstellung des Terrains (mit Höhenlinien und -schichten), aktuellstes Straßenbild, UTM- und Gradgitter (was die Karten GPS-tauglich macht) und ein ausführliches Ortsregister, mit dem man die Orte, die man sucht, auf der Karte auch findet. Darüber hinaus haben viele Autoren von REISE KNOW-HOW ihr Wissen über die Regionen beigesteuert.

lieferbar: ❏ Ägypten (1:1.25 Mio) ❏ Andalusien (1:650.000) ❏ Afghanistan (1:1 Mio) ❏ Australien (1:4.5 Mio) ❏ Cabo Verde / Kapverd. Inseln (1:150.000) ❏ Costa Brava (1:150.000) ❏ Costa del Sol (1:150.000) ❏ Cuba (1:850.000) ❏ Dominik. Republik (1:450.000) ❏ Gran Canaria (1:100.000) ❏ Guatemala, Belize (1:500.000) ❏ Indien, Nepal (1:2,9 Mio) ❏ Kroatien (1:325.000) ❏ Madeira (1:45.000) ❏ Mallorca (1:150.000) ❏ Malta, Gozo (1:50.000) ❏ Marokko (1:1 Mio) ❏ Mexiko (1:2.25 Mio) ❏ Namibia (1:1.25 Mio) ❏ Neuseeland (1:1 Mio) ❏ Polen (1:850.000) ❏ Sri Lanka (1:500.000) ❏ Südafrika (1:1.7 Mio) ❏ Teneriffa (1:120.000) ❏ Thailand (1:1.2 Mio) ❏ Tunesien (1:850.000) ❏ Deutsche Ostseeküste (1:250.000) ❏ Deutsche Nordseeküste (1:250.000) ❏ von Berlin zur Ostseeküste (1:250.000) ❏ Alpenvorland (1:250.000)

ab Mai 2002: ❏ Argentinien (1:2 Mio) ❏ Bali, Lombok, Komodo (1:150.000) ❏ Baja California (1:650.000) ❏ Bretagne (1:200.000) ❏ Dalmatien (1:175.000) ❏ Dänemark (1:300.000) ❏ Fischland, Darß, Zingst (1:30.000) ❏ Friaul, Venezien (1:150.000) ❏ Fuerteventura (1:60.000) ❏ Gardasee (1:70.000) ❏ Griechenland (1:650.000) ❏ Hawaii (1:200.000) ❏ Ibiza, Formentera (1:65.000) ❏ Irland (1:350.000) ❏ Island (1:425.000) ❏ Istrien (1:75.000) ❏ Kölns Umgebung (1:250.000) ❏ Korfu (1:65.000) ❏ Kreta (1:140.000) ❏ Ligurien, Piemonte (1:250.000) ❏ Libyen (1:2 Mio) ❏ Lanzarote (1:70.000) ❏ Malaysia (Ost:1:1.1 Mio, West: 1:800.000) ❏ Nord- und ❏ Südskandinavien (je 1:875.000) ❏ Normandie (1:200.000) ❏ Polens Norden (1:350.000) ❏ Pyrenäen (1:250.000) ❏ Rhodos (1:80.000) ❏ Ruhrgebiet (1:250.000) ❏ Rügen (1:50.000) ❏ Südfrankreich (1:425.000) ❏ Trinidad, Tobago (1:150.000) ❏ Umbrien (1:200.000) ❏ Venezuela (1:1.4 Mio) ❏ Yucatan (1:650.000)

Alle Karten haben gefaltet das Maß 10x25 cm (aufgefaltet 60x92 cm), ein- oder beidseitig bedruckt und passen so in jede Westentasche, kein störender Pappumschlag. Der Preis: je € 7.90 [D].
Jetzt vorbestellen: beim Buchhändler oder unter **www.reise-know-how.de** oder per **fax 0521-441047** (diese Seite kopieren und die gewünschte Karte(n) ankreuzen). **Zustellung innerhalb der BRD kostenlos!**

❏ Bitte halten Sie mich über den Fortgang (30 weitere Karten in 2002) des **World Mapping Project™** auf dem Laufenden.

Alle Reiseführer von Reise

Reisehandbücher
Urlaubshandbücher
Reisesachbücher
Rad & Bike

Afrika,
  Bike-Abenteuer
Afrika, Durch
Agadir, Marrakesch
  und Südmarokko
Ägypten
Alaska ↗ Canada
Algerische Sahara
Amrum
Amsterdam
Andalusien
Äqua-Tour
Argentinien, Uruguay
  und Paraguay
Äthiopien
Auf nach Asien!

Bahrain
Bali und Lombok
Bali, die Trauminsel
Bali: Ein Paradies
  wird erfunden
Bangkok
Barbados
Barcelona
Berlin
Borkum
Botswana
Bretagne
Budapest
Bulgarien

Cabo Verde
Canadas großer
  Westen mit Alaska
Canadas Osten,
  Nordosten d. USA
Chile, Osterinseln
China Manual
Chinas Norden
Chinas Osten
Costa Blanca
Costa Brava

Costa de la Luz
Costa del Sol
Costa Rica
Cuba

Dalmatien
Dänemarks
  Nordseeküste
Dominik. Republik
Dubai, Emirat

Ecuador, Galapagos
England – Süden
Erste Hilfe unterwegs
Europa BikeBuch

Fahrrad-Weltführer
Fehmarn
Föhr
Fuerteventura

Gardasee
Golf v. Neapel,
  Kampanien
Gomera
Gran Canaria
Großbritannien
Guatemala

Hamburg
Hawaii
Hollands Nordseeins.
Honduras
Hongkong, Macau

Ibiza, Formentera
Indien – Norden
Indien – Süden
Irland
Island
Israel, palästinens.
  Gebiete, Ostsinai
Istrien, Velebit

Jemen
Jordanien
Juist

Kairo, Luxor, Assuan
Kalifornien, Süd-
  westen der USA
Kambodscha
Kamerun
Kanada ↗ Canada
Kapverdische Inseln
Kenia
Korfu, Ionische Inseln
Krakau, Warschau
Kreta
Kreuzfahrtführer

Ladakh, Zanskar
Langeoog
Lanzarote
La Palma
Laos
Lateinamerika
  BikeBuch
Libanon
Libyen
Ligurien
Litauen
Loire, Das Tal der
London

Madagaskar
Madeira
Madrid
Malaysia, Singapur,
  Brunei
Mallorca
Mallorca, Reif für
Mallorca, Wandern
Malta
Marokko
Mecklenburg/
  Brandenburg:
  Wasserwandern
Mecklenburg-
  Vorp. Binnenland
Mexiko
Mongolei
Motorradreisen
München
Myanmar

Namibia
Nepal
Neuseeland BikeBuch
New Orleans
New York City
Norderney
Nordfriesische Inseln
Nordseeküste
  Niedersachsens
Nordseeküste
  Schleswig-Holstein
Nordseeinseln, Dt.
Nordspanien
Nordtirol
Normandie

Oman
Ostfriesische Inseln
Ostseeküste Meck-
  lenburg-Vorp.
Ostseeküste
  Schleswig-Holstein
Outdoor-Praxis

Panama
Panamericana,
  Rad-Abenteuer
Paris
Peru, Bolivien
Phuket
Polens Norden
Prag
Provence
Pyrenäen

Qatar

Rajasthan
Rhodos
Rom
Rügen, Hiddensee

Sächsische
  Schweiz
Salzburger Land
San Francisco
Sansibar
Sardinien
Schottland
Schwarzwald – Nord
Schwarzwald – Süd

Know-How auf einen Blick

Schweiz, Liechtenst.
Simbabwe
Singapur
Sizilien
Skandinavien
 – Norden
Slowenien, Triest
Spiekeroog
Sporaden, Nördliche
Sri Lanka
St. Lucia, St. Vincent,
 Grenada
Südafrika
Südnorwegen,
 Lofoten
Sylt
Syrien

Taiwan
Tansania, Sansibar
Teneriffa
Thailand
Thailand – Tauch-
 und Strandführer
Thailands Süden
Thüringer Wald
Tokyo
Toscana
Trinidad und Tobago
Tschechien
Tunesien
Tunesiens Küste

Umbrien
USA/Canada
USA/Canada
 BikeBuch
USA, Gastschüler
USA, Nordosten
USA – der Westen

USA – der Süden
USA – Südwesten,
 Natur u. Wandern
USA – Südwesten,
 Kalifornien,
 Baja California
Usedom

Venedig
Venezuela
Vereinigte Arabische
 Emirate
Vietnam

Welt im Sucher
Westafrika –
 Sahelländer
Westafrika –
 Küstenländer
Wien
Wo es keinen
 Arzt gibt

Edition RKH

Burma – im Land
 der Pagoden
Finca auf Mallorca
Geschichten aus d.
 anderen Mallorca
Goldene Insel
Mallorquinische
 Reise, Eine
Please wait
 to be seated!
Salzkarawane, Die
Schönen Urlaub!
Südwärts durch
 Lateinamerika

Praxis

All Inclusive?
Canyoning
Daoismus erleben
Dschungelwandern
Essbare Früchte Asiens
Fernreisen
Fernreisen, Fahrzeug
Fliegen ohne Angst
GPS Outd.-Navigation
Hinduismus erleben
Höhlen erkunden
Inline-Skaten
Bodensee
Inline Skating
Islam erleben
Kanu-Handbuch
Kreuzfahrt-Handbuch
Küstensegeln
Orientierung mit
 Kompass und GPS
Reisefotografie
Reisefotografie digital
Reisen und Schreiben
Respektvoll reisen
Richtig Kartenlesen
Schutz vor Gewalt
 und Kriminalität
Schwanger reisen
Selbstdiagnose u. Be-
 handlung unterwegs
Sicherheit im und
 auf dem Meer
Sonne, Wind und
 Reisewetter
Survival-Handbuch,
 Naturkatastrophen
Tauchen in kalten
 Gewässern

Tauchen in warmen
 Gewässern
Transsib – von Mos-
 kau nach Peking
Trekking-Handbuch
Vulkane besteigen
Wein Guide Dtschl.
Wildnis-Ausrüstung
Wildnis-Backpacking
Wildnis-Küche
Winterwandern
Wracktauchen
 weltweit

KulturSchock

Ägypten
Brasilien
China
Golf-Emirate, Oman
Indien
Iran
Islam
Japan
Marokko
Mexiko
Pakistan
Russland
Spanien
Thailand
Türkei
Vietnam

Wo man unsere Reiseliteratur bekommt:

Jede Buchhandlung in der BRD, der Schweiz, Österreichs und in den
Benelux-Staaten kann unsere Bücher beziehen.
Wer trotzdem keine findet, kann alle Bücher über unseren Internet-Shop
unter **www.reise-know-how.de** oder **www.reisebuch.de** bestellen.

Kauderwelsch?
Kauderwelsch!

Die **Sprechführer der Reihe Kauderwelsch** helfen dem Reisenden, wirklich zu sprechen und die Leute zu verstehen. Wie wird das gemacht?

- ●Die **Grammatik** wird in einfacher Sprache so weit erklärt, dass es möglich wird, ohne viel Paukerei mit dem Sprechen zu beginnen, wenn auch nicht gerade druckreif.
- ●Alle Beispielsätze werden doppelt ins Deutsche übertragen: zum einen **Wort-für-Wort,** zum anderen in "ordentliches" Hochdeutsch. So wird das fremde Sprachsystem sehr gut durchschaubar. Ohne eine Wort-für-Wort-Übersetzung ist es so gut wie unmöglich, einzelne Wörter in einem Satz auszutauschen.
- ●Die **Autorinnen und Autoren** der Reihe sind Globetrotter, die die Sprache im Lande gelernt haben. Sie wissen daher genau, wie und was die Leute auf der Straße sprechen. Deren Ausdrucksweise ist häufig viel einfacher und direkter als z.B. die Sprache der Literatur. Außer der Sprache vermitteln die Autoren Verhaltenstipps und erklären Besonderheiten des Landes.

- ●**Jeder Band** hat 96 bis 160 Seiten. Zu jedem Titel ist eine **Begleit-Kassette** (60 Min) erhältlich.

- ●**Kauderwelsch-Sprechführer** gibt es für über 90 Sprachen in **mehr als 150 Bänden**, z. B.:

**Arabisch für die Golfstaaten–
Wort für Wort**
Band 133, 192 Seiten, ISBN 3-89416-496-4

Hocharabisch – Wort für Wort
Band 76, 160 Seiten, ISBN 3-89416-267-8

Englisch – Wort für Wort
Band 64, 160 Seiten, ISBN 3-89416-484-0

REISE KNOW-HOW Verlag, Bielefeld

Register

A

Abaya 136
Abbasiden 29
Ablehnung 223
Abschlussorientiert 214
Abu Bakr 28
Abu Dhabi 18, 207
Abwanderung 27
Accessoires 144
Adhnan 43
Aflaj 97
Ahlan wa sahlan 190
Ajman 18
Al-Asma al-Husna 38
Al-Bu-Said-Dynastie 59
Al-Hijri 52
Al-Hinna 141
Al-Khalifa 60, 67
Al-Qawasim 60
Al-Thani 59, 66
Ali 28
Alkohol 21, 146, 174
Alltag 117
Almosengaben 44
Almásy,
  Ladislaus E. 239
Aluminium 209
Amulette 140
Anliegen 187
Anmache 175
Anrede 201
Anstand 221
Anthrozentrisch 38
Aqal 143
Araberpferde 132
Arabisch 151
Arkan al-Islam 41
Armee 76
Armensteuer 44
Ashura 52
Atatürk, Mustafa
  Kemal 30
Aufenthalts-
  genehmigung 82
Augenkontakt 182
Ausgangspreis 226
Aussprache 153
Autoverkehr 170
Awal 20

B

Badebekleidung 137, 184
Bahrain 11, 20, 67,
  164, 209
Bahrain Heritage
  Festival 168
Balutschi 71
Bankenzentrum 209
Bars 174
Basmala 32
Bedu 70
Beduinen 19, 31
Beduinen-Araber 70
Beduinenleben 88
Beduinenstämme 71
Begrüßungsformeln 186
Begrüßungsgesten 185
Begrüßungsrituale 185
Beizjagd 118
Bekleidung 136, 222
Beleidigungen 194
Bell, Gertrude 238
Beratende National-
  versammlung 66
Beratender Staatsrat 68
Berufstätigkeit von
  Frauen 77
Beschimpfen 194
Beschneidung 111
Bestattungs-
  zeremonien 115
Beten 43
Bevölkerung 78
Bevölkerungsgruppen 69
Bewässerung 97
Beziehungsorientiert 214
Beziehungspflege 214
Bidar 100
Bilderverbot 124, 184
Bildungs-
  möglichkeiten 77
Bisht 144
Blickkontakte 218
Bootsbau 94
Böser Blick 140
Braut 106
Brautgeld 107
Briani 173
Brot 147, 197
Bräutigam 106
Buchstaben 154

Büffets 172
Bukhur 124
Businessfrauen 223
Buttermilch 148

C, D

Chiffon-Überkleid 136
Dallah 135
Dattelpalme 98
Deutsch 157
Dhofar 23
Dichtkunst 119
Dienstleistungs- und
  Bausektor 81
Dilmun 21, 57
Direktflüge 161
Dishdasha 143
Diskos 174
Distanzverhalten 217
Diversifizierung 208
Doha 18
Dolmetscher 222
Dubai 18, 162, 207
Dubai Airport Free
  Zone 206
Dubai Shopping
  Festival 166
Dubai Summer
  Surprise 167
Dubai World Cup 134
Düfte 124

E

Edelsteine 141
Ehefrauen 109
Ehen 106
Ehen mit Anders-
  gläubigen 108
Eheschließung 114
Ehevertrag 107
Ehrlichkeit 188
Eid al-Adha 42, 53
Eid al-Fitr 53, 166, 178
Eid as-Saghir 53
Eile 187
Einehe 110
Einheimische 70, 78
Einkaufsmöglich-
  keiten 160
Einladung in ein
  Privathaus 194

Einladungen 190, 222
Einladungen von unbekannten Männern 182
Einwanderer 80
Emanzipation der Frauen 76
Emir 104
Empfangsraum 195
Engel 39
Englisch 155
Entertainments 168
Entscheidungen 221
Erdbestattung 115
Erdöl 62, 204, 207
Erdgas 208
Erster Weltkrieg 30
Erzengel 39
Erziehung 101
Essen 146
Essensgeräusche 197
Essverhalten 148
Expatriates 80
Experten, westliche 82
Expressiv 216

F
Falkenjagd 118
Falkner 118
Familie 75, 101
Familienfeste 111
Familienleben 77
Familienstrukturen 101
Family Room 73
Fast-Food-Restaurants 174
Fasten 42
Fastenpflicht brechen 43
Feilschen 198, 226
Felafel 173
Fest zum Fastenbrechen nach dem Ramadan 53
Feste 166
Feste, religiöse 51
Festgebete 43
Festpreise 198
Festtagsplätze 114
Filmen 183
Fingerringe 144
Fischerei 94
Fleisch 148
Formell 220

Fotografieren 183
Foul 173
Französisch 157
Frauen allein unterwegs 181
Frauen 44, 74, 101, 104, 136
Frauenbewegung 77
Frauendomänen 181
Frauennamen 104
Frauenvereinigung 77
Freihandel 205
Freihandelszonen 205
Freitag 37
Freitagsgebete 43
Fremdarbeiter 70
Freundschaften 183
Fruchtsäfte 148
Fujairah 18
Fußmarsch 221
Fußsohle 194

G
Galopprennsport 133
Gastarbeiter 78
Gäste 195
Gastfreundschaft 162, 190
Gastlichkeit 191
Gastrecht 91
Gaststätten 172
Gasvorkommen 207
Gebet 35
Gebetsketten 39, 144
Gebetsrichtung 36
Gebetsrufe 43
Geburtstag des Propheten Muhammad 53
Geburt 111
Gefälligkeit 215
Gegenseitigkeit 196
Geld 91
Gemüse 148
Gesandte 39
Geschenke 195
Geschichte 57
Geschlechtertrennung 73, 180
Geschäftsbeziehungen 203
Geschäftsreisende 203

Gesellschaft 55
Gesicht wahren 187
Gesichtsausdruck 218
Gesprächsdiplomatie 179
Gesprächsthemen 180
Gestik 218
Getränke 147
Gewürze 148
Ghafiri 72
Ghazu 90
Glaubensbekenntnis 38, 41
Glaubensformel 32
Glaubensgemeinschaft 41
Glaubensinhalte 38
Gleichstellung der Frauen 76
Glossar 229
Godolphin 134
Gold 139
Golf von Oman 22
Golfkooperationsrat 62, 204
Gott 38
Gottes Schriftzug 123
Göttliche Vorbestimmung 39
Grabbesuche 115
Greifvögel 118
Großbritannien 60
Großfamilie 101
Großzügigkeit 191
Grundnahrungsmittel 147
Gütergemeinschaft 105
Gutra 143

H
Hadith 34
Hajar-Gebirgszug 17, 22
Hajj 42, 105
Händedruck 185
Handel 58, 93
Handeln 198
Handy's 223
Happy Hour 175
Haram 181
Harmoniestreben 216
Heirat 106

Heirat unter
  Verwandten 108
Hektik 187
Henna 141
Himmelfahrt des
  Propheten 53
Hinawi 72
Hirz 140
His Excellency 105
His Highness 105
His Majesty 105
Hocharabisch 152
Hochzeitsgabe 108
Hochzeitsriten 112
Hoheitstitel 105
Hormuz 59
Hose 137
Hotels 160, 169
Hülsenfrüchte 148

I, J
Ibaditen 36
Imam 36
Imbisse 173
Inder 71
Industrialisierungs-
  programm 208
Informell 220
Ins-Wort-fallen 217
Investoren 212
Islam 25
Ja 223
Jebali 71
Jebel Akhdar 23
Jebel Ali Free Zone 206
Jebel Dukhan 19
Jebel Shams 23
Jenseits 114

K
Kaaba 26
Kaffee 134, 192
Kalender, islamischer 51
Kalifate 28
Kalifen 28
Kalligrafie 123
Kamele 127, 171
Kamelmilch 148
Kamelrennen 131
Kamelstecken 145
Kandoura 136

Kanzel 36
Kappen 144
Karawanentransport 89
Kardamom 135
Khadija 26
Khanjar 145
Khatib 36
Khobs 148
Khul 110
Khutba 37
Kinder 101
Kleidung 125
Kleidungsanweisungen
  50
Kleid 136
Kleines Fest 53
Kleinfamilien 102
Kolonialisierung 30
Kommunikation 215
Konstitutionelle
  Monarchie 68
Kontaktaufnahme 215
Kopfbedeckungen 143
Kopftuch 46, 48, 137
Koran 26, 32
Kordeln 143
Körperkontakte 182, 189
Körpersprache 187
Kreisverkehre 171
Kreuzzüge 29
Kriminalität 160
Krummdolch 145
Kufiya 143
Kulinarisches 172
Kulturelles Erbe 117
Kumma 144
Kumzari 71
Küssen der Stirn 186

L
Laban 148
Ladies Day 73, 181
Ladies-Night 175
Lahaf 137
Lahm 148
Lailat al-Miraj 53
Länder 11
Lawrence, Thomas
  Edward 237
Lebensphilosophie 31
Liberalisierung 64

Liebesehen 106
Limonaden 148
Linke Hand 194, 197
Locals 79
Lunghi 143

M
Magan 23, 57
Mahlzeit 195
Mahr 107
Mahram 181
Majlis 71
Maktoum-Hof 134
Mamluken 29
Manama 20
Mandeln 148
Männer 48, 76, 102, 143
Markt- und Handwerker-
  viertel 126
Marsala Dhosa 173
Masjid al-Jami 37
Masjid 35
Matrilinear 46
Maulid al-Nabi 53
Mawaten 70
Medina 27
Mekka 26, 42
Mietwagen 170
Mihrab 36
Mina al-Fahal 211
Minarett 35
Minbar 36
Ministerrat 66
Misbah 39
Mobiltelefone 223
Moderne 83
Monarchien 63
Mondjahr 52
Mondkalender 51
Mondmonate 52
Monotheistisch 38
Moschee-
  besuch 178
Moschee 35
Muhammad 25
Muharraq 20
Muscat 22
Muscat Festival 168
Muschelbänke 95
Mussallat al-Eid 114
Mutter 104

N

Nabih Salih 20
Nachbetreuung 216
Nachtclubs 174
Nachtleben 174
Namensfolge 104
Nasenkuss 186
Nationalfeiertage 166
Nein 223
Neujahrsfest 52
Niebuhr, Carsten 239
Nomaden 88
Nüsse 148

O

Oasen 89
Oasengärten 98
Oasenwirtschaft 97
Oberschicht 70
Oberster Gerichtshof 66
Oberster Rat 65
Öffentlicher Dienst 80
Ölgesellschaften 208
Omanische
   Renaissance 84
Oman 11, 22, 68, 164,
   211
Opferfest 42, 53
Orienthandel, 94
Ornamentik 123
Osmanen 30, 59
Oud 125

P

Paare 189
Pakistanis 71
Parfum 124
Party 168
Patrilinear 46
Perlentaucherei 95
Perser 58
Petrodollar 204
Pferde 132
Pferderennen 133
Pflichten, religiöse 41
Pflichtgebete 43
Pilgerfahrt 42
Piratenküste 60
Piratentum 60
Poesie 119
Politik 63

Politisches System 63
Polygamie 47, 108
Polygynie 108
Portugiesen 30, 59
Präsentationen 224
Prediger 36
Preisaufschlag 198
Preise 160, 198
Preisnachlässe 226
Privatisierung 212
Privatsphäre 193
Privatwirtschaft 80
Prophet Muhammad 25
Prophet 40
Protektorat 30, 61
Pünktlichkeit 193, 219

Q

Qaboos 23, 68
Qahwa 134
Qatar 11, 18, 66, 164,
   207
Qatar Eid Festival 167
Qibla 36
Qisma 39
Quellentexte 237

R

Ramadan, 42, 53, 147,
   176
Ras al-Khaimah 18
Raubzüge 90
Räuchermischungen 124
Rechtsgeleitete 28
Rechtsordnung 34
Regionaldialekte 152
Reis 147, 197
Reisealltag 169
Reisekleidung 184
Religion 31
Renaissance des
   Oman 23
Reserviert 216
Restaurants 172, 196
Rosenwasser 125
Rosinen 148
Rösten 135
Roundabout 171
Rub al-Khali 17
Ruhe 187
Russisch 157

S

Saint Exupéry,
   Antoine de 239
Sakar 118
Salat 43
Salz 89
Sansibaris 70
Säulen des Islam 41
Saum 42
Scham 50
Scheichs 69, 71, 105
Scheidung 110
Schicksal 40
Schiiten 29, 35
Schleier 46, 48, 137
Schmuck 136
Schnabelkanne 135
Schuhen 137, 194
Schutzengel 39
Schweigen 217
Schweinefleisch 146
Schächtung 146
Schöne 99 Namen 38
Seehandel 58, 93
Seemacht 23
Sesshaftigkeit 91
Sexuelle Angebote 182
Shaikh 105
Shaikh Hamad bin Isa bin
   Salman al Khalifa 67
Shaikh Hamad bin Khalifa
   al Thani 66
Shaikh Isa bin Salman Al
   Khalifa 67
Shaikh Maktoum bin Ra-
   sheed Al Maktoum 134
Shaikh Zayed bin Sultan
   Al Nahyan 64
Sharia 34
Sharjah 18
Shawarma 173
Shayla 137
Sheikha Fatima bint
   Mubarak 77
Shihuh 71
Shisha 150
Shopping Malls 126
Shura 64
Silberschmuck 139
Sirwal 137
Sitra 20

Sittenkodex 90
Sitzordnungen 221
Smalltalk 224
Sorgerecht 111
Souqs 126
Soziale Strukturen 69
Sozialgesetze 76
Spaltung des Islam 29
Speisegesetz 146
Speisen 147
Sponsoren 225
Sportmöglichkeiten 160
Sprache 151
Staat 63
Staatsauffassung 64
Staatsbürger 70
Staatsgründung 62
Stadtleben 85
Stammesfehden 90
Stammesfraktionen 72
Stammeskonflikte 72
Stammespolitik 72
Stammesrat 71
Stammestraditionen 64
Standortvorteile 205
Stark, Freya 239
Statusunterschiede 220
Störungen 224
Straßenrestaurants 173
Sultan Qaboos bin Said
  Al Said 68
Sultan Said bin Taimur
  68
Sunna 34
Sunniten 29
Sure des Lobpreises 32
Suren 32
Süßwasserquellen 20

T
Tag der Zusammen-
  kunft 37
Tagesrhythmus 150
Take-Away-Service 174
Talaq 110
Talismane 137
Taxen 169
Taxifahrer 169
Tee 148, 192
Telefon 187
Termintreue 218

Thali 173
Thaub 136
Theozentrisch 38
Thesiger, Wilfred 237
Thomas, Bertram
  Sidney 239
Tischsitten 197
Titel 104
Tod 114
Todestag des Märtyrers
  Hussein 52
Toleranz 162
Tourismus 159
Tourveranstalter 161
Traditionen 83, 93, 117
Transkription 153
Trauerzeit 115
Trinken 146, 176
Trinkgeld 174
Trockenfisch 95
Tuch 143
Turban 144

U
Überfremdung 78
Umar 28
Umayyaden 29
Umhang 136, 144
Umm al-Quwain 18
Umma 41
Unabhängigkeit 62
Urbanisierung 88
Urlauber 159
Urlaubsgarderobe 184
Uthman 28

V
V.A.E. 11, 17, 64, 207
Vereinigte Arabische
  Emirate 11, 17, 64, 207
Verfassung 65
Verhalten in der
  Geschäftswelt 213
Verhandlungen 225
Verlobungszeit 107
Vernunftehe 107
Verstoßung 110
Viehzüchter 88
Visitenkarten 227
Vollblutzucht 134
Vorbestimmung 40

Vorbeter 36
Vornamen 104
Vorrang des Mannes 48
Vorstellung 225
Waffen 145
Waffenstillstandsküste 61
Wahabiten 60
Wangenküsschen 186
Waren 198
Warenhandel 126
Wasser 15, 97, 148
Wasserpfeife 148
Weihrauch 124
Wellsted, James
  Raymond 238
Weltoffenheit 162
Wert 198
Wickelunterrock 143
Wiederauferstehung 40
Willkommensgruß 190
Winterlager 89
Winterweidegebiete 89
Wirtschafts- und
  Lebensformen 83
Wirtschaftsgrundlagen
  203
Wizar 143
Wohlstandsstaaten 15
Wüste 161

Y, Z
Yathrib 27
Yawm al-Juma 37
Zahlen 154
Zakat 44
Zeit 187, 193, 215
Zeitfixiert 218
Zeitoffen 218
Zeitrechnung,
  islamische 51
Zucht von
  Rennkamelen 132
Zusage 223
Zustimmung 223
Zweiter Weltkrieg 30

Die Autorin

Kirstin Kabasci, geboren 1968, ist Arabien-Publizistin und hat sich als Reisebuchautorin und Fotografin auf die Länder der Arabischen Halbinsel spezialisiert (Vereinigte Arabische Emirate, Qatar, Bahrain, Oman, Jemen). Ihre praktischen Reisehandbücher und Urlaubsführer sind im Reise-Know-How Verlag erschienen. Daneben hat sie für den Max Hueber Verlag ein für Anfänger konzipiertes audio-visuelles Selbstlehrbuch der arabischen Sprache verfasst. Zeitweise arbeitet Kirstin Kabasci auch als Repräsentantin und Reiseleiterin eines jemenitischen Reiseveranstalters.

Zwischendurch studierte sie Islamwissenschaft. Theorie und Realität ergänzen sich, denn praktisch erlebte und erlernte sie die Kultur und Lebenswelt des Islam während zahlreicher Arbeits- und Studienaufenthalte, Recherchen und Reisen – vornehmlich in den verschiedenen Ländern Nordafrikas und der Arabischen Halbinsel.